Ron

Roberto Quarta

ROMA
ESOTERISMO E MISTERO

Magia, alchimia e cabala nella Città Eterna, fra inquietanti presenze e strane apparizioni

EDITORIALE OLIMPIA

Via E. Fermi, 24 - 50019 Sesto Fiorentino (Firenze)
www.edolimpia.it
Finito di stampare nel giugno 2007
presso Next99, Campi Bisenzio, Firenze

INDICE

PREMESSA

> «Ogni vita comporta un'invisibile interiorità, che ne è la sostanza. Per coglierla, occorre un aggiramento delle apparenze sensibili, un balzo controcorrente, quale fa il salmone, simbolo vivente della conoscenza nelle Scritture norrene. L'aggiramento, il salto porta dal piano dei participi passati a quello dei presenti; dalla natura naturata alla naturante, dall'esperienza vissuta alla creazione vivente».
>
> Elémire Zolla, *Verità segrete esposte in evidenza*.

Le diversità di una città misteriosa si materializzano lungo una trama che si snoda fra percorsi accidentati, finché un evento improvviso svela, a volte, il prodigioso *genius loci* di luoghi guardati e nominati infinite volte ma profondamente ignorati.

Riuscire a «vedere» Roma attraverso la foresta di simboli che la connota, i personaggi che vi hanno trascorso parte della loro esistenza e le ineffabili epifanie fantasmatiche è già segno di un'insperata iniziazione.

Il lettore è invitato a seguire itinerari spirituali organizzati secondo un arco temporale che dalla città romulea arriva alla Roma dannunziana e futurista; unico però è il filo rosso che permette di orientarsi all'interno delle varie epoche: le scienze esoteriche che hanno segnato il destino dell'umanità *ab immemorabili*.

Improvvise apparizioni, forse conseguenza di antiche leggende, di suggestioni, forse di realtà dimensionali inspiegabili, fanno da sfondo al pellegrinaggio sapienziale attraverso Piazza Navona, Campo de' Fiori, il Pantheon, dove più evidente è l'incontro-scontro fra visibile e invisibile, luce e ombra, morte e vita.

Le paludi infere della città arcaica alle quali si accedeva dal misterioso *Tarentum* nei pressi della «smagliante» Via Giulia potrebbero farci perdere la speranza di «riveder le stelle», se non confidassimo nelle virtù salvifiche del *femminino*: la grande madre Iside, regina del quartiere della Sapienza, illumina il nostro cammino assumendo le sembianze di Minerva o della Vergine cristiana.

Il percorso tuttavia resta impervio, all'insegna dell'erranza, perché la maggior parte dei fantasmi non si nasconde tra i vicoli della città vecchia o nelle numerose case infestate, ma è annidata dentro di noi: di qui la necessità dell'iniziazione magico-alchemica, fulcro della ricerca metafisica dei Templari, di Giordano Bruno e di altri personaggi di cui parleremo.

Fra i numerosi pellegrini che arrivavano esausti sulla cima di Monte Mario per visitare la nuova Gerusalemme ne abbiamo scelto uno in particolare, protagonista del primo giubileo del 1300: è un Fedele d'amore di nome Dante Alighieri, al quale abbiamo affidato la difficile missione di far comprendere al lettore il volto oggi irriconoscibile di un Medioevo dove il sacro non era in competizione con il profano. È lui a prenderci per mano attraverso le meraviglie ormai scomparse di S. Pietro, del Patriarchìo lateranense, di S. Paolo. In Dante il vedere, l'ascoltare e l'immaginare costituiscono l'inizio di un *itinerarium ad Deum* che rimarrà scolpito nella sua memoria e sarà trasfuso nelle tre cantiche della *Commedia*. Non a caso l'Alighieri dovrebbe essere il modello di riferimento per il nostro «pellegrinaggio» attraverso il labirinto di Roma come di altre città, che i ritmi moderni ci obbligano a guardare ma non a vedere. Egli fa parte dei Fedeli d'amore, un'antica confraternita erede dei segreti della sapienza orientale mediata dai Templari: il nostro pellegrino non andava alla ricerca del business graalico ma del contenuto della coppa.

Il filo rosso della ricerca, inizialmente prossimo a disfarsi, si è fatto ora molto più resistente, tanto da connettere insieme l'Aventino dei Templari, il quartiere degli angeli, il massonico Ghetto degli Inglesi, corrispondente all'attuale Piazza di Spagna.

La Grande Opera alchemica può compiersi: Roma si va configurando progressivamente come un gigantesco *atanòr*; le ombre si diradano perché ci approssimiamo alla trasmutazione alchemica: la Porta alchemica di Piazza Vittorio e la Spirale sacra di S. Ivo alla Sapienza, due metaforici *stargate*, ci attendono. Il vero viaggio è iniziato.

ROMA, ESOTERISMO E MISTERO

DA PIAZZA NAVONA AL MUSEO DELLE ANIME DEL PURGATORIO

Il fantasma della Pimpaccia e della bella Costanza

Piazza Navona, Via del Governo Vecchio, Ponte S. Angelo fanno parte di un insolito percorso dedicato ai fantasmi romani più celebri, la maggior parte dei quali femminili. Oggi non possiamo più percepire il loro «brusio», storditi dall'inquinamento acustico e dallo smog. Chi mai a Piazza Navona si ricorda di Olimpia Maidalchini, la famigerata «Pimpaccia»?

Nata nel 1594, Olimpia, «olim pia nunc impia», è la cognata di papa Innocenzo X Pamphili, la quale affida al Bernini, preferendolo al Borromini, il *look* della piazza. Olimpia, moglie del fratello del papa, diviene, dopo la morte del marito, la vera ispiratrice della politica pontificia, influenzando in modo determinante le decisioni vaticane. Su di lei il denaro e le ricchezze esercitano un fascino irresistibile, così da indurla a controllare minuziosamente le finanze dello stato e il patrimonio personale del cognato. Presto gli strali della vicina statua di Pasquino colpiranno la sua cupidigia, divenuta proverbiale ben oltre i confini romani. Talvolta, al tramonto, misteriose ombre si addensano su Ponte Sisto, passaggio obbligato della carrozza nera di Olimpia trainata da cavalli[1] neri con la testa mozzata e inseguita da cagne fameliche: direzione Piazza Navona. La Pimpaccia dai suoi «bagni» sulla riva destra del Tevere si dirige a Palazzo Pamphili per cercare qualche tallero nel forziere del cognato.

Il fantasma di Olimpia non è isolato nella piazza, perché a breve distanza si trova Palazzo De Cupiis, dove ci aspetta un'altra inattesa apparizione.

Sopra l'ingresso del locale «Tre Scalini», la finestra d'angolo del palazzo prospiciente la piazza nelle notti di plenilunio è illuminata dalla splendida mano iridescente di Costanza dalla bella mano, al secolo Costanza Conti de Cupis: invano gli scettici tentano di motivare l'apparizione con l'incidenza del raggio lunare sulla Fontana dei Fiumi. Nessuno può e deve far dimenticare l'infelice Costanza, la donna più ammirata nella Roma del Seicento per le mani statuarie, degne di una dea e capaci di ricamare opere straordinarie.

Costanza, vanitosa per i tanti spasimanti, commissiona il calco della mano destra, destando invidie e accuse da parte degli ambienti ecclesiastici bigotti: il telaio[2], utilizzato dalla nobildonna per trascorrere le interminabili giornate invernali, le risulta fatale: Costanza, per l'infezione provocata dalla puntura di un ago, è strappata ai vivi. Ma la bellezza vince anche la morte!

La bella Lorenza e il celebre taumaturgo in Campo de' Fiori

Una bellezza più umana che divina segna l'altra creatura femminile, alquanto discussa e controversa: Lorenza, o Serafina Feliciani, moglie di Cagliostro, le cui apparizioni nelle vie adiacenti Piazza Farnese sono in relazione alla sua abitazione a Vicolo delle Grotte. Questo è situato tra Via dei Giubbonari e Via Capo di Ferro, e trae il nome dai «grottoni», ossia i resti del gigantesco teatro di Pompeo che si estendeva tra Largo Argentina, Piazza del Biscione e Piazza del Paradiso (dove si osserva ancora l'andamento esterno della curva del teatro). In questa atmosfera tenebrosa, degna di un luogo infero, il fantasma di Lorenza tenta di fuggire beccata da un corvo o da una cornacchia, rasentando le facciate e cercando protezione nei portoni degli edifici fino a Piazza di Spagna, luogo dell'arresto del marito.

Lorenza deve soffrire per aver denunciato inconsapevolmente il marito all'Inquisizione romana; lei, probabile ultimo anello di un gigantesco complotto contro Cagliostro. Lorenza, delatrice inconsapevole dell'inquisizione, va incontro al suo triste destino e sparisce improvvisamente nel Convento di S. Apollonia in Trastevere.

La lunga e controversa storia di Cagliostro sembra concludersi, ma, forse, non avrà mai fine, mentre noi ci proponiamo di approfondirla in un prossimo itinerario.

La casa del terrore in Via del Governo Vecchio

I secoli passano ma tornano ciclicamente i «piccoli miracoli», gli interventi del trascendente nell'orizzonte terreno: da Piazza Farnese ci trasferiamo a Via del Governo Vecchio, ove al n. 57 si trova, al terzo piano dello stabile, l'appartamento fantasma della famiglia Tromba, che l'11 maggio 1861 è costretta ad abbandonare precipitosamente la propria casa infestata da presenze inquietanti: oggetti che volano, mobili instabili, materassi che all'improvviso si animano; tutto sembra sconvolto da terribili accadimenti. Da allora l'appartamento sparisce dalle mappe catastali e l'ingresso viene completamente cancellato. Molti i tentativi di spiegare razionalmente l'accaduto: la presenza di una cellula cospiratrice carbonara oppure di una casa di prostituzione. In entrambi i casi si fa pressante la volontà delle autorità di cancellare il ricordo dell'accaduto.

Sappiamo come, in questi casi, il tentativo di risolvere razionalisticamente l'«irruzione» del mistero nella storia rimanga del tutto vano. Forse ci troviamo di fronte a un caso di *poltergeist* (spirito burlone) che anticipa l'intensa stagione medianica umbertina, di cui sarà protagonista la discussa medium Eusapia Paladino.

Roma si tinge di giallo: il caso Cenci

Riprendiamo il nostro cammino costellato dal soprannaturale percorrendo Via del Governo Vecchio fino a Piazza dell'Orologio, quartiere a «luci rosse» della Roma rinascimentale, per giungere a Via di Panico, una delle strade che conducono a Ponte S. Angelo, epilogo del nostro primo viaggio nei misteri di Roma.

Qui il sacro, il profano e l'orrido si fondono: sulla piazza del ponte l'11 settembre 1599, alle 9,30 del mattino, Beatrice Cenci è decapitata insieme alla matrigna, mentre il fratello Giacomo è squartato e appeso al ponte; si salva *in extremis* soltanto il fratello minore Bernardo, ma è costretto ad assistere all'esecuzione dei parenti senza sapere fino all'ultimo momento di essere stato risparmiato e condannato al remo delle galere pontifice.

Il caso Cenci attira le attenzioni non solo dei romani ma anche di alcuni stati esteri quali la Francia e il Granducato di Toscana: una serie di maltrattamenti psicologici e fisici perpetrati dal padre padrone Francesco Cenci ai danni della figlia sono la causa scatenante del parricidio.

Senza dubbio Beatrice è entrata e resterà per sempre nell'immaginario collettivo dei romani, non solo per la forza del carattere e la tenacia nell'affrontare gli abusi paterni, gli interrogatori e le torture dell'inquisizione, ma soprattutto come figura esemplare del femminino, simbolo dell'opposizione al conformismo, al «non senso», alla «pedanteria» della società. Tra l'immensa folla che dalle prigioni di Corte Savella (un tempo situate in Via di Moserrato n. 45, all'altezza del

Collegio inglese che nel 1643 le ha inglobate) accompagna i Cenci verso il supplizio, c'è con molta probabilità Michelangelo Merisi da Caravaggio, il quale immortala i particolari dell'esecuzione della giovane Beatrice nella *Giuditta che decapita Oloferne* della Galleria Nazionale d'Arte Antica.

Le eroine caravaggesche hanno molto in comune con Beatrice: vengono da una zona d'ombra, dalla notte della sofferenza e del male, per trovare riscatto e salvezza nella luce metafisica e alchemica del grande pittore lombardo. Il fantasma della bella e infelice Beatrice appare periodicamente sul ponte del martirio con la testa in mano, lo stesso giorno del supplizio, a ricordare che il Ponte degli Angeli e dei pellegrini, è anche uno dei «luoghi di giustizia» dove si sono legalizzate morti cruente e torture.

Molteplici nel tempo gli «avvistamenti» della sventurata, che sembra ancora rimanere tenacemente in mezzo a noi, quasi volesse comunicare qualche misteriosa verità sulla sua tragica fine: a Palazzo Stati-Cenci nei pressi di Piazza S. Eustachio, dove Beatrice visse insieme allo sciagurato padre, spesso si odono strani rumori in zone solitarie del palazzo, mentre un'inquietante presenza femminile si aggira in costume cinquecentesco nella zona di Via di Monserrato, vicino alle antiche prigioni di Corte Savella, dove furono rinchiuse e torturate Beatrice e la matrigna Lucrezia, per impedire ogni inquinamento delle prove.

Clemente VIII aveva già deciso la sorte della nobile famiglia al di là di ogni possibile attenuante, per incamerare l'ingente patrimonio della famiglia, in parte dissestato dalle enormi cauzioni che Francesco Cenci, sodomita impenitente e recidivo, aveva dovuto sborsare per uscire dal carcere.

Altre volte Beatrice appare, sebbene vista da pochi, all'interno del ristorante «Il Pompiere», al piano terreno di Palazzo Cenci prospiciente Via S. Maria del Pianto, nell'antico ghetto, laddove erano collocate le cucine dell'edificio.

Un inquietante personaggio si aggira in Campo de' Fiori

Un'apparente coincidenza riunisce a Roma nello stesso periodo Giordano Bruno e Michelangelo Merisi da Caravaggio. Il fantasma del primo apparirebbe in Piazza Campo de' Fiori, mentre fa ritorno al luogo del rogo, segnato dal famoso monumento inaugurato dall'artista massone Ettore Ferrari nel 1889, dopo lunghissime e interminabili polemiche tra cattolici e laici. Il fantasma del filosofo si dice sia molto affezionato alla sua effigie, vera e propria icona nel Novecento del libero pensiero e dell'anarchismo. Si racconta che un uomo, esterrefatto per l'abbigliamento del Nolano, lo avesse salutato: il fantasma gli rispose, dicendogli di chiamarsi Filippo e quindi scomparve (Filippo era il nome di battesimo di Bruno prima che diventasse frate).

Da Campo de' Fiori all'ingresso del Purgatorio

Da Campo de' Fiori ci dirigiamo ora verso la riva destra del Tevere, in direzione di Piazza Navona. Percorriamo Corso del Rinascimento e Via Zanardelli fino a Ponte Umberto I, sul quale incombe la pesante mole del Palazzo di Giustizia. Attraversiamo il ponte e imbocchiamo a destra Lungotevere Prati, che ci riserva un'inquietante sorpresa: la neogotica chiesa del Sacro Cuore del Suffragio eretta da Giuseppe Gualandi fra il 1894 e il 1917. L'edificio sorse ad opera di padre Vittore Jouet, missionario marsigliese, fondatore dell'Associazione del Sacro Cuore di Gesù per il Suffragio delle Anime del Purgatorio. L'interno a tre navate ci riserva un museo molto particolare, il Museo delle Anime del Purgatorio. In esso sono esposti oggetti e tessuti di ogni genere, sui quali le anime del purgatorio avrebbero lasciato impronte infuocate. La vicenda ebbe inizio nel 1870, l'anno della breccia di Porta Pia e di Roma capitale, quando la Cappella della Madonna del Rosario posta accanto alla chiesa ancora inesistente andò a fuoco.

Quando l'incendio fu spento si vide che sulla parete dell'altare era impressa l'immagine di un volto. Da allora prese consistenza la leggenda che le anime del purgatorio si dessero convegno in questo tempio con la speranza di poter acquisire, tramite messe, offerte e preghiere, il passaggio verso l'eternità. Nel 1893 Padre Jouet ottenne il permesso di costruire un oratorio su Via dei Cosmati, per poi, l'anno successivo dare inizio alla costruzione della chiesa terminata nel 1917.

Il museo dell'oltretomba, grazie alla sua documentazione, costituirebbe una prova inconfutabile dell'esistenza dell'aldilà e in particolar modo del Purgatorio, suscitando nei fedeli non solo la pietà nei confronti dei defunti ma anche un sentimento di paura e quindi di obbedienza verso i dettami della religione. L'oltretomba invade il quotidiano e per questo va controllato e amministrato con una precisione ragionieristica. La dimensione espiatoria del dolore, la necessità della sofferenza come momento di riparazione per i gravi peccati dell'umanità, diventa essenziale nell'arco di tempo che va dalla seconda metà dell'Ottocento alla prima guerra mondiale. Come per il contrastato monumento a Giordano Bruno, la Confraternita del Sacro Cuore opera in un momento di profonda crisi nei rapporti tra gerarchie ecclesiastiche e mondo moderno, sul quale si concentrano le critiche più accese della gerarchia ecclesiastica che deve affrontare la sfida del Modernismo. Non a caso nel 1875 la città di Roma viene consacrata al Sacro Cuore, perché essa è «malauguratamente divisa tra il Regno di Dio e la podestà delle tenebre». La devozione al Sacro Cuore costituisce l'altro grande filone di devozione della confraternita e della Chiesa cattolica nella seconda metà dell'Ottocento, inteso come contrapposizione tra il Cuore di Cristo centro del mondo e il pluricentrismo della società e della cultura del tempo.

Non bisogna dimenticare infatti che la chiesa fu costruita all'interno del nuovo quartiere Prati che, prima abbastanza disordinatamente, poi su piano regolatore del 1882, cominciò a sorgere laddove erano gli antichi Prati di Castello, accampamento degli eserciti stranieri che assediavano Roma da nord, scontrandosi con l'ostacolo insormontabile di Castel Sant'Angelo.

Il nuovo quartiere, a ridosso del Vaticano, fu strutturato attorno a edifici emblematici del potere del nuovo Stato: il Palazzo di Giustizia, le caserme e i nuovi ponti intitolati alla Regina Margherita, Cavour e Umberto I. Negli anni '90 il quartiere assunse la definitiva fisionomia nettamente anticlericale, con la viabilità a scacchiera come Torino ed evitando con molta cura la visibilità della cupola di S. Pietro (ad eccezione di Piazza Risorgimento). Per completare l'«esorcizzazione» del clericalismo, la maggior parte della viabilità del nuovo rione fu dedicata a oppositori e vittime del papato, o condottieri dell'antica Roma. Il colpo finale fu inferto quando per la prima volta in un quartiere romano furono costruiti edifici di culto diverso da quello cattolico, come la Chiesa Valdese e la Chiesa Cristiana Avventizia.

Ma ora dal Purgatorio cristiano forte è il richiamo delle paludi infere pagane!

Note

[1] Il cavallo, animale sciamanico per eccellenza, è assimilato al regno dei morti e sacrificato ai defunti, mentre il cane nero è considerato accompagnatore demoniaco di streghe e maghi.

[2] Secondo una concezione arcaica della tessitura, l'intreccio dei fili sul telaio rimanda alla possibilità di effettuare sortilegi oltre che per trarre auspici. Il telaio è lo strumento della donna maga che abbindola, avvolge e lega. Cfr.: E. Zolla, *La Nube del telaio*, Milano, Mondadori, 1998.

DAL PALATINO AL FORO ROMANO

Il Palatino e la capanna di Romolo

Antiche leggende fanno da sfondo alle divinità indigene di Roma e del Lazio preistorico. Nella natura e nei boschi vivevano creature nelle quali coesisteva una duplice natura, datrice e distruttrice di vita. Molti luoghi misteriosi alla fine dell'età del Bronzo misero in contatto gli Inferi, la Terra e il Cielo.

L'habitat naturale e l'immaginario collettivo che evochiamo è quello della Roma preromulea, tra Palatino, Circo Massimo e Foro Romano. Una vasta area paludosa faceva da ingresso agli inferi del Velabro e della *Vallis Murcia*, tra il Foro Romano e il Circo Massimo. Qui risiedeva il dio Fauno, che stabilì la sua dimora nel Lupercale, la leggendaria grotta alle falde sud-occidentali del Palatino verso il Foro Boario e il Circo Massimo, nella quale Romolo e Remo sarebbero stati allattati dalla mitica lupa.

Fauno era il dio ferino e capro, a cui era dedicata la festa dei Lupercalia, celebrata il 15 febbraio: si ricordava la corsa di Romolo e Remo dal Palatino al Foro, protesi a recuperare il bestiame razziato. I primi luperci correvano ciascuno in direzione opposta all'altro, a capo della propria schiera di pastori: Remo recuperò il bestiame per primo e, tornato al campo, mangiò le viscere riservate a Fauno, gloriandosi della vittoria ottenuta. Iniziò così la sua identificazione con quel demone del mondo infero e del disordine che lo condurrà all'emarginazione e alla tragica fine.

Durante la festa, sacerdoti-lupi vestiti di pelli di capro giravano intorno al Palatino frustando quanti incontravano, in particolar modo le donne desiderose di prole: un esplicito riferimento al rito della fecondità, poiché la frusta era di pelle di capro, dio-animale simbolo della forza riproduttiva.

L'angolo sud-occidentale del Palatino costituiva il nucleo sacro generatore della futura città con alcuni notevoli resti di età arcaica: le *Scalae Caci* (Scale di Caco), così denominate dal mostruoso gigante Caco[1], avversario di Ercole e da lui ucciso, mettevano in comunicazione il Foro Boario con la sommità della collina. Nelle immediate vicinanze si trovava la Casa di Romolo, forse ravvisabile nei resti di capanne dell'età del ferro messe in luce nella zona sottostante i resti del Tempio della *Magna Mater*. Non a caso Augusto, secondo fondatore della città, scelse di abitare proprio su questa parte del colle, nella zona a est del Tempio della *Magna Mater*, dove sono i resti della Casa di Livia, moglie dell'imperatore.

L'ingresso nel mondo degli Inferi

Prima di scendere dal Palatino al Foro ci affacciamo sul Circo Massimo, denominato dagli antichi *Vallis Murcia*, una zona interamente paludosa, prima che Tarquinio Prisco la bonificasse per la costruzione del Circo Massimo. Il luogo era dimora di Murcia, identificata con Fauna, figlia di Fauno: questi frustava con un ramo di mirto la figlia per costringerla a ubriacarsi e possederla. Il mirto è l'arbusto dei congiungimenti amorosi e il mito esprime la forza irrazionale dei riti della fecondità.

Le gare ippiche erano consacrate al dio Conso, il cui altare probabilmente costituiva una delle mete del Circo Massimo, un tipo di edificio legato ai culti infernali, poiché i cavalli dei carri erano spesso sacrificati a divinità infere.

Culti pagani e cristiani nel Foro Romano

Dal colle scendiamo verso il Foro per l'antico *Clivus Palatinus*, che s'innesta sulla Via Sacra verso l'area centrale del Foro. Notiamo la pavimentazione augustea dell'area, eccetto che nella zona quadrata non lastricata davanti ai Rostri (tribuna degli oratori): in essa è visibile un'area trapezoidale a livello più basso del pavimento, sulla quale, entro un dodecagono di tufo, si trova un basamento circolare aperto al centro, probabilmente la base di un pozzo.

Il monumento si identifica con il *Lacus Curtius*, sul quale sono state tramandate varie leggende. Secondo una di queste, qui ci sarebbe stata in origine una palude nella quale sarebbe caduto da cavallo il capo sabino Mettius Curtius durante la guerra tra Romani e Sabini. Poco prima della zona quadrata non pavimentata ci soffermiamo sulle tre colonne corinzie superstiti del Tempio dei Dioscuri, i mitici gemelli figli di Zeus, che apparsi improvvisamente guidarono alla vittoria i Romani nella battaglia contro i Latini presso il Lago Regillo (499 a.C.). Subito dopo, gli stessi cavalieri furono visti abbeverare i cavalli alla Fonte di Giuturna, prima di annunciare in città la vittoria, per poi scomparire improvvisamente. Strettamente legata al Tempio dei Dioscuri è la Fonte di Giuturna, essenziale per la vita dell'abitato arcaico, le cui acque sgorgavano ai piedi del Palatino, tra il Tempio di Vesta e quello dei Dioscuri. Giuturna è la divinità sorella del re Turno, uno degli avversari di Enea. Le acque della fonte erano salutari e molti malati si recavano sul posto per le sue virtù curative. La ninfa e i Dioscuri erano quindi accomunati dal fatto di portare salute e salvezza al popolo romano;

per questo i due edifici costituivano un unico complesso funzionale. Il Cristianesimo, fin dalla sua prima affermazione, assunse un atteggiamento ostile nei confronti dei culti delle fonti, tanto che bruciare incenso presso le sorgenti con lo scopo di cercare rimedio ai mali fisici.

Per questo motivo nel VI secolo iniziò la cristianizzazione degli edifici adiacenti al Lacus Iuturnae, con la trasformazione nell'Oratorio dei Quaranta Martiri[2] di un ambiente traianeo che si trovava nelle immediate vicinanze, così denominato per i suoi affreschi. L'oratorio fa parte della grande chiesa di S. Maria Antiqua, la quale si installò nel VII secolo sull'ingresso monumentale ai palazzi imperiali del Palatino. È molto probabile che, per esorcizzare l'azione terapeutica di Giuturna, sia stato introdotta nella zona la venerazione della Vergine Maria. Inoltre, parte della decorazione ancora esistente nella chiesa di S. Maria Antiqua è relativa al culto di coppie di santi medici, che secondo la tradizione agiografica avevano operato guarigioni miracolose[3]. La frequenza delle coppie di santi guaritori, soprattutto di Cosma e Damiano, è molto significativa, se considerata alla luce della presenza dei Dioscuri nella medesima area.

Un terribile drago tra gli inferi e le stelle

La testimonianza dei *Mirabilia Urbis*, una guida medievale del XII secolo per i pellegrini che si recavano a Roma, menziona nella zona un luogo chiamato *Infernus*, il quale già in tempi remoti avrebbe causato gravi danni ai Romani, mentre nelle vicinanze del Tempio di Vesta si sarebbe nascosto, nelle profondità del sottosuolo, un drago: un nobile soldato avrebbe salvato la città da questo pericolo, gettandosi, armato, dentro la terra che si chiuse sopra di lui. È una delle numerose leggende nate in epoca cristiana intorno al *Lacus Curtius*. Tuttavia queste informazioni sono preziose per comprendere il carattere infero del luogo e la lunga, faticosa affermazione della nuova religione. Dall'area centrale del Foro ci spostiamo al lato nord-occidentale della piazza, dove, fra la Curia e il Tempio di Saturno, si trovano a poca distanza tra loro, il *Mundus*, il *Volcanale* e il *Lapis Niger*.

Il primo è un edificio sotterraneo con un pavimento semicircolare, che riproduce in negativo la volta celeste. Qui gli antichi il 24 agosto festeggiavano l'apertura del *Mundus*, dopo la festa dei Volcanalia (23 agosto). *Mundus patet* «il mundus è aperto», è l'espressione con la quale si designava l'apertura per tre giorni all'anno della cavità sotterranea: in questo periodo le potenze dalle profondità della terra invadevano la città. Parte integrante del rito era la discesa di un bambino nella cavità sotterranea, utilizzando il *Mundus* come osservatorio astronomico. Il *Mundus* s'identificava con il centro della città, l'*umbilicus urbis*, rispetto al quale veniva tracciata la linea del pomerio[4].

Il popolo romano ritrovava nei giorni dell'apertura del *Mundus* la sua fondamentale unità, al di là delle differenze di provenienza: la tradizione infatti fa del *Mundus* una fossa scavata all'atto di fondazione di Roma, dove i futuri cittadini gettarono la terra presa dai loro rispettivi luoghi di provenienza. La sacralità del luogo è ribadita dalla presenza nel comizio dell'Ara di Vulcano, che qui ha il più antico luogo di culto.

Plutarco[5] afferma che Romolo fu ucciso nel *Volcanale*, situato in corrispondenza della piccola area quadrata a sud-est del *Lapis Niger*, un piccolo santuario sotterraneo costituito da un altare, dalla relativa iscrizione e dalla base di una colonna destinata forse a sostenere la statua della divinità. Vulcano è il dio del fuoco, assimilato solo nel VI secolo a.C. al greco Efesto[6].

La tomba di Romolo e il carnevale degli antichi

Nei pressi del *Volcanale* è situato il *Lapis Niger*. In superficie resta un'area quadrata pavimentata di marmo nero, la Pietra Nera, che gli antichi riferivano a un luogo funesto, perché connesso con la morte di Romolo. Essa indica invece il sacello dell'eroe fondatore e il luogo della sua trasformazione in Quirino, la divinità da cui prendono nome le Curie, ossia i Romani riuniti in assemblea.

Il *Lapis Niger* risulta espressione concreta delle relazioni che intercorrono tra Inferi, Terra e Cielo: Romolo sale in cielo in prossimità dell'ara di Vulcano, abitatore delle viscere della terra. Il nero è anche l'attributo di Saturno, il cui tempio si trova a ovest dell'Arco di Settimio Severo ai piedi del Campidoglio. Il dio, che simboleggiava tutto ciò che precede la distinzione della luce dalle tenebre, avrebbe fondato un antichissimo abitato sul Campidoglio, che assunse, secondo la tradizione, il nome di Saturnia.

La festa dei *Saturnalia*, celebrata fra il 17 e il 23 dicembre, introduceva nel tempo storico una cesura altamente significativa: la restaurazione dello stato umano nelle condizioni dell'*Aurea Aetas* delle origini, quando gli uomini vivevano in pace, senza guerre e conflitti.

Il periodo dell'anno segnato dai *Saturnalia* precedeva il solstizio invernale; era un momento di rinnovamento, di sospensione dell'ordine cosmico. Nell'occasione della festa la statua di Saturno, che durante il resto dell'anno era legata con una fascia di lana nel suo tempio, veniva sciolta a simboleggiare il ritorno, sia pur breve, dell'Età dell'Oro.

Quando Saturno arrivò nel Lazio, dopo essere stato detronizzato da suo figlio Giove, fu accolto da Giano, il dio degli inizi[7], il cui sacello è stato localizzato all'angolo della Basilica Emilia verso la Curia, dove è ancora visibile una sorta di avancorpo in opera laterizia poggiante su una base di travertino. Dalla descrizione di Procopio l'edificio doveva essere a pianta quadrata, per un'ampiezza sufficiente a coprire la statua di culto alta cinque cubiti. Il tempio aveva due porte rivolte una a occidente, l'altra a oriente, ed era ricoperto di bronzo. Le due porte alludevano alla bifaccialità del dio che presiede a tutti i passaggi. Giano è il dio «iniziatore» del tempo, colui che introduce il tempo nella realtà umana, assicurando il passaggio dall'età «senza tempo» di Saturno al divenire storico.

Ma ormai le divinità infere ci chiamano altrove.

Note

[1] Mostruoso gigante a tre teste, figlio di Vulcano, che vomitava fiamme dalle tre bocche, allude all'antica religiosità latina, prima della colonizzazione greca.

[2] Prende nome dal supplizio dei martiri di Sebaste durante le persecuzioni di Diocleziano.

[3] I santi medici sono riconoscibili dai loro attributi, quali la borsa da medico e il rotolo di libri.

[4] Spazio di terreno consacrato e libero da costruzioni che correva lungo le mura di Roma e delle colonie romane.

[5] Plut., *Rom.* 27.

[6] Fabbro, mago e veggente, Vulcano padroneggia i segreti della metallurgia: il fuoco purifica bruciando analogamente al processo alchemico.

[7] Simboleggia ogni forma di passaggio della vita familiare e sociale e presiede a ogni inizio e conclusione. Originariamente erano consacrati al dio tutti i passaggi, le porte, gli archi della città.

DA PONTE VITTORIO AL CAMPO MARZIO

Il misterioso Tarentum a Piazza d'Oro

I pellegrini che nel corso dei secoli hanno percorso il lungotevere all'altezza dell'attuale Ponte Vittorio per dirigersi alla tomba di Pietro hanno attraversato inconsapevolmente la zona che in epoca arcaica fu dimora di divinità infere e sede di prodigi. Presso il ponte, a Piazza d'Oro, era infatti localizzato un culto antichissimo[1], nel luogo del cosiddetto *Tarentum*, centro di misteriose guarigioni e sacrifici notturni. Qui si svolgeva l'antico culto di Dite e Proserpina, divinità infere, disseppellendo un altare a loro dedicato, in occasione dei *Ludi saeculares*, ogni cento anni. Questa cerimonia serviva a proteggere la città dalle minacce di malattie e guerre, attingendo le energie creative dal sottosuolo. Il *Tarentum* costituiva probabilmente una delle mete del *Trigarium* (*trigae*: antichi carri a tre cavalli), un ippodromo utilizzato fino alla fine del VII secolo a.C., che si estendeva fra Ponte Vittorio e Ponte Sisto. La leggenda racconta che a Piazza d'Oro si discendeva negli Inferi attraverso un'ampia grotta dalla quale uscivano vapori solforosi: in questo antro, come sarcasticamente racconta Seneca, l'imperatore Claudio, dopo la morte, fu trascinato da Mercurio, per essere giudicato dal tribunale degli dei a causa delle sue malefatte.

Per combattere i culti ostili, i cristiani chiusero l'ingresso della grotta e la inondarono di acqua benedetta. La fantasia popolare tramanda che gli spiriti demoniaci del luogo fuggirono via solo quando ettolitri di vino allagarono il luogo nefasto. Da allora però nella zona si moltiplicarono le osterie, poiché in esse si vendeva il liquido scacciadiavoli[2].

L'incontro con le divinità ctonie e della fecondità

Percorrendo Corso Vittorio in direzione di Largo Argentina, ci approssimiamo alla *Palus Caprae*, la valle paludosa, regno delle tenebre e dei morti, che in età arcaica occupava l'area a sud ovest del Pantheon, il cui ricordo rimane oggi nei toponimi di S. Maria in Vallicella e di S. Andrea della Valle. La *Palus Caprae* prendeva il nome da un albero di *caprificus* o fico maschio selvatico sacro a Iuno Caprotina, la cui festa, le *Nonae Caprotinae*, si svolgeva fra il 7 e il 9 di luglio: esso corrispondeva al periodo del solstizio estivo dopo il quale la luce solare viene progressivamente meno. Il rituale della festa iniziava con una processione di donne originariamente schiave, poi prostitute, che uscivano da una porta della città in direzione del Campo Marzio, percorrendo l'antico *Vicus pallacinae* (Via delle Botteghe Oscure). Durante il cammino le donne insultavano i passanti, soprattutto uomini, con motti e oscenità e si scambiavano tra loro lanci di pietre.

La processione si concludeva presso l'albero di fico selvatico, nei pressi della valle paludosa. Qui veniva celebrato il sacrificio di un capro, nel corso del quale era utilizzato il lattice tratto dall'albero. Infine un ramo era staccato dall'albero, per simulare l'atto sessuale. Il significato del rituale è facilmente comprensibile se si pensa alla esaltazione delle forze della sessualità femminile, finalizzate alla ricostituzione dell'energia cosmica, nel momento in cui essa sembrava venire meno dopo il solstizio d'estate. Lasciando alle nostre spalle S. Maria in Vallicella e S. Andrea della Valle, ci dirigiamo verso il Pantheon, mitico teatro dell'apoteosi di Romolo, rapito in cielo durante le *Nonae Caprotinae* e trasformato nel dio Quirino. La scomparsa del fondatore della città equivaleva a uno sconvolgimento politico ma anche cosmico, perché si smarriva la guida del re-sacerdote parallelamente alla mancanza della luce del sole. Di questa situazione approfittò la coalizione di popoli latini accampata presso Roma, per attaccare la città. Ancora una volta la salvezza scaturisce dal «femminino»: una schiava di nome Philotis o Tutola (*titus* come *titinus* connota il membro maschile), travestita da donna libera, si consegna, insieme ad altre compagne, ai Latini. Durante la notte, Philotis segnala ai Romani il momento più propizio per l'attacco e così sventa la minaccia. Dietro l'azione coraggiosa delle donne prostitute, traspare l'azione delle dee protettrici Iuno Caprotina e Venere Vincitrice che esercitano, tramite l'eros, il loro potere salvifico. Come l'energia sprigionata dalle divinità infere del Tarentum rinnovava le energie vitali, nel ciclico alternarsi di vita-morte, così le potenzialità sessuali delle dee ricostituivano l'equilibrio cosmico e preservavano la città dalla rovina.

I Templi di Largo Argentina e la Grande Madre Mediterranea

Dal Pantheon ci spostiamo dinanzi l'area sacra di Largo Argentina, i cui templi occupano un arco cronologico che va dagli inizi del III secolo a.C. alla fine del II secolo a.C. Nel corso degli scavi degli anni '30 furono messe in luce quattro strutture templari, delle quali tre dedicate a divinità delle acque: da nord a sud gli edifici sono stati denominati secondo le lettere A, B, C, D. Il tempio A, databile alla metà del III secolo a.C. è stato identificato con molta probabilità con il Santuario di Giuturna, eretto nel 241 a.C. da Q. Lutazio Catulo, dopo il trionfo sui Cartaginesi. Giuturna era una ninfa delle acque sorgive che faceva sgorgare, ossia nascere, quindi anche dea degli «inizi» come Giano, con il quale si era accoppiato, generando il dio Fonte. Nel tempio B si può riconoscere la *Aedes Fortunae huiusce Diei* (la «Fortuna del giorno presente»), fondata dal console Q. Lutazio Catulo nel 102 a.C., dopo la vittoria di Vercelli sui Cimbri. L'edificio, a pianta circolare, è dedicato alla divinità che doveva garantire la distribuzione giornaliera del frumento pubblico e la sua pianta, comprendente anche un recinto rettangolare antistante il tempio, allude alla forma della *tessera frumentaria* necessaria per ottenere le distribuzioni.

Il tempio C potrebbe essere attribuito a Feronia, una divinità sabina introdotta dopo la guerra contro i Sabini da Marco Curio Dentato nel 290 a.C., artefice di rilevanti interventi di ingegneria idraulica, quali il prosciugamento del Velino e l'adduzione dell'*Anio Vetus* a Roma. Il tempio D, identificabile con quello dei Lari Permarini, attribuibile all'inizio del II secolo a.C., è dedicato a divinità tutelari della navigazione, introdotte dopo la vittoria dei Romani contro la flotta di Antioco III di Siria. L'area templare, anticamente circondata da portici e denominata *Porticus Minucia Vetus*, fu edificata dal console M. Minucio Rufo nel 107 a.C. Era riservata alle distribuzioni di grano e fu ampliata in epoca domizianea ad est verso Via delle Botteghe Oscure, dove troviamo un altro tempio legato alle acque, quello delle Ninfe, adiacente al Tempio di Vulcano, situato nell'area di Palazzo Mattei.

L'elemento vitale per eccellenza del Campo Marzio era l'acqua, che connotava tutta la zona, a cominciare dal Tevere che lambiva il *Trigarium* e il *Tarentum*, per poi continuare con la *Palus Caprae*, e infine con l'*Amnis Petronia*[3], un corso d'acqua che sgorgava alle pendici del Quirinale e confluiva nel Tevere.

Tra il Tevere e lo *Stagnum Agrippae* (situabile nell'area compresa tra il Pantheon e Largo Argentina), scorreva anche l'*Euripus*, il canale monumentale edificato da Agrippa, per convogliare fino al Tevere le acque del suo lago artificiale.

L'*Euripus* fluiva parallelo all'antica Via Triumphalis (Corso Vittorio), che dal Ponte Neroniano (i cui resti si intravedono ancora durante i periodi di magra del Tevere sotto Ponte Vittorio), conduceva al Circo Flaminio (attuale zona del ghetto), per concludersi alla Porta Triumphalis[4] (localizzata di fronte all'anagrafe di Via Luigi Petroselli, nei pressi dell'Area sacra di S. Omobono).

La prevalenza in questo settore del Campo Marzio centrale di divinità delle acque ma anche del fuoco non è casuale, ma testimonia la tendenza degli antichi a duplicare gli originari culti arcaici del Foro Romano: come nel Foro Giuturna l'elemento liquido era topograficamente prossimo a Vulcano, così avveniva nel Campo Marzio: l'abbinamento acqua-fuoco aveva una forte valenza cultuale, in quanto entrambi gli elementi possedevano facoltà generatrici.

Le antiche divinità del Campo Marzio e l'inquietante *Tarentum* determinarono nel Medioevo la demonizzazione di tutta l'area da parte del Cristianesimo, che doveva confrontarsi con dee femminili particolarmente «eversive», epigone della Grande Madre mediterranea[5]: la dea era l'archetipo della forza dell'eros, della terra, dell'acqua e del fuoco, intimamente legata alla fluidità caotica del mondo infero del Tarentum. Da lì proveniva l'energia che dava origine alle trasformazioni vitali indispensabili alla conservazione del cosmo.

La caccia alle streghe era già iniziata!

Note

[1] Secondo il racconto di Valerio Massimo, il culto sarebbe stato fondato da Valesio, al quale la divinità impose, per guarire i figli malati, di navigare il Tevere fino al Tarentum. Qui, a venti metri di profondità, Valesio scoprì un altare dedicato alle divinità infere Dite e Proserpina.

[2] L'utilizzazione del vino per gli esorcismi è riferibile alla bevanda intesa come «sangue dell'uva», in stretto rapporto simbolico con il sangue e quindi con il sacramento cristiano.

[3] Piccolo corso d'acqua che dal Quirinale percorrendo Via L. Petroselli, Piazza Venezia, Via del Plebiscito, costituiva l'immissario della *Palus Caprae*.

[4] Il Circo Flaminio occupava la zona compresa tra il Teatro di Marcello, Piazza Cairoli, Via del Portico di Ottavia e il Tevere, mentre la Porta Trionfale era situata all'interno dell'area sacra di S. Omobono di fronte all'Anagrafe in Via del Mare.

[5] La Grande Madre mediterranea incarna fin dal neolitico il Femminino, componente fondamentale della cultura esoterica. Nelle sue metamorfosi (Iside, Cibale, Minerva, la Vergina Maria) personifica la fecondità, la vegetazione, la medicina alternativa e l'alternanza dei cicli cosmici.

SULLE ORME DI DANTE, DA MONTE MARIO A SAN PAOLO FUORI LE MURA

Il Monte delle Gioie e l'itinerario iniziatico dell'Alighieri

Dal *Mons Gaudii*[1] (Monte Mario) Dante Alighieri, nell'aprile del 1300, si avvia, dopo una settimana di viaggio, verso la basilica costantiniana di S. Pietro per lucrare la «grande perdonanza», l'indulgenza plenaria del primo giubileo della storia. Egli sosta alle falde del monte presso l'Oratorio della Santa Croce, situato nel luogo dove nel Cinquecento verrà edificata Villa Madama (laddove la Panoramica oggi raggiunge la Via Trionfale). È un momento di grande commozione, perché il gruppo dei romei con i quali ha fatto l'ultimo tratto del percorso, genuflessi intonano il *Te Deum* all'improvviso spettacolo della Città Eterna. Una leggenda racconta che l'oratorio fosse stato costruito nel VI secolo per ricordare la visione avuta dall'imperatore Costantino prima della battaglia di *Saxa Rubra* (312 d.C.) contro Massenzio. All'inizio del Trecento era ormai fatiscente e in occasione del giubileo del 1350 sarà ricostruito sulla sinistra della Via Trionfale, poco prima dell'attuale incrocio con la strada panoramica che scende verso la città, nell'area di Villa Mellini. Per il romeo proveniente da nord, che aveva percorso faticosamente le Vie Francigena, Cassia e Trionfale, lo spettacolo della città è indicibile: il Tevere risulta immediatamente visibile, mentre, tra il Vaticano e il Gianicolo si scorge la zona intensamente edificata del Borgo di S. Pietro, protetta dalle mura leonine. Queste racchiudono la veneranda basilica eretta sulla tomba dell'apostolo Pietro, avvolta da una serie di centri monastici, stanziamenti assistenziali e diaconie: è un momento di fortissima emozione per chiunque possa godere di questa visione rivissuta nei versi «E quasi peregrin che si ricrea / nel tempio del suo voto riguardando / e spera già ridir com'ello stea» (*Paradiso*, XXXI, 43-45).

Percorrendo un altro tratto della Via Trionfale, Dante incontra il Borghetto San Lazzaro, formatosi tra il 1000 e il 1100, ma così chiamato proprio in occasione del primo giubileo, quando la locale chiesa, intitolata a Maria Maddalena, fu definitivamente intitolata a Lazzaro per la creazione nelle vicinanze del primo lazzaretto d'Europa. Dalla chiesetta altomedievale di S. Lazzaro, ancora oggi esistente nel suo rifacimento del 1536, l'ultimo tratto della Via Trionfale è finalmente in pianura.

L'Alighieri si trova ora nella zona detta Prata Falconi, dove nel Quattrocento sarà eretta la Palazzina del Falcone (n. 60-62 di Via Trionfale). Il nome deriva probabilmente dalla famiglia romana dei Falconi o dalle locande intitolate al rapace, le quali erano in grado di fornire una buona ospitalità ai signori con il loro seguito.

Dall'attuale bivio Via Trionfale - Via della Camilluccia, il percorso si snodava fino al ponticello sul fosso della Sposata, all'incrocio tra le moderne Via Candia e Via Leone IV. Qui gli imperatori che scendevano da Monte Mario prestavano giuramento ai Romani dinanzi agli ecclesiastici e ai rappresentanti del popolo romano.

Ormai Dante può scorgere le mura leonine alle quali si avvicina percorrendo l'antica Via del Pellegrino (oggi all'interno della Città del Vaticano), parallela all'attuale Via di Porta Angelica, aperta nel Cinquecento.

Verso S. Pietro. – Attraversando la Porta Sancti Peregrini, nelle vicinanze della quale c'è la chiesa di S. Pellegrino con annesso ospedale (tuttora esistente nella versione cinquecentesca all'interno del Vaticano), egli fa ingresso nella Cortina, la piazza antistante la basilica di S. Pietro, dove spiccano i bianchi gradini di travertino che conducono all'edificio sacro.

La piazza si presentava molto diversa da come appare oggi: al posto del colonnato berniniano c'era un largo quadrangolare; dinanzi a sé Dante ha la facciata dell'atrio della basilica, costituita da un insieme di varie costruzioni, fra le quali si evidenzia la torre campanaria, la più alta di Roma, sormontata da un globo con il gallo bronzeo, simbolo di S. Pietro.

Il pellegrino è frastornato dalla confusione del lato nord della piazza, che nel corso del Duecento aveva subito un'intensa attività di trasformazione edilizia per la costruzione dei palazzi pontifici di Innocenzo III e Nicolò III. Al di là della basilica, sulla sinistra, l'Alighieri intravede un insolito monumento che assomiglia a un'alta colonna: la guglia di S. Pietro. Si tratta dell'obelisco eretto sulla spina del Circo di Caligola e Nerone, dove rimase per tutto il Medioevo fino all'epoca di Sisto V, quando fu trasportato al centro di Piazza S. Pietro. Secondo la credenza medievale esso avrebbe contenuto nel globo bronzeo sulla sommità le ceneri di Giulio Cesare, come suggeriscono le fatiscenti lettere alla base del monumento: «DIVO CAESARI [...] SACRUM». Inoltre l'obelisco era l'unico rimasto in piedi in età medievale e si pensava che le ceneri di Cesare, signore e padrone del mondo, dovessero riposare necessariamente al di sopra dei corpi di coloro che avevano vissuto prima di lui. L'obelisco vaticano, detto nel medioevo *acus* o *agulia*, è citato da Dante in *Convivio* VI, XVI, 6: «quali cose più fossero nomate e conosciute in loro genere, più sarebbero in loro genere nobili: e così la guglia di San Pietro sarebbe la più nobile pietra del mondo»).

Ormai pochi metri separano il pellegrino dal centro della cristianità; per questo si accentua in lui l'emozione per un percorso che assomiglia sempre più a un itinerario iniziatico, costellato di simboli salvifici. Salita la scalinata basilicale, attraverso una delle tre porte bronzee, Dante fa ingresso nello splendido quadriportico denominato Paradiso[2].

Sorretto da quarantasei colonne e ornato da pitture che illustrano la vita di Pietro e Paolo, il portico è l'immagine del Paradiso Terrestre per la ricchezza delle decorazioni e per il giardino nello spazio all'aperto. Al centro si innalzava un Cantaro[3], ampio bacino per le abluzioni coperto da un baldacchino, all'interno del quale era sistemata la pigna di bronzo (oggi nell'omonimo cortile dei Palazzi Vaticani) alta più di quattro metri, proveniente dall'Iseo Campense, collocata lì da papa Simmaco (498-514). Dante la ricorderà nell'*Inferno* (XXXI, 58-59) impressionato dalla sua altezza e dalla sua mole, paragonandola alla faccia del gigante Nembrotte: «La faccia sua mi parea lunga e grossa, / come la pina di San Pietro a Roma, / e a sua proporzione eran l'altr'ossa».

Egli si avvicina al *Porticus pontificum* (portico dei pontefici), il lato del quadriportico adiacente alla basilica, così denominato per essere stato luogo di sepoltura di vari pontefici. Qui era collocata la grande conca di porfido rosso appartenente al sepolcro di Ottone II, successivamente utilizzata da Carlo Fontana come fonte battesimale della moderna basilica. Sulla facciata della basilica si offrivano alla vista del pellegrino dei mosaici esemplari dal punto di vista ideologico, realizzati durante il papato di Gregorio IX (1227-1241). Raffiguravano l'Adorazione dei ventiquattro vegliardi dell'Apocalisse, un soggetto che fin dal IV secolo era stato interpretato come rappresentazione del «nuovo popolo cristiano» che loda il Signore. Per coloro che facevano ingresso nella chiesa, l'immagine significava che temporaneamente l'*Ecclesia Romana* sostituiva la Chiesa Celeste e quindi il vescovo di Roma era colui che rappresentava Cristo in terra. Ai lati del Salvatore in trono, gli evangelisti, Maria e Pietro ribadivano il tema, mentre a destra di Cristo, al di sotto del ritratto papale, Matteo mostrava il testo della descrizione della Trasfigurazione che rivelava la natura divina di Cristo, avendo Pietro come testimone principale.

Sul *Porticus pontificum* si aprivano cinque ampie porte, che l'iniziando vede come simbolo del transito a una diversa condizione spirituale. Tre immettevano nelle navate centrali, due nelle laterali.

L'ingresso nella Bibbia figurata. – L'Alighieri fa ingresso nella basilica per la Porta Guidonea, all'estrema destra, quella riservata ai pellegrini introdotti dai *guidones*, le guide autorizzate dai canonici di S. Pietro (il rito connesso alla chiusura e all'apertura della Porta Santa risale a un'età successiva a quella dei primi giubilei). Egli entra finalmente nella basilica, cercando di isolarsi dalla massa dei visitatori, per immedesimarsi con l'immensa Bibbia figurata costituita dalle opere d'arte che arrivano a nascondere la struttura muraria dell'edificio. In questo momento più che mai Dante riesce a comprendere il significato pedagogico e propagandistico dell'arte, che illustra in maniera mirabile le verità di fede che il popolo non riesce altrimenti a comprendere.

Il primato del papa come successore di Pietro è ribadito proprio dalle raffigurazioni dell'apostolo, la più celebre delle quali era posta in grande evidenza all'ingresso principale della basilica, dove la *statua di Pietro* (ora nelle Grotte Vaticane) in bronzo policromo era seduta su una piccola cattedra con le chiavi in mano. Si vuole affermare, attraverso riferimenti iconografici continui, il concetto dell'identificazione del pontefice con il Principe degli apostoli, che doveva subito essere percepito dai romei, che vedevano il trono e le chiavi. Dante ricorda immediatamente l'insegnamento di S. Bernardo da Chiaravalle sul significato delle doppie chiavi, l'una d'oro che può aprire il cielo e quella d'argento che può serrarlo con la scomunica (*Purgatorio*, IX, 118-129). Davanti al pellegrino si apre uno spazio grandioso diviso da quattro file di colonne marmoree variopinte in cinque navate. L'occhio non riesce neppure a visualizzare l'enorme numero di altari, monumenti funebri e cappelle, ma è attirato dal ciclo pittorico della navata centrale realizzato con l'affresco, la cui tecnica, più «terrena», meglio si addiceva ai soggetti storici di natura mondana ivi raffigurati.

La sequenza narrativa per entrambe le pareti iniziava dall'arco trionfale e si snodava verso la parete d'ingresso. In quarantasei riquadri, la parete destra raffigurava scene dell'Antico e Nuovo Testamento: *La Creazione del mondo*, *Il diluvio e la saga di Abramo*, *Isacco e Giacobbe*; ritornando verso l'arco trionfale, la narrazione proseguiva con *Giuseppe*, *Mosè*, *Aronne*, in altre parole Israele e l'Egitto, e terminava presso l'entrata con la scena del passaggio del Mar Rosso.

Le storie per il pellegrino prefigurano l'avvento del Cristianesimo. Sulla parete opposta il ciclo di affreschi cominciava dall'arco trionfale con l'Annuncio a Maria e continuava fino al Battesimo di Cristo a metà circa della navata. Quindi cambiava direzione, ritornando verso l'arco trionfale nel registro inferiore, cosicché la vocazione di Pietro e Andrea era posta direttamente sotto l'Annunciazione. In questo modo si creava un parallelo fra l'Incarnazione di Cristo e la Conversione di Pietro, che culminava nella scena finale nella quale Gesù diceva agli apostoli che sarebbero stati i missionari dell'evangelo. Tra la raffigurazione della chiamata di Pietro e della sua missione, la sequenza pittorica era strutturata in modo da evidenziare la scena della Crocefissione, che occupava un riquadro quattro volte più grande degli altri, ed era in relazione agli altari sottostanti che custodivano frammenti della Vera Croce.

Nel mosaico absidale (inizio XIII secolo), il soggetto principale era *Cristo in trono sul monte paradisiaco*, dal quale sgorgavano i fiumi del paradiso terrestre, alle cui acque si abbeveravano due cervi. Egli con la mano sinistra benediceva e nella destra aveva un libro chiuso. Ai lati Pietro e Paolo consegnavano a Cristo due rotoli con la professione di fede, fiancheggiati da due palme.

Nel registro inferiore, al centro, un trono vuoto, davanti al quale era l'*Agnus Dei*, ai lati il ritratto di Innocenzo III si contrapponeva a quello della Chiesa Romana. Dante comprende la novità di una simile iconografia: il papa era abbinato all'immagine della Chiesa e, tramite Pietro, intercedeva presso Dio.

Il trono vuoto, raffigurato tra i ritratti di Innocenzo III e la personificazione della Chiesa, alludeva alla *Cattedra di Pietro*, il seggio d'avorio del IX secolo che nel Trecento era venerato come reliquia di S. Pietro e come simbolo della supremazia dell'apostolo. Per questo motivo il 22 febbraio, festa della *cathedra Petri*, esso veniva posto presso l'altare maggiore. Passava così in secondo piano il significato principale del trono vuoto come prefigurazione della «seconda venuta» di Cristo, a vantaggio dell'importanza crescente del pontefice come successore di Pietro.

La tomba dell'Apostolo fra prodigiose reliquie. – Sul pavimento Dante è affascinato dalla preziosa arte dei maestri cosmati, eredi delle antiche confraternite di lapicidi e scalpellini romani, che tramandavano la sacra arte muratoria della costruzione, finalizzata a ripetere il medesimo atto creativo di Dio. Essa trovava la massima espressione nei cinque dischi di marmi policromi intorno alla grande rota porfiretica sulla quale si inginocchiavano i futuri imperatori per la benedizione, prima di essere incoronati. Ma il centro attorno al quale ruotava non solo la basilica ma tutta la città e il mondo cristiano era la *Confessio*[4] posta sulla *Tomba di Pietro*. Il corpo dell'apostolo Pietro fu sepolto in una tomba anonima, immediatamente luogo di culto e di preghiera da parte dei primi cristiani. In seguito sulla sepoltura fu eretto nel corso del tempo un piccolo mausoleo, al centro di una necropoli cristiana, attorniato da un muro innalzato intorno al 160 d.C., con un'unica apertura verso est. Nella parte settentrionale fu costruito un muro dipinto di rosso, sul quale nel 1952 padre Antonio Ferrua scoprì tra gli altri un graffito databile alla fine del II secolo composto da due parole greche su due file: «IIETP» e «ENI» (Pietro è qui dentro).

La costruzione della basilica costantiniana fra il 324 e il 349 celò completamente l'antica necropoli fino agli scavi archeologici degli anni '50. Papa Gregorio Magno eresse il presbiterio inizialmente a livello della tomba dell'apostolo, che nel tempo si era arricchita di preziose suppellettili.

Il saccheggio saraceno dell'846 aveva depauperato il complesso tombale e all'epoca di Dante erano rimaste le dodici colonne vitinee di marmo pario che costituivano il ciborio[5], detto perciò *pergula*[6], provenienti, secondo la tradizione, dal Tempio di Salomone a Gerusalemme. Fra queste c'era la Colonna Santa, in grado di guarire gli indemoniati e sulla quale Cristo si appoggiava quando predicava al popolo e mentre pregava. Dante si trova improvvisamente trasferito in una dimensione diversa, poiché la basilica appariva immagine di un mondo superiore, prefigurazione della Gerusalemme celeste apocalittica.

Il fascino della Veronica. – L'attrazione suscitata dalla tomba dell'apostolo non era paragonabile all'entusiasmo dei romei che si accalcavano per tentare di vedere anche un particolare della Veronica, la reliquia più importante della città. Il successo della Veronica in Occidente è dovuto a una tradizione latina risalente all'VIII secolo. Nella *Cura Sanitatis Tiberii* si narra infatti che l'imperatore Tiberio, malato di lebbra, inviasse in Terrasanta un messo da una donna di nome Veronica, guarita dall'emorragia al solo contatto con le vesti di Cristo. Si evidenzia così l'identificazione di Veronica con l'emorroissa della Bibbia, che possedeva un'immagine di Cristo taumaturgica per la malattia di Tiberio.

Gilardinus del Walles, un pellegrino inglese diretto a

Roma, racconta invece che Veronica avrebbe offerto il proprio velo a Cristo durante la salita al Calvario, il quale lo impresse sul volto, lasciandovi la propria immagine. Egli è anche il primo a riportare l'etimologia di Veronica come *vera icona, id est, imago vera* (Veronica vale a dire vera immagine di Cristo). Nel 1200 il Sudario diventò una delle principali reliquie di Roma e cominciò a essere parzialmente esposto al pubblico. Innocenzo III (1198-1216) fu l'effettivo fondatore del culto della Veronica, istituendo una processione annuale da S. Pietro a S. Maria in Sassia, durante la quale l'immagine sacra era esposta in una preziosa *capsa* d'oro e argento ornata di pietre preziose. La trasmissione della salvezza avveniva tramite la remissione dei peccati, qualora si partecipasse alla processione. A partire dal XIV secolo la Veronica diviene reliquia della passione, con il suo inserimento nella *Via Crucis*. L'oratorio della Veronica era evidenziato da una transenna marmorea e da una pavimentazione in porfido e marmo, in fondo alla navata destra. L'immagine del volto di Cristo si era impressa miracolosamente sul panno col quale una donna asciugò il sangue e il sudore del Messia, durante la salita al calvario. La Veronica, formatasi secondo la leggenda per contatto diretto con il corpo di Cristo, prometteva di trasmettere tale possibilità all'osservatore tramite il solo rapporto visivo. Dante a stento intravede i lineamenti sbiaditi della sacra immagine, ma quanto basta per imprimerla nella sua memoria. La visione della Veronica preannuncia emozionalmente il momento culminante dell'estasi ultraterrena, che il poeta avrebbe sperimentato in Paradiso, nel viaggio iniziatico di avvicinamento alla Somma Verità («Qual è colui che forse di Croazia / viene a veder la Veronica nostra, / che per l'antica fama non si sazia, / ma dice nel pensier, fin che si mostra: / «Signor mio Gesù Cristo, Dio verace, / or fu sì fatta la sembianza vostra?»», *Paradiso*, XXXI, 103-108).

La visita al *Sancta sanctorum* del Cristianesimo volge al termine, e il pellegrino ricapitola mentalmente la molteplicità di eventi al limite fra realtà e sogno che avevano caratterizzato il contatto con il centro della cristianità.

Dante è sedotto dalla possibilità che elementi e immagini possano tradursi in visioni spirituali e concetti teologici altrimenti ineffabili. Tuttavia qualcosa, o meglio «qualcuno», turbava il suo animo e stendeva un'ombra inquietante sulla sacralità del percorso e dei luoghi. L'Alighieri all'uscita dalla basilica si scontra nell'atrio con un gruppo di pellegrini che ammirano il mosaico della Navicella, passato inosservato, perché posto sulla fronte interna dell'atrio: è opera dell'astro nascente della pittura italiana di fine secolo, Giotto da Bondone. Dante scorge *la barca della Chiesa travolta dalla tempesta con gli apostoli atterriti e Paolo al timone*. Sulla destra Cristo conduce per mano Pietro, che abbandona la nave e cammina sulle acque. L'opera (oggi all'interno del portico della basilica, sopra la porta centrale), rende consapevole Dante dell'indirizzo fortemente teocratico che Bonifacio VIII voleva imprimere alla sua politica. Era evidente infatti nel mosaico l'allegoria della diretta discendenza del papa da Pietro e della sua supremazia sul mondo come detentore del potere temporale e spirituale.

Il cammino del Fedele d'amore da S. Pietro al Ponte dei Pellegrini. – All'uscita dalla basilica il pellegrino imbocca il *Porticus*, un'antica via romana che collega la *Cortina* al Tevere. La percorre in direzione di Castel S. Angelo, in mezzo all'impressionante confusione dell'anno giubilare: una moltitudine di pellegrini, infatti, si riversa su Ponte S. Angelo, separati da una transenna in base ai sensi di marcia. Una scena che rimane indelebile nella mente di Dante tanto da rappresentarla nel canto XVIII dell'*Inferno*, a proposito della bolgia dei ruffiani e ingannatori, il cui movimento in senso inverso è paragonato ai due sensi di cammino dei pellegrini che transitano sul ponte del castello, diretti rispettivamente verso S. Pietro e verso Monte Giordano («come i Roman' per l'essercito molto, / l'anno del giubileo, su per lo ponte / hanno a passar la gente modo còlto, / che da l'un lato tutti hanno la fronte / verso 'l castello e vanno verso 'l monte»).

L'Alighieri si trova coinvolto nella calca delle due schiere opposte, che rischiano di far precipitare persone e oggetti nel Tevere. Giunto alla riva sinistra, Dante si trova a Piazza di Ponte, uno dei punti focali della rete viaria romana sulla riva sinistra del fiume: in questo settore, prima della costruzione dei muraglioni e le demolizioni di fine Ottocento per l'apertura di Corso Vittorio Emanuele, convergeva una raggera di strade che oggi più o meno corrispondono a Via del Banco di S. Spirito, Via Tor di Nona e Via di Panìco.

Dante imbocca Via dei Coronari verso S. Salvatore in Lauro, cuore della zona alberghiera della Roma trecentesca, dove si trovava il suo alloggio. Dall'abitazione, in una posizione invidiabile, il poeta poteva vedere il Gianicolo (dove secondo la tradizione medievale Pietro sarebbe stato crocifisso), e le frotte di pellegrini che vanno verso Montegiordano, la roccaforte costruita da Giordano Orsini nel Duecento per il controllo del Tevere (oggi Palazzo Taverna).

La cupidigia degli Orsini[7] è proverbiale e l'antica famiglia guelfa è rinomata per la simonia e il nepotismo; figura di rilievo è Napoleone Orsini, portavoce degli interessi del re di Francia Filippo il Bello e futuro promotore del processo contro i Templari, di cui Dante, Fedele d'amore, era affiliato. Ma chi sono i Fedeli d'amore? Si tratta letteralmente di «quelli presi d'amore», gli amanti, ed è un'espressione impiegata per designare i mistici. Dante nella *Vita Nova* invia un sonetto *A tutti li fedeli d'Amore*, dove esprime lo stato di beatitudine provato in sogno, il giorno che Beatrice lo aveva salutato. Dietro i nomi di donne famose celebrate da letterati e poeti della cerchia di Dante, quali Guinizzelli e Cavalcanti, si nasconde il simbolo della Sapienza, che eleva spiritualmente il poeta fino alla contemplazione della verità. Di qui l'affinità tra Fedeli d'amore e Templari, che veneravano la Vergine cristiana come ultima metamorfosi di Iside, la Grande Madre mediterranea. La mistica dei Fedeli d'amore si oppone al conformismo del potere religioso e laico, cercando un contatto con la mistica islamica dei Sufi e la Cabbala ebraica. Non a caso la *Commedia* è debitrice sia alle concezioni dell'aldilà arabe, sia alla mistica ebraica. Esoterismo cristiano e mistica ebraico-islamica costituiscono il retroterra culturale anche della lirica provenzale, che giunge a Dante dalla terra dei Catari e dei Templari; in Provenza si veneravano le reliquie di Maria Maddalena, altro importante archetipo femminile. Non c'è quindi da stupirsi del linguaggio ermetico adottato dai Fedeli d'amore, per proteggersi dalla repressione e per non svelare i segreti della Tradizione sacra. È Dante stesso che ci ammonisce a meditare sul senso profondo dei suoi versi: «Aguzza qui, lettor, ben li occhi al vero, / ché 'l velo è ora ben tanto sottile, / certo che 'l trapassar è leggero» (*Purgatorio*, VIII, 19-21). Ma il cammino misterico-sapienzale del poeta fiorentino deve ora proseguire.

Da S. Pietro a S. Giovanni

La Via papalis e la Divina Commedia. – La «Madre di tutte le chiese», la basilica di S. Giovanni in Laterano, costituisce la seconda tappa di un percorso che si sta trasformando per Dante in un cammino iniziatico. Sebbene nel Giubileo del 1300 la basilica non fosse stata ancora inserita nel percorso giubilare, S. Giovanni è tuttavia la cattedrale di Roma, legata alla complessa vicenda storica della conversione e «donazione» di Costantino. La mattina del giovedì santo del 1300 era in programma la lettura da parte di Bonifacio VIII della bolla riguardante il giubileo[8].

Ripercorrendo in senso inverso Via dei Coronari (antica Via Recta), Dante imbocca la Via Papalis, la lunga tratta stradale percorsa dai cortei pontifici, quando il nuovo papa da S.

Pietro prendeva possesso della cattedra vescovile in S. Giovanni in Laterano.

All'inizio di Via Celsa, corrispondente all'attuale Via del Banco di Santo Spirito, la strada, poco più avanti, si divideva fra Via dei Banchi Vecchi e Via dei Banchi Nuovi, all'interno del quartiere economico e commerciale della città. L'Alighieri prosegue per i Banchi Nuovi e la Strada di Parione (Via del Governo Vecchio), giungendo a Piazza Navona. Questa nel 1300 era ancora una spianata informe, priva di ogni attrattiva: da qui, imboccando la Via di Parione, corrispondente in questo tratto all'attuale Corso Vittorio, il pellegrino passa davanti alla piccola chiesa di S. Sebastiano *de via Papae* (dove sorgerà la cinquecentesca chiesa di S. Andrea della Valle), e giunge all'area dell'odierno Largo Argentina, allora occupata dai resti del Teatro di Pompeo e da un intero quartiere con vie strette e chiese. Per la seconda volta si imbatte nella presenza degli Orsini, che avevano edificato una rocca sulle rovine dell'antico teatro.

Per la via stretta e poco luminosa che prende il nome dalle «botteghe oscure» che in essa si erano annidate tra le rovine dell'antico Teatro di Balbo, Dante torna a riveder la luce nei pressi della basilica di S. Marco presso l'attuale Piazza Venezia, più piccola e marginale rispetto a oggi. Egli costeggia successivamente le falde settentrionali del colle Capitolino, sulla cui piazza era una scultura di età imperiale: un leone in atto di aggredire un cavallo, davanti al palazzo dove nel medioevo si amministrava la giustizia. Il leone[9], in questo contesto simbolo dell'autorità senatoria, appare invece a Dante come emblema della superbia e dell'invidia, che stavano gettando nel baratro l'umanità.

Il cammino dell'Alighieri è segnato da premonizioni, sensazioni particolari, a volte angosciose, costellato da continue e inaspettate «visioni» che lo relazionano al mistero. Superato il Campidoglio, sosta al Carcere Mamertino, nel quale, secondo la tradizione, era stato imprigionato S. Pietro. Si nota ancora l'incavo della roccia sulla quale l'apostolo avrebbe sbattuto la testa, dopo essere stato spintonato violentemente dai carcerieri.

Ahi quanto a dir qual era è cosa dura esta selva selvaggia e aspra e forte. – Dalla Via Sacra ha inizio un percorso erto e difficile, costeggiando i resti del Foro di Augusto, dove avevano sede i Cavalieri di S. Giovanni, ai margini della Suburra, malfamata e paludosa. Là si credeva che errasse lo spettro di Messalina, madre di Nerone e moglie dell'imperatore Claudio, che vagava nei luoghi dei suoi turpi incontri «a luci rosse».

Nell'atmosfera primaverile svetta l'alta Torre dei Conti, che impressionerà anche il Petrarca per la sua imponenza (oggi si vede solo il basamento dell'alta costruzione distrutta da un terremoto). Le rovine degli antichi monumenti seminterrati, le acque stagnanti della zona paludosa dei «Pantani», la caligine dei fuochi insieme ai miasmi che provengono dalla Suburra, trasformano la zona in una sorta di propaggine infernale.

La stanchezza incombe sul viaggiatore, che si concede una sosta dinanzi al Colosseo, trasformato in fortezza dai Frangipane. Dalla metà del Duecento l'anfiteatro era stato prescelto come sede di rappresentazioni sacre della Passione; la topografia dell'immenso monumento segnato da cerchi concentrici interrotti da passaggi circolari evoca all'Alighieri l'andamento dei gironi infernali, che aveva visualizzato sul *Libro della Scala*, il testo arabo che narrava il viaggio di Maometto nell'aldilà.

I rilievi e le statue del vicino Arco di Costantino sono motivo di stupore e meraviglia; sul penultimo rilievo a sinistra di chi guarda dal Colosseo è raffigurata una donna seduta in terra, che tende il braccio destro con la mano aperta verso l'imperatore che l'ascolta; alle spalle due vessilliferi conducono i cavalli.

Il poeta sembra qui riconoscere l'episodio della «Giustizia

di Traiano» descritto nella *Vita di S. Gregorio* di Paolo Diacono: Traiano si piega ad ascoltare una vedovella che chiede giustizia per il figlio ucciso. L'imperatore ritarda la partenza della spedizione militare per accogliere la richiesta della vedova. Sullo sfondo del rilievo si vedono le aquile in campo d'oro che il poeta trasforma in vere e proprie insegne medievali (*Purgatorio*, X, 73-93).

Il secondo nucleo della leggenda, molto diffusa nel medioevo, allude a S. Gregorio, il quale, commosso dalla *pietas* e dalla giustizia di Traiano, prega Dio affinché sia misericordioso per l'anima dell'imperatore e in ciò sarà esaudito (*Paradiso*, XX, 43-48).

Dagli stendardi romani agli spiriti del cielo di Giove, che Dante disporrà in forma di aquila in Paradiso, il rapace, simbolo dell'Impero, ricorrerà di frequente nella *Commedia*, in dialettica con la croce, simbolo della Chiesa. Il poeta fiorentino spesso si domanda quale possa essere stata la causa dello scontro fra l'Aquila e la Croce. Dante, adepto dei Fedeli d'amore, conosce bene il sigillo del Gran Maestro dell'Ordine templare, sul quale esse sono congiunte. Perché e da chi sono state separate e contrapposte? La riflessione sul problema della giustizia assumerà un'importanza sempre maggiore nell'*animus* del poeta, in corrispondenza della seconda parte del percorso, segnato dalle memorie del rapporto fra l'imperatore Costantino e la Chiesa.

Poco oltre il Colosseo, inizia la salita al Celio, fiancheggiata dal paesaggio rurale, lungo la *Via maioris*, cui corrisponde nella parte superiore l'attuale Via di S. Giovanni in Laterano. Da qui il pellegrino medievale imbocca la Via dei SS. Quattro, che si ricongiungeva con Via di S. Giovanni all'altezza di Via dei Querceti (antico *Vicus Papissae*).

La leggenda della papessa Giovanna. – Dante costeggia un'edicola della Vergine seduta su una cattedra col Bambino in braccio, risalente forse al 1000, sulla via non molto distante da San Clemente (attuale Via dei Querceti). La leggenda, sorta intorno al 1000, narra che questo è il luogo dove partorì una donna di origini inglesi proveniente da Magonza, dopo aver conseguito, sotto travestimento maschile, la dignità pontificia col nome di Giovanni VIII, (855). Dopo questo atto sacrilego si decise di controllare le parti genitali del nuovo papa per essere certi del suo sesso. Essa fu originata quasi certamente da una maligna interpretazione della cerimonia dell'elezione pontificia in Laterano, compiuta, fin dall'alto medioevo, mediante la consegna al neopontefice delle chiavi di Pietro e della *ferula*, mentre era seduto in posizione semisdraiata su due antiche seggiole da parto, a simboleggiare il concetto della Chiesa come *mater*. Infatti, sulla base di una serie di documenti falsi riuniti fra l'845 e l'855, il concetto di *Mater Ecclesiae* pone la Basilica di San Giovanni al primo posto al di sopra di ogni altra chiesa, compresa quella vaticana. Il falso racconto d'una donna-papa, strettamente legato alla rivalità fra i capitoli di San Giovanni e di San Pietro fu la conseguenza di quell'antica pratica che si svolgeva a ogni elezione di un nuovo pontefice, a cominciare da quella del 1090 di Pasquale II, alimentata dalla sfida fra le due chiese, che tenevano non solo a un prestigio teologico-spirituale ma anche economico.

Dante, comunque incuriosito dall'edicola, ne chiede notizia e viene a sapere una storia molto interessante: essa segnerebbe addirittura la tomba della papessa, che, dopo aver partorito a causa della calca, perse i sensi e morì. Da allora in poi, per non transitare davanti a un luogo tanto sacrilego, i cortei pontifici avrebbero compiuto una deviazione dal solito percorso della *Via Papalis* che congiungeva, come abbiamo visto, le due basiliche più importanti di Roma. In realtà la deviazione del percorso papale alla metà del Duecento fu resa necessaria per evitare la strettoia del *Vicus Papissae* (attuale Via dei Querceti), dove si trovava e c'è tuttora la famosa edicola. Questa è un sacello devozionale dedicato alla Vergine, come spesso accadeva negli incroci e nei bivi, collocato in una piccola strada che traeva il nome dalla facoltosa famiglia dei Papa, dotata di molte proprietà in questa zona. Poco dopo il Mille la malevola leggenda della papessa fu collegata a tale luogo, in corrispondenza del toponimo già preesistente.

I segreti iniziatici dei SS. Quattro Coronati. – A questo punto Dante si dirige verso la Chiesa dei SS. Quattro Coronati, seguendo il percorso antico e tortuoso della via omonima. Questa costeggia numerosi alberi di quercia dai quali derivava l'antico nome del Celio. L'edificio sacro insieme al monastero appare al pellegrino come un'imponente fortezza, che insieme agli altri insediamenti ecclesiastici dei SS. Giovanni e Paolo e di S. Gregorio al Celio costituivano la cintura difensiva medievale intorno al Laterano.

La chiesa, dedicata al culto dei martiri della persecuzione di Diocleziano, è ricordata per la prima volta nel 595. È probabile che il culto dei Quattro Coronati (per la simbolica corona del martirio), fosse antecedente alla consacrazione dell'edificio, luogo di incontro delle antiche corporazioni muratorie. Ristrutturata una prima volta intorno agli anni 840-850 al tempo di Papa Leone IV, fu ampiamente modificata intorno al XII secolo da Pasquale II, con la riduzione notevole delle navate e l'utilizzazione per intero solo dell'abside. Dante entra nel primo cortile, sul luogo del quadriportico della chiesa primitiva, al centro del quale c'era un *cantharus* del XII secolo (oggi sistemato nel chiostro).

Il pellegrino è impressionato dalla massiccia torre campanaria (IX secolo), simile a una torre di difesa, che poggia direttamente sul tetto e dal secondo ampio cortile, ricavato nella navata centrale della basilica paleocristiana e carolingia. Testimonianza degli ampi lavori di restringimento dell'edificio, dopo la distruzione operata dai Normanni di Roberto il Guiscardo (1084), è l'architrave d'angolo sulla parete d'ingresso. La pavimentazione della navata centrale e del transetto è un tappeto cosmatesco, con raffigurazioni circolari e spiraliformi, inscritte in quadrati e rettangoli. La valenza simbolica di questa pavimentazione è percepita dal pellegrino come una ricapitolazione delle figure geometriche che costituiscono gli elementi dell'universo, associata al complesso simbolismo cromatico delle pietre, delle quali Dante conosceva bene le proprietà terapeutiche e psicologiche. Egli è al corrente di due misteriosi segni custoditi nel chiostro della chiesa, di cui nessuno dei benedettini che vi abitano vuole parlare. Dalla navata sinistra egli accede al chiostro, risalente ai primi decenni del Duecento, formato da un quadriportico ad arcate separate da pilastri, riunite a gruppi di otto[10] lungo i lati maggiori e di sei lungo quelli minori.

Gli archi poggiano su esili colonne binate con capitelli a forma di loto. Gli intradossi sono dipinti con triangoli bianchi e neri uniti a gocce verdi e rosse. La presenza del loto riporta all'ambito dell'acqua e della fecondità dell'antico «giardino paradisiaco», di cui il chiostro è simbolo terreno, come d'altronde il numero otto dei fonti battesimali, allude al luogo della rigenerazione cristiana. Finalmente sul muretto della balaustra di fronte alla porta di passaggio tra il chiostro e la chiesa, Dante nota il primo dei misteriosi graffiti, assurdamente interpretato come un gioco per dadi o un gioco dell'Oca. Esso è caratterizzato da tre segni ricorrenti, X, I, D, separati da linee verticali. Sono simboli molto antichi, utilizzati dai maestri lapicidi, connessi alla religiosità templare: la X rappresenta la croce di S. Andrea ed esprime il senso di immortalità di chi è giunto alla realizzazione dei misteri.

Il triangolo è il simbolo della Trinità, come d'altronde la successione delle I in verticale, una sopra l'altra. In questo istante Dante ricorda l'insegnamento del dotto ebraico Abulafia, esponente della cabala, incontrato a Bologna qualche anno prima. Questi gli aveva svelato che la I costituisce l'Unità assoluta, l'antico nome di Dio prima del peccato originale, e quindi della diversificazione delle lingue (*Paradiso*,

XXVI, 133-138). Proseguendo il cammino sul lato destro del chiostro, appare il graffito della triplice cinta, inciso sulla continuazione del muretto di base del colonnato. Non è la prima volta che il poeta lo vede, poiché anche la raffigurazione dei tre quadrati inscritti l'uno nell'altro e intersecati da una croce era stata adottata dai Templari per contrassegnare luoghi di particolare sacralità tellurica. Uscendo dalla basilica Dante si volge verso l'Oratorio di S. Silvestro, costruito nel 1246 dal cardinale Stefano e decorata con le storie del papa Silvestro I e dell'imperatore Costantino: è una tematica che coinvolge direttamente l'Alighieri, perché connessa alla «Donazione di Costantino» il documento apocrifo, creduto autentico da Dante, che giustificava il potere temporale della Chiesa.

Il ciclo di undici riquadri figurativi rappresenta (a cominciare dalla zona soprastante la porta d'ingresso), la *Persecuzione dei cristiani da parte di Costantino*, che costringe papa Silvestro a fuggire sul Monte Soratte; subito dopo *L'imperatore è colpito da una terribile peste*, per liberarsi dalla quale, secondo i medici, avrebbe dovuto immergersi nel sangue caldo di molti bambini. La scena seguente descrive il *Sogno di Costantino*, al quale appaiono Pietro e Paolo, che gli ordinano di richiamare Silvestro per guarire dalla malattia. Poi il *Richiamo del papa e il battesimo di Costantino*, che emanò una serie di leggi a favore del Cristianesimo.

Il terz'ultimo riquadro illustra il *Dibattito fra alcuni dotti ebrei scelti dalla madre dell'imperatore, Elena, e il papa Silvestro*: il capo della delegazione ebrea, in difficoltà, si fece portare un toro infuriato e lo fece morire improvvisamente, affermando di aver pronunciato al suo orecchio il nome di Dio. La risposta di Silvestro fu l'immediata resurrezione del toro in nome di Dio, che provocò la conversione di tutti.

Il penultimo riquadro mostra il *Ritrovamento della S. Croce da parte di Elena*, madre di Costantino, che indica con la mano il luogo dove era stato sepolto il sacro legno, dopo aver fatto scendere un ebreo all'interno della montagna di terra.

A completare la vittoria del Cristianesimo su tutte le forze negative, l'ultimo episodio si riferiva al dragone che abitava nel Foro Romano, in una caverna 365 gradini sotto terra.

Lì discese Silvestro, domando il drago e rinchiudendolo dietro una porta di bronzo. Per verificare la veridicità dell'impresa di Silvestro, due sacerdoti pagani lo seguirono talmente a poca distanza da restare uccisi dal fuoco del drago. Quando Silvestro, vinto il mostro, li ritrovò morti all'uscita della caverna, ridonò loro la vita, ottenendone la conversione (questo episodio finale del ciclo pittorico è oggi scomparso completamente).

La Commedia e il Laterano: la proclamazione giubilare del 1300

Il Patriarchìo lateranense. – Ormai la prima basilica cristiana del mondo (secondo la tradizione medievale) si trova a poca distanza: percorso l'ultimo tortuoso tratto della Via dei SS. Quattro Coronati, appare l'Arco di Basile (un fornice dell'acquedotto neroniano), demolito nel 1604, che faceva da ingresso al *Campus Lateranensis*. Il Laterano esemplificherà nella *Commedia* il valore di Roma antica come provvidenziale anticipazione della Roma cristiana: «Se i barbari, venendo da tal plaga / [...] / veggendo Roma e l'ardua sua opra, / stupefaciensi, quando Laterano / a le cose mortali andò di sopra» (*Paradiso*, XXXI, 31-36). Il Laterano per il pellegrino era in effetti il nuovo centro curiale, che aveva preso il posto delle antiche dimore imperiali; costituiva il «loco santo / u' siede il successor del maggior Piero (*Inferno*, II, 23-24). L'area non aveva l'aspetto attuale, riferibile alla ristrutturazione cinquecentesca di Sisto V, ma era occupata dalla basilica, dal Patriarchìo (palazzo papale) e dagli edifici connessi alla corte pontificia. Alla metà del Duecento si era costituito un vero e proprio borgo, compreso fra le mura aureliane, Via di S. Giovanni e Via Merulana.

L'antica piazza di S. Giovanni in Laterano. – Arrivato sulla spianata antistante il fianco settentrionale della basilica, Dante è circondato dal gran numero di romei che cercano edifici per l'accoglienza e il ristoro assiepandosi intorno alla quasi ultimata *Loggia delle benedizioni*. Si era diffusa infatti la notizia che Bonifacio VIII avrebbe letto una nuova bolla riguardante il giubileo. Ma qual era l'aspetto della piazza di San Giovanni fino al momento della rivoluzione di Sisto V (1586-88)? Il poeta, salendo da Via Merulana, nota all'estrema destra la Torre degli Annibaldi (dove attualmente si erge l'obelisco), dietro alla quale riconosce il battistero. Al centro, sul fondo, si staglia la facciata gotica del transetto della basilica, in seguito del tutto trasformato dall'intervento sistino. Dall'angolo sinistro di tale edificio si protende in avanti il palazzo papale con la famosa aula conciliare, sede della incoronazione dei pontefici, conclusa sulla piazza dalla Loggia di Bonifacio VIII. Dante da questo edificio (che si allunga sulla piazza fino al punto in cui giunge l'attuale Palazzo Lateranense), nota un susseguirsi di torri, corridoi, mura, che arrivano alla Torre di papa Zaccaria (VIII secolo), al di là della quale si trova il *Sancta Sanctorum*, ossia la Cappella di San Lorenzo.

Questo complesso di edifici occupava l'area compresa tra lo spigolo destro dell'attuale Palazzo Lateranense e la Scala Santa come appare oggi. Il pellegrino è particolarmente affascinato dall'ingresso principale al Patriarchìo, che si trova all'estrema sinistra della piazza (all'incirca tra la porta d'ingresso dell'odierno Palazzo Lateranense e il suo spigolo di sinistra). Molto importante è la scala che conduceva al primo e unico piano del Patriarchìo, i cui gradini iniziali sono perfettamente visibili dall'esterno, la quale sarà al centro di una lunga e complessa elaborazione leggendaria, fino a diventare la celeberrima scala del Tribunale di Pilato percorsa da Cristo sanguinante.

L'orsa, la lupa, il leone. – La curiosità del poeta fiorentino si indirizza sui resti antichi, sistemati sulla spianata dinanzi la basilica e sotto i portici del palazzo papale, che occupava l'area dell'attuale Palazzo Lateranense. Essi assumono una profonda valenza simbolica, a cominciare dalla statua equestre di Marco Aurelio in bronzo dorato, situata nei pressi della Torre degli Annibaldi (ora sulla Piazza del Campidoglio), tra le poche salvate dalla distruzione perché ritenuta di Costantino.

A quest'ultimo erano riferiti anche una testa e una mano sorreggente un globo, provenienti da una statua bronzea gigantesca, che la tradizione popolare identificava con la statua del dio Sole, un tempo nei pressi del Colosseo. Queste antiche vestigia indicavano la Chiesa come vera erede della tradizione classica romana, ma una in particolare appariva all'Alighieri il simbolo ambiguo del potere politico-religioso: la Lupa bronzea.

Essa era sistemata all'esterno della Torre degli Annibaldi, su una base di pietra sostenuta da grappe infisse nel muro. Era ufficialmente il simbolo dell'autorità pontificia che governava Roma, della giurisdizione e sovranità papale, che davanti al simulacro eseguiva condanne anche capitali. Nell'immaginario dantesco, invece, spontanea era l'associazione dell'animale con l'orsa degli Orsini e con il leone capitolino.

Nei bestiari medievali i tre animali assumono anche connotazioni negative: la lupa è simbolo di cupidigia e d'avarizia; l'orso è associato da Dante alla corruzione degli Orsini ed è personificazione del potere del diavolo; il leone capitolino, come abbiamo visto, si trasforma nel leone demoniaco ricordato in alcuni passi della Bibbia.

Il Patriarchìo si estendeva nell'area oggi occupata dal Palazzo e dall'Università lateranense, dalla Scala Santa e da parte della piazza S. Giovanni. Il nucleo principale era dalla parte dell'ingresso settentrionale della basilica, fiancheggiato da due torri tutt'ora esistenti e comprendeva oltre all'appartamento pontificio anche un archivio.

Giotto e la Loggia delle Benedizioni. – La Loggia delle Benedizioni, voluta da Bonifacio VIII entro il 1300, era decorata da un ciclo di pitture attribuite a Giotto, delle quali rimane un frammento di affresco (attualmente conservato sul terzo pilone della navata destra della basilica), che raffigurerebbe la proclamazione del giubileo da parte di Bonifacio VIII.

La loggia era significativamente rivolta verso la piazza, con un doppio ordine di arcate: in tal modo Bonifacio VIII sfidava apertamente i suoi avversari, edificando una loggia al centro del *Campus Lateranensis*, proprio di fronte alle case ospedaliere gestite dai Colonna e in prossimità delle tre strade Ferratella, Sacra e Merulana. Il poeta si avvia ora verso la facciata orientale della basilica, più nascosta e difficilmente raggiungibile, perché serrata tra il palazzo papale e le mura aureliane. Qui è situato l'ingresso principale, prospettante l'attuale Piazza di Porta S. Giovanni.

La facciata trecentesca era molto diversa da quella odierna, eretta da Alessandro Galilei nel 1732. L'antica era stata innalzata da Alessandro III (1159-1181) ed era costituita da un porticato cosmatesco a sei colonne, fiancheggiato da un altro portico più piccolo a tre arcate sul lato sinistro, in corrispondenza dell'antico Oratorio di S. Tommaso. Un'iscrizione sull'architrave celebrava il primato della chiesa lateranense su tutte le altre.

L'architrave era decorata da mosaici del tempo di Clemente III (1187-1191), che comprendevano pannelli figurati aventi come soggetto: la *Donazione di Costantino*, il *Battesimo di Costantino*, la *Decapitazione di Giovanni Battista*, *Silvestro che chiude la fauci al drago*, il *Martirio di Giovanni Evangelista*. All'interno della basilica a cinque navate, Dante fissa lo sguardo nella navata centrale sull'imponente pavimento cosmatesco, simile a un labirinto iniziatico che indica la difficoltà del cammino e la necessità della fatica per realizzare la redenzione. Vari interventi di restauro e valorizzazione della chiesa erano stati promossi qualche anno prima da Nicolò IV

(1288-92), proveniente dall'Ordine francescano e particolarmente attento ai valori e alle correnti artistiche del tempo. Lo s*tatus* francescano del papa costituisce la chiave d'interpretazione del suo intervento al Laterano, come risulta evidente dall'iscrizione dedicatoria da questi fatta apporre nell'abside, dopo il completamento dei lavori di restauro:

PARTEM POSTERIOREM ET ANTERIOREM RUINOSAS HUIUS SANCTI TEMPLI A FUNDAMENTIS REEDIFICARE FECIT ET ORNARE OPERE MOSAYCO NICOLAUS PP. IIII FILIUS BEATI FRANCISCI ET SACRUM VULTUM SALVATORIS INTEGRUM REPONI FECIT IN LOCO UBI PRIMO MIRACOLOSE POPULO ROMANO APPARUIT QUANDO FUIT ISTA ECCLESIA CONSECRATA. ANNO DOMINI MCC NONAGESIMO I.

(Nicolò IV figlio del beato Francesco fece ricostruire dalle fondamenta la parte posteriore e anteriore andate in rovina di questo sacro tempio e la fece decorare con un mosaico e fece ricollocare il sacro volto del Salvatore integro nel luogo dove all'inizio apparve miracolosamente al popolo romano quando questa chiesa fu consacrata. Anno del Signore 1291).

Il sogno di Innocenzo III. – Il grande interesse che il papa mostrò per la basilica di S. Giovanni era dipeso dalla celebre leggenda di S. Bonaventura, relativa al sogno di Innocenzo III, al quale S. Francesco apparve come salvatore della chiesa di S. Giovanni che, sul punto di crollare, era sostenuta dal Santo.

Le condizioni fatiscenti della chiesa spinsero il pontefice a intervenire radicalmente nella zona del presbiterio, dove fece costruire o modificare il transetto in forme gotiche e sostituire la decorazione musiva dell'abside, risalente alla metà del V secolo. Il rinnovamento decorativo fu affidato a Jacopo Torriti, già attivo in precedenza nel cantiere della basilica francescana di Assisi e al frate francescano Jacopo da Camerino, che, in un'iscrizione dell'emiciclo absidale, si definisce *socius magisteri operis,* raccomandando la propria anima al Salvatore e a S. Giovanni Battista. Anche il Torriti appose il suo nome all'estremità inferiore sinistra della calotta.

Lo sguardo di Dante trascorre lentamente dalla cattedra fino alla calotta absidale, intuendo che ogni particolare potesse avere un significato importante nell'itinerario verso la salvezza.

Sul suppedaneo della cattedra vescovile sono incise quattro figure demoniache[11]: *l'aspide*, *il leone*, *il drago* e *il basilisco*. Al centro della calotta absidale campeggia una grande croce gemmata sul fondo dorato, mentre all'incrocio dei bracci un medaglione raffigura il *Battesimo di Cristo*. La croce si innalza sul monte paradisiaco da cui sgorgano quattro fiumi, ai quali si abbeverano, ai lati, cervi e agnelli. Sulle pendici della montagna sono rappresentate le mura del paradiso, sorvegliate dall'arcangelo Michele con la spada sguainata. Alla sommità della calotta absidale la raffigurazione del Salvatore si staglia su un cielo blu con nuvole multicolori. Ai lati della croce sono, sulla destra, *la Vergine che presenta il committente Nicolò IV inginocchiato*, *S. Francesco*, *S. Pietro* e *S. Paolo*; a sinistra *S. Giovanni Battista*, *S. Antonio da Padova*, *S. Giovanni Evangelista*, *S. Andrea*.

L'abside e i simboli dell'antica sapienza costruttiva. – La decorazione della calotta absidale è delimitata in basso da una scena fluviale con la raffigurazione del Giordano. Sotto corre l'iscrizione dedicatoria di Nicolò IV, la quale divide la calotta dall'emiciclo absidale. Qui, tra quattro grandi finestre, sono gli apostoli: da sinistra *Giuda*, *Simone, Giacomo Minore*, *Tommaso*, *Giacomo Maggiore*, *Filippo*, *Bartolomeo*, *Matteo e Mattia*.

Tra Simone e Giacomo Minore (secondo e terzo apostolo) e tra Bartolomeo e Matteo (settimo e ottavo), due piccole figure inginocchiate con un saio francescano: il primo tiene in mano una squadra e un compasso, il secondo un martello e uno scalpello, con cui stacca da una lastra marmorea le tessere del mosaico.

Il primo frate è probabilmente Jacopo Torriti, mentre il secondo è identificato con Jacopo da Camerino. Dante è attratto dal ritorno alla spiritualità evangelica del messaggio francescano, dalla centralità che in essa riveste la natura, simboleggiata dall'umile pietra, materia grezza «spiritualizzata» dagli strumenti degli antichi maestri costruttori: la squadra, il compasso, il martello e lo scalpello, alludono all'antica sapienza costruttiva, grazie alla quale si era edificata anche la basilica di S. Francesco ad Assisi. La squadra all'interno del simbolismo massonico è associata alla rettitudine e giustizia, mentre la squadra con i lati diseguali allude al teorema di Pitagora. Il compasso, unito spesso alla squadra, permette di disegnare il cerchio cosmico, con riferimento al cielo e alla terra. Il martello è lo strumento del maestro della Loggia e dei due guardiani. Quando termina a punta simboleggia la pietra ancora rozza, mentre lo scalpello, che lavora lungo le direttrici tracciate dalla riga, simboleggia l'attività, la capacità intellettuale della ragione speculativa.

La scelta iconografica di Nicolò IV di mostrare due santi francescani, canonizzati di recente, S. Francesco e S. Antonio, l'uno accanto alla Vergine, l'altro al Battista, titolare della basilica, costituiva un'innovazione significativa, del tutto diversa dalla politica teocratica e accentratrice di Bonifacio VIII.

Il mistero della Maddalena e il Graal. – Nella navata centrale, davanti al coro dei canonici, custodite in un tabernacolo sopraelevato, c'erano le preziose reliquie della Maddalena, considerata dalla Chiesa la prostituta redenta da Cristo. Riguardo a lei, invece, Dante aveva sentito dal maestro Brunetto Latini le «strane» storie che sul suo conto raccontavano i Catari e alcuni fra i Templari: una vicenda del tutto diversa, che sfiorava l'eresia, poiché si menzionava il mistero del Graal, un tema che si andava diffondendo nella letteratura europea del XIII secolo.

La Maddalena è il personaggio femminile dei Vangeli

canonici e apocrifi che oggi desta più interesse e curiosità, soprattutto per la notorietà ricevuta dal *Codice da Vinci* di Dan Brown. Al di là delle fantasie romanzesche, la Maria di Magdala evangelica ha subito nei secoli una trasformazione che ha fuso la sua identità con quella di Maria di Betania, sorella di Lazzaro, e con l'anonima peccatrice che versò le sue lacrime sui piedi di Cristo e fu da Lui redenta.

In Luca, Maria di Magdala è la donna che Gesù libera dai sette demoni. Ella segue il maestro fino al Calvario, assistendo alla crocifissione insieme alla Madonna, a Maria di Cleofa e al discepolo prediletto (Luca, 19, 25). La mattina di Pasqua, giunta al sepolcro per imbalsamare il corpo di Gesù, trova la tomba vuota, mentre il Risorto, non riconosciuto, le appare a poca distanza. Scambiatolo in un primo tempo per il giardiniere, Maria lo riconosce quando Egli la chiama per nome, intimandole di non trattenerlo perché non era ancora salito al Padre. Sempre a lei Gesù affida l'incarico di annunciare ai discepoli la resurrezione. Alla fine del VI secolo Gregorio Magno fonde la figura della Maddalena con l'anonima prostituta redenta nella casa di Simone fariseo (Luca, 7, 37-50). Dante molto probabilmente aveva letto la *Legenda Aurea* di Jacopo da Varagine, secondo il quale Maria Maddalena, quattordici anni dopo la morte di Cristo, a causa delle persecuzioni, fugge insieme a un gruppo di fedelissimi a Marsiglia.

Successivamente si ritira in un luogo solitario, dove vivrà per trent'anni. Nell'VIII secolo l'abate Girardo, che aveva costruito un monastero a Vézélay, invia in Provenza un monaco che ritrova il sepolcro della Maddalena nei pressi di Aix-en-Provence e trasporta il corpo nella cittadina borgognona, dove ancor oggi sono conservate le presunte spoglie della donna. In Occidente, dopo Vézélay, le reliquie più famose sono quelle scoperte nel 1279 da Carlo di Salerno nei pressi do Saint-Maximin in Provenza, mentre in Oriente gli agiografi precedenti il VII secolo ricordano che il corpo della Maddalena si trova ad Efeso. Il papa, appena informato del ritrovamento di Saint-Maximin, spedisce in Provenza la mandibola inferiore conservata in San Giovanni in Laterano corrispondente perfettamente a quella superiore.

Nei vangeli gnostici (Vangelo di Filippo, Tommaso e in particolar modo di Maria Maddalena), la Maddalena assurge a compagna preferita di Gesù, ma viene smaterializzata nel simbolo di un sapere iniziatico-misteriosofico che permette, tramite la conoscenza, di ricongiungersi con Dio. È lei che ha ricevuto l'insegnamento segreto di Gesù, al quale fa riferimento la coppa o graal che tiene in mano in molte delle sue rappresentazione iconografiche.

Il giardino edenico. – Dalla navata sinistra della basilica si accede al chiostro, capolavoro dell'arte cosmatesca, realizzato dalla famiglia dei Vassalletto fra il 1215 e il 1232, come risulta dall'iscrizione su un pilastro del lato sud:

NOBILITER DOCTUS HOC VASSALECTUS IN ARTE / CUM PATRE CEPIT OPUS QUOD SOLUS PERFECIT IPSE
(Il dotto Vassalletto nobilmente intraprese questa opera insieme al padre, opera che da solo portò a compimento di persona).

Allegoria del giardino edenico, esso è costituito da piccole arcate che poggiano su colonnine binate spiraliformi, decorate a mosaico. Dante individua sul muretto di sostegno delle colonnine, sulla sinistra rispetto all'ingresso, il simbolo della triplice cinta sacra, con due profondi solchi a forma di V sovrapposti, che allude all'organo di riproduzione femminile. Molte sono le analogie con il chiostro dei SS. Quattro Coronati: in primo luogo la presenza del simbolismo templare della triplice cinta, con riferimento alle corporazioni massoniche medievali di ispirazione templare. Dante, Fedele d'amore, è consapevole che il chiostro traduce in ritmi geometrici l'opera creativa di Dio, simboleggiata dal *quadrato della triplice cinta*, che viene riprodotto, in piano, dal perimetro del chiostro, i cui lati sono congiunti idealmente dal segno della croce. Il centro del chiostro, dove ora si trova il pozzo, fa da centro del mondo, generatore del quadrato, poiché collega idealmente la dimensione orizzontale a quella verticale.

Il percorso simbolico che il pellegrino deve compiere per realizzare la cosiddetta «squadratura» del perimetro del chiostro segue la direzione ovest, nord, est, sud, dal tramonto della luce alla sua rinascita.

All'altezza del lato sud del chiostro, sorvegliato da due sfingi che alludono al segreto iniziatico, Dante imbocca il braccio verticale della croce, fino a raggiungere il centro (punto d'incrocio con il braccio orizzontale della croce), segnato fisicamente dal centro del chiostro: questo è un luogo sacro che sprigiona energie spirituali.

La simbologia della Scala Santa. – Uscendo dalla basilica, Dante nota i primi gradini della grande scala d'onore che dal portico d'ingresso, ove è oggi la facciata del palazzo sistino, conduceva al piano superiore. Nel 1195, all'epoca di Celestino III, nacque l'appellativo di *Scalae Pilati*, poiché essa conduceva all'aula dove si amministrava la giustizia o forse per qualche raffigurazione: appellativo senza alcun nesso con la scala gerosolimitana. Solo nel 1242 appare per la prima volta il nome di *Scalae Pilati*. È solo dall'Anno Santo del 1450 (il Patriarchìo era stato abbandonato dai papi in favore del Vaticano da circa un secolo e mezzo) che inizia ad essere attestata la tradizione secondo la quale la scala sarebbe stata quella del *Praetorium* di Pilato, salita da Gesù e bagnata dal suo sangue, le cui tracce resterebbero sul secondo, undicesimo e ventottesimo gradino dal basso.

La leggenda fu definitivamente avallata, anche se con molte incertezze, da Sisto V nel 1590, quando le *Scalae Pilati* si trasformano definitivamente in Scala Santa, e i gradini, distrutto ormai l'antico Patriarchìo, furono spostati dove sono attualmente come accesso al *Sancta Sanctorum*, unico resto dell'antico complesso palaziale ancora al suo posto. Ma come avvenne questa complessa metamorfosi?

Era necessaria una documentazione che attestasse la santità della scalinata e per tutto il Seicento i dotti pontifici indagarono su quei gradini per avallare in qualche modo la «favola» che essi fossero stati trasferiti a Roma da Gerusalemme ad opera di S. Elena, madre di Costantino. Alessandro VII Chigi, mediante suoi eruditi, «dimostrò» che la cattedra lignea conservata nel battistero di S. Pietro era quella originaria dell'Apostolo. Come non rispondere da parte del capitolo lateranense con una riaffermazione della santità della più celebre scala della cristianità?

Il Sancta Sanctorum. – È costituito dalla Cappella dedicata a S. Lorenzo, la quale custodisce numerose reliquie, la più importante delle quali è l'immagine acheropìta (non dipinta da mano umana) del Salvatore, una tavola dipinta del VI-VII secolo. Ci troviamo nel centro sacro a cui conduce l'ascensione, che segna il passaggio dalla dimensione profana a quella iniziatica. La scala e la cappella furono incorporate da Domenico Fontana in un nuovo edificio posto di fronte all'obelisco lateranense e separato dal palazzo.

Dante è consapevole del simbolismo salvifico ad essa collegata non solo nella tradizione cristiana (scala di Giacobbe) ma anche in quella islamica (ascensione notturna di Maometto). Non a caso egli parlerà della Scala in Paradiso, nell'ultimo tratto del suo viaggio, dopo aver oltrepassato l'Inferno e il Purgatorio all'interno di Saturno, l'ultimo dei sette pianeti: «Dentro al cristallo che 'l vocabol porta, / cerchiando il mondo, del suo caro duce / sotto cui giacque ogne malizia morta, / di color d'oro in che raggio traluce / vid'io uno scaleo eretto in suso / tanto, che nol seguiva la mia luce» (*Paradiso*, XXI, 25-30).

Attualmente essa mantiene ancora la posizione originaria, ma, a causa della demolizioni delle strutture circostanti, è isolata e del tutto fuori contesto.

La devozione di ogni pellegrino che giungeva alla basilica lateranense non poteva non rivolgersi alla veneranda cappella dei papi, che dal IX secolo fu denominato *Sancta Sanctorum*, a imitazione del luogo più venerabile del Tempio di Salomone. In essa, infatti, ricostruita nelle forme attuali da Nicolò III (1277-1280), è custodita la reliquia più importante di tutto il complesso lateranense: l'immagine acheropìta di Cristo, il cui culto è testimoniato fin dall'VIII secolo. Le reliquie, segni della trascendenza, guidano il pellegrino con il loro valore simbolico e taumaturgico verso edifici di particolare venerazione. Fra questi, si distingue la sagoma del Battistero Lateranense, nel quale la leggenda localizza il battesimo di Costantino[12]. Di origine costantiniana e modificato successivamente da Sisto III (432-440), che vi aggiunse l'atrio a forcipe, è situato sul lato sinistro dell'attuale Piazza di S. Giovanni in Laterano (uscendo dall'ingresso secondario della chiesa).

All'epoca di Dante era attorniato da una serie di cappelle e oratori contenenti preziose reliquie.

Il mantra OM del battistero lateranense. – L'Alighieri si avvia verso l'ingresso del battistero: è un momento di grande intensità emotiva, perché si attendeva da un momento all'altro l'arrivo del papa, che nel periodo pasquale battezzava personalmente. Al poeta fiorentino non interessa l'ufficialità di questa cerimonia, quanto la sacralità del luogo, che aveva visto la conversione dell'imperatore. Lentamente si aprono le porte del Battistero, al suono ineffabile di un organo accompagnato dal *Te Deum*, di cui Dante non riesce a distinguere la provenienza. In questo istante Dante rivive le fasi più antiche della liturgia cristiana, quando l'apertura e chiusura delle porte del battistero aveva una particolare importanza, poiché simboleggiava l'ingresso nel Regno dei cieli («E quando fuor ne' cardini distorti / li spigoli di quella regge sacra, / che di metallo son sonanti e forti, / non rugghiò sì sacra / Tarpa, come tolto le fu il buono / Metello, per che poi rimase macra. / Io mi rivolsi attento al primo tuono, / e "Te Deum laudamus" mi parea / udire in voce mista al suono. / Tale immagine appunto mi rendea / ciò ch'io udiva, qual prender si sòle / quando a cantar con organi si stea; / ch'or sì or non s'intendon le parole», *Purgatorio*, IX, 133-145). Sensazioni visive e uditive si sovrappongono fino a confondersi, evocando uno spazio musicale e architettonico proprio di una realtà trascendente. Ancora oggi le porte bronzee della Cappella di S. Giovanni Battista, eretta nel V secolo da papa Ilario sul lato ovest del Battistero, muovendosi, emettono suoni simili a quelli della sillaba mantrica «AUM» (traslitterato come Ohm o Om) a causa delle vibrazioni dei metalli con i quali sono fabbricate. L'AUM nella religione indù è considerato il suono primordiale che ha dato origine alla creazione, sintesi ed essenza di ogni manifestazione del divino.

L'esperienza religiosa del *viator* si trasforma nella percezione del divino: in Paradiso, al cospetto della Candida Rosa dei beati, il poeta utilizzerà come termine di riferimento per la descrizione dell'ineffabile *trasumanar*, la visione del Santuario Lateranense (*Paradiso*, XXXI, 31-39).

Da S. Giovanni a S. Paolo: un incontro ravvicinato con i Templari

Il labirinto di S. Maria in Trastevere. – Il *viator* riprende il cammino alla volta della basilica di S. Paolo fuori le mura. Questa, nel Trecento, condivide con S. Pietro il privilegio di concedere ai romei l'indulgenza plenaria. Dalla *Civitas Leoniana*, in direzione di Trastevere, l'itinerario da S. Pietro a S. Paolo è faticoso (circa tre miglia), ma altrettanto suggestivo. Dante, dalla Cortina di S. Pietro, per la via che nel Quattrocento sarà intitolata ai Penitenzieri, esce dalla cinta leonina attraverso la Porta di S. Spirito, o Posterula Saxonum. Il pellegrino si avvia verso Trastevere per una strada sterrata, la Via Sancta (odierna Via della Lungara) fino a Porta Settimiana, che immette in Trastevere.

Per Via della Scala giunge alla basilica paleocristiana di S. Maria in Trastevere, ricca di significati simbolici. Fu edificata nel IV secolo sulla *taberna meritoria* (luogo di incontro dei soldati in pensione), dove nel 38 a.C. sarebbe avvenuta una prodigiosa eruzione di olio, preannuncio della venuta del Messia.

I mosaici della metà del XII secolo che decorano il catino absidale, ispirati alla mariologia di S. Bernardo da Chiaravalle e i sei mosaici del Cavallini con *Storie della Vergine*, nella parete sottostante, esaltano il cammino teologico del pellegrino, che percorre il labirinto pavimentale, simbolo ricorrente, nell'immaginario medievale, dell'itinerario verso la Gerusalemme Celeste. Il labirinto priva il pellegrino di qualsiasi punto di riferimento ed è assimilabile alla selva nella quale il poeta di lì a poco si perderà (*Inferno*, I, 1-6). Da questa riuscirà a salvarsi soltanto con l'aiuto determinante della Vergine, alla quale la chiesa è dedicata.

Il mosaico del catino absidale celebra l'*Assunzione* e la *Glorificazione di Maria* sul trono celeste del Cristo, ripercorrendo i momenti essenziali del progetto divino per la salvezza dell'uomo: *le Profezie del concepimento di Maria* e del *Sacrificio di Cristo*, *l'Azione della Chiesa nella storia*, *la Fine dei tempi e il Trionfo di Maria sul trono di Cristo*.

La tecnica musiva suscita nello spettatore emozioni a non finire, perché la luce, veicolata dall'arcana materia vitrea, produce sagome, atmosfere e immagini che appartengono a una dimensione trascendente.

A completamento dei mosaici, nella parete sottostante, all'altezza delle finestre, le *Storie della Vergine* di Pietro Cavallini, sono state da poco completate per il giubileo del 1300: gli *Episodi della vita terrena di Maria* esaltano la Vergine come regina trionfante e avvocata dell'umanità, nonché simbolo di ubbidienza e umiltà.

Dante considera la mediazione di Maria e la sua umiltà

un punto fermo nel cammino verso la *plenissima venia peccatorum* concessa da Bonifacio VIII, ma nello stesso tempo coglie alcuni particolari del mosaico con l'assunzione della Vergine in cielo, abbracciata dal Figlio: entrambi siedono sul medesimo trono e mostrano alcuni passi tratti dal *Cantico dei Cantici e dai Salmi*: sul rotolo tenuto aperto dalla Madonna compare il passo:

> LEVA EIUS SUB CAPITE MEO ET DEXTERA ILLIUS AMPLESABIT ME
> (La sua mano sinistra è posta sotto il mio capo e la destra mi abbraccia).

L'iscrizione sul libro aperto del Cristo recita:

> VENI ELECTA MEA ET PONAM IN TE THRONUM MEUM
> (Vieni o mia prescelta e porrò su di te il mio trono).

È una scena abbastanza inconsueta, ispirata dalla tenerezza amorosa del testo biblico, che esalta l'amore come mezzo di conoscenza, comprensione, elevazione.

S. Bernardo interpreta allegoricamente la rappresentazione come rapporto fra Cristo e la Chiesa o l'anima; per il Cristianesimo esoterico, invece, la Vergine è l'ultima «reincarnazione» della Grande Madre mediterranea, simbolo sapienziale verso il quale tende Cristo. Questo era uno dei punti salienti del messaggio segreto dei Fedeli d'amore[13].

L'Isola del dio serpente. – Da S. Maria in Trastevere il pellegrino prosegue per la Via Transtiberina (odierna Via della Lungaretta), che ripercorre l'*Aurelia vetus* fino a Ponte Cestio. Di qui l'Alighieri arriva alla chiesa di S. Giovanni Calibita, nel cuore dell'Isola Tiberina, avamposto dei templari sul Tevere e centro frequentato assiduamente dalla comunità ebraica.

Nella penombra della chiesa, il poeta fiorentino incontra un misterioso personaggio, emissario di Raimondo Lullo, il filosofo francescano cultore di esoterismo, nato a Maiorca nel 1235. L'inviato mostra all'Alighieri, come segno di riconoscimento, il sigillo templare con l'aquila e la croce unite.

Lo sconosciuto racconta minuziosamente a Dante l'esperienza mistica che Lullo aveva avuto nel 1272 a Maiorca sul monte Randa, quando vide gli attributi divini pervadere l'intera creazione, e fa oscure previsioni sul futuro del poeta. Dante è affascinato e spaventato nello stesso tempo dalle parole dell'illuminato, che si sofferma in modo particolare sulla cabbala ebraica e sulla possibilità di accordo e convivenza pacifica tra le tre religioni monoteistiche, come auspicato dal suo maestro[14]. L'esposizione si conclude con la profezia della distruzione dell'Ordine templare, alla quale il poeta alluderà in *Purgatorio* XX, 92-93, allorché sarà ricordato Filippo il Bello che «sanza decreto / portar nel Tempio le cupide vele».

L'incontro si è appena concluso; il poeta ripensa alle parole enigmatiche dell'uomo venuto di lontano e alle ragioni misteriose che lo hanno originato. Bisogna affrettarsi, perché la basilica di S. Paolo è ancora lontana: il paesaggio che si presenta ai romei che giungono alla riva sinistra del Tevere, fra la Chiesa di S. Maria egiziaca (odierno Tempio rotondo di Hercules Olivarius) e S. Maria in Cosmedin è alquanto desolato e privo di costruzioni.

Attraversando l'antica *Vallis Murcia* fra Palatino e Aventino, il poeta incrocia la fila di pellegrini giunti via fiume al Porto di Ripagrande, che si avviano verso S. Paolo, attraversando Ponte S. Maria (odierno Ponte Palatino). Tutti i ponti sono custoditi da torri appartenenti a famiglie nobili, che controllano i passaggi, imponendo dazi e pedaggi di ogni sorta.

Lungo la Via Ostiense. – Dante imbocca il primo tratto della Via Ostiense (odierna Via Mormorata), presso il quartiere fluviale, controllato dai Templari[15] e passa sotto l'Arco di San Lazzaro addossato all'Aventino, unico passaggio per i pellegrini diretti a S. Paolo. Superata Porta S. Paolo (antica Porta

Ostiense), sulla destra si erge una piramide simile a quella già incontrata nei pressi di Castel S. Angelo: era la Meta Remi (odierna piramide di Caio Cestio), ritenuta nel medioevo la tomba di Remo. A poca distanza da essa iniziava una lunga via porticata, all'epoca dell'Alighieri ormai in rovina, che costeggiava l'antica Via Ostiense.

Il parallelismo che il poeta nota con la Meta Romuli in Vaticano è evidente: entrambi i sepolcri conducevano alle basiliche degli apostoli, poiché Romolo e Remo, fondatori della Roma pagana, secondo il piano provvidenziale, ebbero i loro continuatori in Pietro e Paolo, nuovi fondatori della Roma cristiana.

A metà circa del percorso che da Porta S. Paolo conduce alla basilica omonima, la Cappella della Separazione, segna il luogo dove il 29 giugno del 67 d.C. Pietro e Paolo erano stati separati per essere condotti al martirio. S. Paolo sarà uno dei riferimenti principali del viaggio ultraterreno dantesco, poiché solo all'apostolo oltre ad Enea era stato concesso da Dio il privilegio dell'uscita dal mondo, di cui potrà godere tra non molto anche l'Alighieri (*Inferno*, II, 13-15 e II, 28-31).

La Basilica di S. Paolo e la Giovannipoli. – Finalmente si profila in tutta la sua imponenza la basilica costantiniana[16], eretta dall'imperatore sul luogo di sepoltura dell'apostolo Paolo, orientata in senso opposto all'attuale, così che la facciata dava sulla Via Ostiense. Della tomba di Paolo non fu trovata traccia ma solo i resti del «trofeo» fatto costruire dal presbitero Gaio intorno al 200 sul luogo di sepoltura dell'apostolo. Tutta l'area dall'età repubblicana fino alla tarda antichità costituì un'ampia necropoli, mentre altre sepolture si trovano sui fianchi della rupe che domina l'abside dell'odierna basilica. Fra il 384 e il 403 la basilica fu ingrandita per l'enorme afflusso di pellegrini, assumendo così una forma simile a quella vaticana.

Il rispetto per la posizione della tomba di Paolo, che non

poteva essere rimossa, obbligarono a rovesciare l'orientamento della basilica originaria in modo da porre l'abside con le spalle all'Ostiense in direzione del Tevere. In seguito Papa Leone I (440- 461) la restaurò ampiamente. Come per S. Pietro, fu necessario proteggere e fortificare la basilica e il complesso degli edifici adiacenti con una cinta di mura e torri, eretta da Giovanni VIII tra l'880 e l'882, dopo l'incursione saracena dell'846. Questo borgo, denominato Giovannipoli, si appoggiava alla rupe di S. Paolo e perdurò fino al 1378, quando fu distrutto in seguito ai disordini seguiti alla morte di Gregorio XI.

Dal vasto quadriportico ornato con una fontana come a S. Pietro, Dante accede alla basilica per l'antico portale centrale, risalente al 1070. Esso è decorato da cinquantaquattro pannelli eseguiti in agemina d'argento, raffiguranti il *Ciclo cristologico* e gli *Apostoli*, preceduti dalle scene dei rispettivi martiri e dai profeti. Il programma iconografico della porta bizantina richiama l'interesse del poeta su quattro pannelli, dove sono rappresentate la Croce e l'Aquila, simboli del potere spirituale e temporale.

Il vasto impianto basilicale è diviso in cinque navate; lungo il margine superiore delle pareti si svolge la serie di ritratti di pontefici da S. Pietro a Giovanni Paolo II. Sotto le finestre della navata centrale gli affreschi di Pietro Cavallini risalenti al 1280 (andati distrutti): lungo la parete sinistra erano rappresentati episodi degli *Atti degli Apostoli*, a destra scene del *Vecchio Testamento*, figure di *Santi, Apostoli* o *Profeti*.

Il tutto converge nella raffigurazione apocalittica dell'Arco trionfale, con i *Ventiquattro Vegliardi* dell'Apocalisse, disposti accanto al clipeo raggiato del Signore, i simboli evangelici e gli *Apostoli Pietro* e *Paolo* sui peducci dell'arco.

La Roma dell'inizio del Trecento è un grande cantiere di sperimentazione artistica, che non finisce mai di stupire il poeta: egli ammira la struttura decorativa, stile *rayonnant*, del Ciborio di Arnolfo di Cambio (1285), nel quale irrompe la ricchezza decorativa gotica d'oltralpe. Quanto mai significativa è l'antitesi con la semplicità francescana e benedettina del chiostro costruito fra il 1208 e il 1235.

Il poeta si trova nel giardino simbolico che riflette con precisione geometrica i ritmi e l'ordine della natura, prefigurazione del Paradiso Terrestre, creato da Dio come sede delle generazioni divine (*Purgatorio*, XXVIII, 77-78).

Il percorso si snoda da ovest a sud, secondo un cammino dall'ombra alla luce: tra le arcate del lato ovest si susseguono una *coppa* abbinata a una *pigna*, una *decorazione floreale*, un *uomo con tre teste, tre papaveri*, una *coppa*, *Adamo ed Eva vicino all'Albero del Bene e del Male*, una *chimera*, un *leone che legge un libro insieme a un asino*, infine una *coppa nella quale si abbeverano due fiere*. È una simbologia allusiva alla «fatica» della conquista della Coppa o Graal, perché l'ascesa è impedita dai limiti temporali (uomo a tre teste), dall'oblio delle proprie potenzialità e della propria missione (tre papaveri), dal demoniaco (la chimera), dalla *vana curiositas* che si oppone all'autentica conoscenza (asino e leone che leggono un libro), dalle forze negative che assalgono il Graal (fiere che tentano di bere dalla coppa). Sono queste le difficoltà che pesano sull'umanità decaduta, rappresentata da Adamo ed Eva. Sul lato nord l'ottagono della *rosa dei venti*, posta sulla sommità della porta, indica il sangue da versare (rosso della rosa) per la «resurrezione» (numero otto).

Giunto ad est il pellegrino scorge di nuovo la luce sui capitelli ai lati della porta, dove sono incisi un *fiore a cinque petali* e un *uomo*: essi alludono al processo di risveglio dell'individuo (cinque petali equivalenti ai cinque sensi). Alla fine del percorso, sul lato sud l'*agnello trafitto al cuore il cui sangue si riversa in un calice*, segna il sacrificio di Cristo attraverso il quale il pellegrino è reintegrato nella sua dimensione celeste. Sul podio del lato est Dante scorge la «ricapitolazione» del processo di iniziazione raffigurato sui quattro lati del chiostro:

la *triplice cinta* emblema dei tre stadi dell'essere che bisogna oltrepassare per la rigenerazione spirituale.

Il pellegrinaggio profetico a Roma ha preparato Dante a sostenere i sacrifici che gli imporrà la sua vicenda umana ed esistenziale («Tu proverai sì come sa di sale / lo pane altrui, e come è duro calle / lo scendere e 'l salir per l'altrui scale», *Paradiso*, XVII, 58-60).

Note

[1] Monte della Gioia, così denominato dalla gioia dei pellegrini giunti al termine del loro lungo cammino. Gli umanisti spiegarono l'altra denominazione che il colle aveva assunto nel Medioevo, *Mons Malus*, come modifica di *Marius*, dando credito alla voce che il nemico di Silla abbia trovato rifugio tra i fitti boschi del colle. Dante nel canto di Cacciaguida (*Paradiso*, XV, 109-111) fa dire al suo trisavolo: «Non era vinto ancora Monte Malo / dal vostro uccellatolo, che, com'è vinto/ nel montar su, così sarà nel calo», intendendo dire che in antico la bellezza di Roma (visibile dall'alto di Monte Mario) non era stata superata da quella di Firenze (panoramicamente visibile dall'Uccellatoio, monte sulla strada per Bologna), ma che quando ciò fosse accaduto Firenze avrebbe preceduto Roma anche nella rovina.

[2] Il significato originario di *paradisus* (dal greco *paradeìsos*) corrisponde a «giardino» ricco di fontane e delizie di ogni genere. Solo nei primi autori cristiani, per analogia, il vocabolo sarà utilizzato con l'accezione odierna.

[3] Il termine greco *kàntharos* indica un ampio vaso a due anse utilizzato per bere.

[4] Piccola cella sotto l'altare, nelle basiliche paleocristiane. Accoglieva il corpo del martire o le reliquie di un santo.

[5] Edicola architettonica sull'altare cristiano dove si custodiva il Sacramento: è costituito da quattro colonne e da una copertura a volta o a calotta.

[6] Serie di colonne poggianti su un parapetto e collegate da un architrave, disposte al termine del presbiterio nella chiesa paleocristiana. Dall'architrave pendevano di solito lampade.

[7] Agli Orsini il poeta si riferisce nell'*Inferno*: «e veramente fui figliuol de l'orsa, / cupido [...] per avanzar li orsetti» (XIX, 70-71). Con queste parole il papa Niccolò III si manifesta a Dante nella bolgia dei simoniaci. L'Orso nei bestiari medievali è simbolo di avidità e simonia.

[8] La bolla istitutiva del Giubileo del 22 febbraio legava l'ottenimento della indulgenza plenaria alla visita giornaliera delle basiliche di S. Pietro e S. Paolo, trenta giorni per i romani e quindici per i pellegrini. Soltanto nel giubileo del 1350 S. Giovanni fu inserita nel circuito giubilare. Tuttavia il 7 aprile 1300, in occasione del giovedì santo, Bonifacio VIII, celebrando messa all'interno della basilica, promulgò la bolla in virtù della quale era abbreviato il tempo per ottenere l'indulgenza.

[9] Nella Bibbia la figura del leone assume un significato ambivalente: a volte diviene figura dell'abisso che inghiotte, degli inferi: l'uomo nella sua angoscia di morte, scorge un leone ruggente che apre la bocca di fronte a lui (*Salmi*, 22,14). In questo senso è interpretabile l'invocazione a Dio: «Salvami dalla bocca del leone» (*Salmi*, 22, 22).

[10] Otto è il numero di un nuovo inizio: nell'arca di Noè si salvarono otto persone (*Genesi*, 6,18); l'ottavo giorno dopo la nascita si circoncide il neonato (*Genesi*, 21, 4); l'ottavo figlio di Jesse è il re d'Israele scelto da Dio (*Salmi*, 16, 10 e ss).

[11] Questi animali citati nel salmo 90,13, «Camminerai su aspidi e vipere, schiaccerai leoni e draghi», sono associati al Cristo vittorioso sulle forze del male e alle prerogative del papa come vicario di Cristo stesso.

[12] In realtà Costantino, ormai malato, volle essere battezzato a Nicomedia dal vescovo e biografo Eusebio nel 357.

[13] I Fedeli d'amore tendevano a ricostituire la catena iniziatica femminile, che già aveva dato, come splendidi risultati, le cattedrali gotiche francesi e la lirica stilnovista.

[14] Raimondo Lullo (1235-1315): filosofo catalano intenzionato a fondare un nuovo metodo logico creando un'*ars combinatoria* particolarmente efficace per il superamento della diversità delle lingue e per facilitare la memoria visiva.

[15] A partire dal 1300 sia la zona sull'Aventino, dove nel VII secolo sorse una cappella nella quale venne posta un'icona della Vergine scampata alla persecuzione iconoclasta, sia la piana del Testaccio erano passate ai Cavalieri del Tempio di Gerusalemme, i quali la utilizzarono come approdo fluviale. Molto probabilmente vi costruirono un lazzaretto, del quale rimane traccia nell'Arco di S.Lazzaro, su Via Marmorata, con una piccola cappella poi scomparsa.

[16] Fra il 15 e il 16 luglio 1823 un grave incendio distrusse gran parte della basilica (restarono in piedi il transetto, l'arco absidale e parte della facciata antica, poi demolita). Papa Leone XII nominò una commissione che decise di riedificare la basilica, seguendo le dimensioni e la pianta precedenti.

GLI ANGELI SULLA CITTÀ

Le metamorfosi del Mausoleo di Adriano

7 novembre 1671: una processione solenne percorre l'antico Ponte Elio verso Castel S. Angelo. Da questo momento l'antico ponte si chiamerà Ponte degli Angeli, poiché dieci creature celesti ritmano con i simboli della passione la *Via Crucis* che Bernini ha completato come ingresso al Quartiere degli Angeli.

Gli angeli berniniani scandiscono le tappe dell'iniziazione cristiana all'interno di un quartiere che fin dall'alto medioevo li ha visti protagonisti, accompagnando il romeo nel cammino verso la tomba di Pietro. Le creature celesti inquadrano lo spettacolo del fiume, che Bernini rende visibile tramite un parapetto costituito da griglie traforate. L'acqua è oggetto di ammirazione da parte dell'artista, che comprende la sua valenza salvifica, insieme all'aria, che modella i corpi angelici, e alla terra madre degli uomini: il ponte, nell'interpretazione berniniana, non è più solo un luogo di transito per chi proveniva da Monte Brianzo o dal quartiere dei Banchi, ma si trasforma in una sorta di quinta teatrale al limite tra realtà e sogno. Nel secolo dell'artificio e della finzione, è l'immaginazione che deve vincere la morte, il nulla, la sofferenza. Oltrepassato il ponte, lo sguardo del pellegrino è attratto dal punto più alto di Castel Sant'Angelo, dove svetta il simulacro dell'arcangelo Michele nell'atto di rinfoderare la spada. Fin dal VI secolo, sulla vetta del mausoleo c'era una piccola chiesa dedicata a S. Michele *inter nubes*, in corrispondenza della camera sepolcrale dell'imperatore Adriano. La piccola chiesa fu fondata al tempo di Bonifacio II (530-532) come luogo di culto dell'arcangelo Michele, analogamente a quanto era accaduto per il santuario micaelico del Monte Gargano.

Al di sopra della camera sepolcrale che conteneva il sarcofago dell'imperatore, era stata collocata la quadriga bronzea guidata da Elio-Adriano con gli attributi del dio Sole.

Al sole fa riferimento il cognome (Elio) dell'imperatore e il suo stesso destino era legato al dio e all'Egitto. Dal mausoleo provengono i due pavoni a grandezza poco più che naturale, oggi conservati nel Cortile della Pigna del Vaticano, dove affiancano la grande pigna bronzea, forse proveniente anch'essa dal mausoleo.

I pavoni erano cari all'imperatore, che li aveva posizionati sulla cancellata che circondava la tomba monumentale. Essi sono uccelli solari a causa degli «occhi» sulle penne della coda, che alludono al sole considerato «l'occhio del mondo». La stessa coda del pavone, disposta a forma di ruota, è l'emblema del disco solare che sorge. La divinizzazione dell'imperatore dopo la morte avviene sul gigantesco monumento a forma di pira funebre.

Il culto di Adriano e l'arcangelo Gabriele

Il Cristianesimo continuò a considerare sacro questo luogo, sovrapponendo alla solarità numinosa di Elio-Adriano lo splendore dell'arcangelo Michele.

Entrambi i culti infatti erano finalizzati alla lotta contro il male: come il dio Sole-Apollo uccise il drago chiamato

Pitone[1], così S. Michele vinse il serpente, personificazione del demoniaco. Apollo-Sole nacque nella caverna di Delfi, dove vaticinava la sacerdotessa Pizia; la caverna era sede della divinità, come la grotta è sede del culto micaelico sul Gargano.

La devozione all'arcangelo Michele ebbe origine in Frigia tra il V e l'VIII secolo, dove la creatura celeste si affermò come guaritrice e protettrice di fonti termali, sostituendo divinità pagane.

A Costantinopoli l'imperatore Costantino fece erigere in suo onore un santuario sul Bosforo e, dal VII secolo, S. Michele diventò il difensore delle armate imperiali.

In Occidente numerose furono le leggende delle apparizioni dell'arcangelo: le più famose quelle sul Gargano (V secolo) e in Francia a Mont Saint-Michel (VIII secolo). Tra i due eventi prodigiosi si inserisce, nel 590 d.C., la manifestazione dell'arcangelo Michele in cima alla tomba-fortezza romana: Gregorio Magno, per debellare la peste, aveva istituito sette processioni che partivano ciascuna dalla chiesa principale di una regione romana. Il papa esortò tutti a partecipare alla processione espiatoria verso la basilica di S. Pietro, transitando sotto Castel S. Angelo, nella quale veniva trasportata l'immagine della Vergine dipinta da S. Luca. La litania penitenziale doveva fare in modo che la peste, simile a una spada che incombeva sulla città, fosse riposta nel fodero. Il tema del castigo divino era stato predicato e ripetuto ossessivamente al popolo afflitto dallo stesso Gregorio Magno. La magia della parola, quindi, fu essenziale per la nascita e l'attualizzazione del leggendario racconto in un fatto realmente accaduto.

La leggenda fu più volte ripresa, non solo letterariamente ma anche visivamente, tanto che si elaborò una vera e propria iconografia dell'apparizione dell'«Angelo di Castello». Inoltre fin dall'VIII secolo alcuni centri di accoglienza, o *scholae peregrinorum*, si posizionarono immediatamente a ridosso della basilica di S. Pietro con la duplice funzione di servizio liturgico e di assistenza per i pellegrini, oltre che di difesa da eventuali attacchi esterni. Essi facevano capo a gruppi etnici nordici (sassoni, franchi, longobardi, frisoni), i quali contribuirono notevolmente allo sviluppo e alla diffusione del culto micaelico.

Dobbiamo entrare ora all'interno di Castel Sant'Angelo, dove il visitatore è affascinato dall'incontro-scontro fra il culto solare di Adriano e la forza dell'Arcangelo Michele, strenuo difensore della Chiesa. Entrambi uniti da una missione inderogabile: la vittoria della luce sulle tenebre.

La Sala della Giustizia e la Sala di Apollo

Paolo III Farnese, il grande papa umanista, fece illustrare dagli allievi di Raffaello le vicende storico-mitologiche pagane, che il Cristianesimo assorbì e rielaborò. Ci spostiamo quindi all'interno dell'edificio e percorriamo la rampa elicoidale che sale al Cortile d'Onore, detto anche «dell'Angelo», dalla presenza discreta ma significativa della *Statua dell'Arcangelo Michele*, realizzata da Raffaello da Montelupo nel 1544 e rimasta sulla sommità del castello fino al 1752. L'angelo originariamente reggeva la spada rivolta verso l'alto con la mano destra, mentre la sinistra è accostata al fodero. La compostezza classica è simile a quella delle antiche statue, del tutto differente dal dinamismo dell'altro angelo che ora svetta al suo posto. Dal Cortile d'Onore si accede agli appartamenti papali dalla porta a destra della statua. Si entra alla Sala della Giustizia, dopo aver percorso le Sale di Clemente VIII. La denominazione è dovuta all'affresco mutilo (attribuito a Domenico Zaga), raffigurante *l'Arcangelo Michele con il globo crocifero e la spada della giustizia*, nella versione di giudice supremo. Dalla Sala della Giustizia si accede alla Sala di Apollo, parte dell'appartamento di Clemente VII, di cui ha mantenuto solo la struttura, giacché fu completamente ridecorata tra il 1547 e il 1548 da Perin del Vaga e Domenico Zaga. La sala ha come protagonisti oltre al dio, altri personaggi meno conosciuti ma altrettanto importanti per valutare le valenze simboliche del luogo. Innanzitutto Coronide, bellissima figlia di Flègias, re di Tessaglia, dalla quale Apollo generò Asclepio; in seguito, avendo sposato un mortale, venne trafitta dal dio. Asclepio fu affidato al centauro Chitone che gli insegnò l'arte della medicina e la possibilità di resuscitare i morti. Zeus, temendo lo sconvolgimento dell'ordine naturale, lo colpì con un fulmine e Apollo non potendo attaccare il padre, uccise i ciclopi forgiatori dei fulmini. Un altro episodio si riferisce ad Admeto, il quale da giovane partecipò alla spedizione degli Argonauti per la conquista del vello d'oro. Mortogli il padre, ebbe a suo servizio come bovaro proprio il dio, colpevole di aver folgorato i ciclopi. Marsia, sileno e pastore della Frigia fu l'inventore del doppio flauto e osò sfidare Apollo in una gara musicale, dove si misuravano il suono del flauto di Marsia e della lira di Apollo: il risultato era scontato e per questo il povero sileno fu appeso a un albero e scuoiato vivo. Più nota la vicenda dell'innamoramento di Apollo e Dafne, ninfa figlia di Penèo e Gea. Questa, volendo fuggire la divinità, ed essendo quasi raggiunta, fu tramutata dalla madre in arbusto di alloro, pianta sacra ad Apollo che ne fece il suo emblema.

Apollo, Asclepio e Dafne miti senza tempo

Incentrata sul mito di Apollo, l'iconografia della sala evidenzia due tematiche comuni anche all'arcangelo Michele: la solarità e la giustizia implacabile.

Al centro del soffitto, intorno allo stemma scalpellato di Paolo III, sono raffigurati gli episodi del mito di Apollo in qualità di giustiziere, civilizzatore e ispiratore di sapienza: *La morte di Coronide*, *Apollo affida al centauro Chirone il figlio*

Asclepio nato da Coronide, *Apollo uccide i ciclopi per vendicare la morte di Asclepio*, *Apollo pascola le mandrie di Admeto*, *Apollo punisce Marsia*, *La contesa tra Apollo e Pan*, *La punizione di Mida*. Fra questi miti è significativa la figura di Asclepio, figlio di Apollo e Coronide, affidato dal padre al centauro Chirone per apprendere i poteri miracolosi della guarigione e della resurrezione. Intorno al cerchio danzatori e musici sottolineano la separazione dai rettangoli della parte ricurva della volta, dove troviamo *Apollo e Nettuno costruttori delle mura di Troia*, *Apollo e Dafne*, *La strage dei Niobidi*, *Latona trasforma in rane i vaccari che volevano scacciarla dalla fonte Melita*.

Questi miti esprimono il rapporto di Apollo con il femminino: la madre del dio Latona, simboleggia il caos della notte, dalla quale nacquero le luci cosmiche: Apollo-Sole e Artemide-Luna. Il dio che si innamora della ninfa Dafne è uno dei miti più celebri, particolarmente caro al committente degli affreschi che, nella trasformazione della ninfa in alloro, celebra il proprio mecenatismo e l'esaltazione della sapienza umana e divina: la metamorfosi della ninfa acquatica in alloro equivale all'assunzione dello spirito sapienziale del dio. La strage dei figli di Nìobe, colpevole di voler essere superiore a Latona per i molti figli generati, allude all'onnipotenza e vendicatività del dio e quindi al lato oscuro e ambiguo della sua psiche. Sulle pareti della sala, il dio non è rappresentato direttamente ma come ispiratore (nella lunetta centrale della parete lunga che sovrasta il camino) della *Grammatica*, della *Poesia*, della *Geometria*, dell'*Astronomia* e della *Teologia*, al cui fianco sinistro è rappresentata la *Geometria*. La *Musica* e l'*Alchimia* sono invece dipinte nella lunetta della parete opposta. Entro i quadri, tra il cornicione e lo zoccolo policromo intorno alla sala, sono raffigurate le *Muse*, guidate da Apollo, ciascuna con un tempio proprio. Sulla parete che dà verso il Cortile dell'Angelo, intorno alla finestra centrale abbiamo *Nettuno* (in alto), alchemicamente equivalente all'acqua, risultato della dissoluzione della materia, *Mercurio* (a destra), che ha la proprietà di trasmutare gli altri metalli in oro, e infine *Minerva* (a sinistra), che custodisce i segreti della sapienza ermetica.

La sapienza ermetica dei Farnese

L'esaltazione dei Farnese nella elaborazione iconografica è sottolineata dall'*Impresa del Giglio di Giustizia* e dall'*Impresa del Delfino* (lati brevi della sala). Il giglio posto sotto l'arcobaleno è simbolo di grazia e giustizia, in riferimento alle rappresentazioni del *Giudizio universale*, nelle quali una spada fuoriesce dalla bocca di Cristo in direzione dei condannati e un giglio verso gli eletti. Il motto greco che attraversa il giglio, «DIKES KRINON» (giudica), serve a collegare etimologicamente il nome del fiore alla giustizia. L'altro emblema, costituito dal delfino e dal camaleonte attorno a un'ancora, allude al motto «FESTINA LENTE» (affrettati adagio), laddove alla velocità del delfino si contrappongono la stabilità dell'ancora e la lentezza del camaleonte. È un invito alla saggezza del sapiente, che deve essere lento a decidere ma rapido nell'esecuzione.

Lasciamo la Sala di Apollo verso il Cortile dell'Angelo, dal quale, salendo la scalinata che conduce al giretto di Pio IV ci avviamo alla Loggia di Giulio II, rivolta verso Ponte S. Angelo. Da qui si accede alla splendida Sala di Paolo III, nel più alto e articolato degli appartamenti farnesiani. Essa si colloca fra la Loggia di Giulio II e la diametralmente opposta Loggia di Paolo III, che sovrasta i Prati di Castello, ossia l'attuale quartiere Prati. La Sala Paolina, adibita a funzioni di rappresentanza, fu decorata da Perin del Vaga fra il 1545 e il 1547. Al centro del soffitto lo stemma di Paolo III, accanto al quale vi sono due scritte in greco, che ricordano la ristrutturazione dell'edificio da parte del papa («Paolo III Pontefice Massimo ha trasformato la tomba del Divo Adriano in alta e sacra dimora»). Sei riquadri posti nella parte curva della volta esaltano le *imprese di Alessandro Magno*[2]. A partire dal lato d'ingresso verso il Tevere troviamo rappresentate: *L'Incontro tra Alessandro ed il Sommo Sacerdote Iaddo alle porte di Gerusalemme*; sul lato lungo a sinistra dell'ingresso, *Alessandro prega nel tempio di Gerusalemme*, *Alessandro dà fuoco al proprio bottino per alleggerire i carri*; sul lato d'ingresso al centro *Poro assalito dai soldati macedoni*, mentre sul lato lungo a sinistra dell'entrata, *Alessandro fa costruire le navi per attraversare l'Idaspe* e *L'ingresso trionfale a Babilonia*. Sotto il ricco cornicione che divide la volta dalle pareti, una scritta latina dorata su stucco bianco sancisce: «Le cose che un tempo all'interno di questa rocca erano rovinate, impraticabili, sfigurate, queste si vedono ora innalzate e ordinate decorate da Paolo Terzo Pontefice Massimo con solida fermezza utilità e squisita bellezza».

Nelle pareti lunghe, finte colonne accolgono figure allegoriche all'interno di nicchie, mentre nei monocromi continua la rappresentazione delle storie di Alessandro Magno: sulla parete di sinistra (rispetto alla Loggia di Giulio II) *Alessandro mette pace tra due commilitoni*, e *Alessandro consacra i dodici altari a ricordo delle vittorie in India*; sulla stessa parete, sopra le finestre, opera di Domenico Zaga sono raffigurati un *Gruppo di soldati che si scalda al fuoco*; *Un vecchio offre ad Alessandro un modello di nave*; *Alessandro riceve la corona della vittoria*; nella parete opposta *Alessandro fa riporre in uno scrigno i poemi omerici*; *Alessandro scioglie il nodo di Gordio*; *Alessandro grazia la famiglia di Dario*.

Le figure femminili nelle nicchie delle pareti lunghe sono le *virtù cardinali*. La porta che introduce alla Sala del Perseo è sormontata da due muse e da medaglioni raffiguranti *S. Paolo che predica ai pagani* e *L'accecamento di Elima*. Altri medaglioni sopra le due porte del lato della Loggia di Giulio II, ai lati della figura di Adriano, raffigurano sulla sinistra *Il sacri-*

ficio di Listra, fiancheggiato dalla *Carità* e dall'*Abbondanza* e il *Martirio di San Paolo* a destra. Tuttavia la sala ruota tematicamente intorno ai due titolari della tomba-fortezza: al centro del lato breve meridionale, Adriano rivestito della corazza con mascherone rinascimentale, che ha sostituito l'immagine della Gorgone, indica con la mano destra il basso e con la sinistra porgeva una corona di alloro, ora scomparsa, alla Speranza e a Venere celeste. Sulla parete opposta l'Arcangelo Michele che rinfodera la spada in segno di grazia e di perdono, dopo le guerre contro i protestanti e i nemici della Chiesa. Ai lati troviamo non a caso nei medaglioni con la *Conversione di S. Paolo* e la *Predica di S. Paolo agli Ebrei*, episodi relativi a conversione ed evangelizzazione. Coppie di figure femminili li fiancheggiano: *La Fede* e *La Religione, La Chiesa* e *La Concordia.*

Il finto zoccolo raffigura *Lotte fra creature marine*, mentre al centro del pavimento campeggia lo stemma di Innocenzo XIII (1722), restauratore della sala.

La celebrazione di Paolo III come autore della trasformazione della tomba di Adriano in una dimora cristiana dedicata all'arcangelo Michele e come restauratore della medesima è evidente, ma non meno importante è il riferimento ad Alessandro Magno e a S. Paolo, i cui nomi (Alessandro e Paolo) rispecchiano quelli di battesimo e quello scelto dal papa al momento dell'elezione al soglio pontificio.

Cultura pagana greco-orientale e cultura cristiana vengono sintetizzate nell'iconografia della sala, che esalta Paolo III come paciere, amante della giustizia, protagonista di nuove costruzioni (Alessandro Magno e Adriano) ed evangelizzatore (S. Paolo), ma dietro il programma autocelebrativo traspare la sapienza esoterica dei *Prisci Teologi*[3] egiziani, caldei e persiani, che insieme a Mosè hanno preparato l'avvento del Cristianesimo.

L'eterno femminino e la vittoria delle forze solari

La porta a destra, in fondo alla parete orientale, introduce alla *Sala del Perseo*, così denominata dal soggetto del fregio decorativo che si snoda intorno alla parte alta dei muri, eseguito da Perin del Vaga e dai suoi collaboratori tra il 1545 e il 1546. Al centro del soffitto campeggia un guerriero con la spada sguainata identificato con Perseo ma analogo all'arcangelo Michele, anche iconograficamente, per la sua funzione di nemico del male. Il mito di Perseo ha origine da Acrisio, re di Argo, il quale, avendo saputo da un oracolo che sarebbe stato ucciso da un eroe nato dalla figlia Danae, la imprigionò in una stanza sotterranea con pareti bronzee, dove la donna fu raggiunta da Zeus, che trasformatosi in pioggia d'oro generò con lei Perseo. Allora Acrisio chiuse la figlia e il nipote in una cassa che venne gettata in mare, ma per volere del dio fu sospinta sull'isola di Sèrifo, dove fu raccolta a riva da Ditti, fratello del re Polidette. Dopo alcuni anni Polidette, volendo sposare Danae, inviò Perseo ad affrontare la Medusa con l'ordine di riportarne la testa. Grazie alla collaborazione di Mercurio e Atena, Perseo decapitò il mostro e utilizzò la testa per pietrificare Polidette.

Poi, con l'aiuto del cavallo alato Pegaso, nato dal tronco del collo della Medusa, Perseo sfuggì alla vendetta delle due sorelle della Gorgone e, passando per l'Etiopia, salvò Andromeda, colpevole di essersi proclamata più bella delle Nereidi sacre a Poseidone, la quale stava per essere sacrificata a un mostro marino. L'eroe così sposò Andromeda e alla loro morte la coppia fu trasformata in due costellazioni.

L'origine del corallo, rappresentato nell'affresco, si riferisce al momento in cui Perseo, volendo lavarsi le mani dal sangue del mostro che minacciava Andromeda, poggiò la testa della Medusa su uno strato di alghe e di ramoscelli: essi a contatto col sangue della Gorgone, si tinsero di rosso e si pietrificarono. Le storie di Perseo ci introducono all'interno del mito ovidiano narrato nelle *Metamorfosi* e hanno, all'interno della Sala, la loro rappresentazione: *Il commiato di Perseo da Polidette e dalla madre Dànae* e *Perseo con Mercurio e Minerva* sulla parete breve con la porticina, *Perseo tra le ninfe Stigie nella Valle della Forcide* e *Perseo in cerca di Medusa* sulla parete lunga, l'*Uccisione di Medusa* e *La nascita di Pegaso* nella parete breve di fondo. Infine sulla parete di confine con la Sala Paolina è rappresentata la conclusione della vicenda: *La liberazione di Andromeda*, *Il Ritorno di Perseo*, *L'origine del corallo*, *Perseo con la testa di Medusa* e *Il Banchetto nuziale di Perseo e Andromeda*. L'impresa di Perseo, che culmina nell'uccisione della Medusa e nel matrimonio con Andromeda, simboleggia la vittoria delle forze solari contro il buio delle tenebre che «pietrificano».

La trasmutazione dell'anima e il mito di Amore e Psiche

Nella prima metà del Cinquecento, Paolo III è il nuovo Perseo, che, con l'aiuto dell'arcangelo, deve combattere contro il protestantesimo e le eresie incombenti. Per attuare ciò occorre innanzitutto la nuova nascita o trasmutazione dell'anima, a cui allude, nella *Sala di Amore e Psiche* l'omonimo mito. Si tratta di uno dei miti più celebri dell'antichità, ripreso da pittori e poeti. Una delle versioni letterarie è tramandata da Apuleio di Madaura (II secolo) nelle *Metamorfosi* o *L'Asino d'oro*.

Il protagonista del romanzo è Lucio, il quale, durante un viaggio in Tessaglia, viene ospitato dalla maga Panfila, che lo trasforma in asino. Nella notte una banda di briganti assale la casa della maga, portando via Lucio-asino. Egli viene condotto alla caverna, covo dei briganti, dove una vecchia custodisce una ricca fanciulla, Carite, rapita per ottenere un sostanzioso riscatto. Per consolare la ragazza, la vecchia racconta la vicenda di Amore e Psiche: la bellissima Psiche, figlia del re, suscita l'invidia di Venere, ed è infelice perché due sorelle si erano sposate, mentre lei, pur essendo ammirata come una dea, non era richiesta da nessuno. Così il tristissimo padre di Psiche interroga l'oracolo di Apollo che predice il sacrificio della fanciulla a un mostro su un'alta rupe. Tuttavia Zefiro la solleva con il suo dolce soffio e l'accompagna dolcemente sino a una valle fiorita, dove Psiche si addormenta. Nel frattempo Venere invia suo figlio Amore per far innamorare Psiche dell'uomo più brutto. Amore, al contrario, si invaghisce di lei e la porta segretamente in un palazzo incantato; qui lo sposo giace con lei al buio, senza rivelare la sua identità ma ordinandole di non guardarlo mai alla luce. Psiche, istigata dalle sorelle gelose e invidiose, a notte fonda, mentre Amore dorme avvicina una lucerna al volto della sposa; una goccia d'olio cade improvvisamente e ustiona Amore che scompare. Venere scopre la tresca amorosa e si adira col figlio, lamentandosi anche con Giunone e Cerere. Psiche è percossa da Affanno e trascinata da Abitudine al cospetto di Venere, che la sottopone a durissime prove. Psiche, con l'aiuto di magie, riesce a superarle tutte e per questo Giove, mosso a compassione da Amore, convince Venere al perdono. Infine Psiche viene assunta fra gli dei come sposa di Amore.

Alla Sala di Amore e Psiche si accede attraverso la porta situata sulla parete di fondo della Sala del Perseo. La favola è rappresentata in dieci riquadri disposti lungo il fregio della camera da letto del papa.

La raffigurazione ha inizio sulla parete d'ingresso e le scene si susseguono in senso orario: *La serva dei briganti racconta a Carite la favola di Amore e Psiche*, *Il padre di Psiche interroga l'oracolo di Apollo*, *Psiche è adorata come Venere, mentre Venere mostra Psiche ad Amore*, *Psiche è condotta in corteo su un monte*, *Psiche dorme presso un tempietto e una fontana, nel luogo dove era stata portata da Zefiro*, *Psiche, risvegliata da Amore, banchetta con lui*, *Psiche guarda Amore disobbedendo agli dei e Amore fugge*, *Venere rimprovera Amore e si lamenta con Giunone e Cerere*, *Psiche è percossa da Affanno e trascinata da Abitudine davanti a Venere*,

Psiche implora Giunone, *Psiche riceve da Venere il vaso da riempire con l'unguento di Proserpina*, *Psiche e Proserpina*, *Convito degli dei per le nozze di Amore e Psiche*.

La novella allude al progresso dell'anima verso l'unione mistica con la divinità: Venere tenta di corrompere la bellezza spirituale di Psiche, inviando Eros, ossia il desiderio, che si innamora della fanciulla e le intima di non guardare la sua faccia. Psiche disubbidisce ed è allontanata dal palazzo incantato. A questo punto le prove a cui la fanciulla è sottoposta da Venere per sposare Eros e giungere all'Olimpo sono simbolo del doloroso ma necessario cammino dell'anima attraverso il mondo materiale, dominato dalla irrazionalità, dalle passioni, dalla poca consapevolezza di se stessi.

Tornando indietro alla Sala Paolina, si procede verso il Corridoio Pompeiano, a sinistra della rappresentazione dell'arcangelo Michele. Questo ambiente, che immette alla Sala della Biblioteca al piano superiore, è così denominato dalle pitture a grottesche[4] che ne decorano le pareti e la volta, assumendo un'autonomia e un significato particolare: l'infinita serie di elementi vegetali, zoomorfi e fantastici che contornano le scenette mitologiche esprimono, sotto l'apparente disordine, la tendenza a ricercare sottili corrispondenze fra gli elementi naturali in continua trasformazione.

La Sala della Biblioteca

Si giunge così alla Sala della Biblioteca, realizzata tra la fine del 1543 e il 1545 da Raffaello da Montelupo e dipinta da Luzio Luzi. Al centro della volta una quadratura accoglie, tra due pannelli raffiguranti l'*Impresa del Liocorno* e l'*Impresa del Giglio di Giustizia*, lo stemma di Paolo III. Agli angoli, nel punto in cui la volta inizia la curvatura, quattro ovali in stucco rappresentano (iniziando dal lato breve del camino e procedendo in senso orario): *Marte, Nettuno, Pan e una Ninfa, Ercole,*

Minerva, la *Pax, Bellona* o la *Dea Roma*; al centro delle parti ricurve della volta (lati brevi), tra fregi e grottesche dal lato del camino: *Pan e la capra* (sopra) e l'*Imperatore Adriano* (sotto); all'interno di uno spazio rettangolare, fiancheggiato da due riquadri dipinti la *Fuga di Clelia* (a sinistra); dalla parte opposta ancora *Pan e la capra*, l'*Arcangelo Michele* e altre due storie romane: *Orazio Coclite sul ponte Sublicio* (a sinistra) e *Muzio Scevola nel campo di Porsenna* (a destra). Dei sei riquadri sui lati lunghi, quelli agli angoli raffigurano *Adriano alla ricerca di un luogo per edificare il suo mausoleo*, mentre quelli più prossimi al centro rievocano *La punizione di Tarpeia* (lato verso la stanza del tesoro), e *La presa di Veio*. *Giochi di Nereidi e Tritoni, battaglie* e *scene marine* appaiono nei lunghi riquadri sopra al cornicione con miti e scene sacrificali. La prevalenza di storie relative alla nascita di Roma evidenzia non solo la sensibilità umanistica del papa, ma anche la sua particolare visione della civiltà antica, incentrata sull'importanza della cultura etrusco-romana, erede della sapienza esoterica egizia.

L'epifania dell'arcangelo Michele

Una porta al centro della parete sinistra della Sala della Biblioteca introduce alla *Sala del Tesoro*, la terza aula superstite dell'antica torre-sepoltura di Adriano, collocata sopra la cella funeraria e la Sala della Giustizia. Si ipotizza che in origine la Sala del Tesoro costituisse un unico ambiente con la sovrapposta Sala Rotonda, e che ospitasse il sarcofago di Adriano, prima di essere trasformata in cappella dedicata all'arcangelo Michele. È proprio da quest'ultimo che ci rechiamo, salendo gli scalini alla destra della Sala del Tesoro, i quali conducono alla *Terrazza delle Corazze* (dalle sculture che ne adornano i parapetti). Su di essa svetta la Statua bronzea dell'arcangelo Michele, opera di Peter Anton Verschaffelt (1752). Il simulacro dell'arcangelo costituisce il punto di riferimento non solo della fortezza ma di tutto il quartiere, difensore del sacro dalla minaccia del Maligno e interlocutore prescelto di un dialogo a distanza con la «cintura» di chiese[5] dedicate al medesimo, che proteggevano fin dall'alto medioevo la città: è il «brusio degli angeli».

Il quartiere degli angeli

Oltrepassato Ponte S. Angelo, i pellegrini entravano nella *Civitas Leonina*, edificata da Leone IV tra l'848 e l'852, dopo la devastazione provocata dal saccheggio dei Saraceni dell'846. La costruzione delle mura ad opera di Leone IV sancì in modo definitivo la costituzione in area urbana di questo settore, nel quale già da tre secoli si erano installati edifici sacri e ospizi per i pellegrini. Il percorso delle mura, ancora oggi ben visibile nel tratto nord tra la fortezza e i palazzi apostolici, inizia dietro il fianco sinistro del castello e prosegue verso gli edifici annessi alla basilica. Questo tratto di muro denominato *il Passetto*, dal 1280 fu utilizzato come passaggio pensile per la fuga del papa da S. Pietro, in caso di emergenza. Le numerose aperture che attualmente caratterizzano il muro sono dovute all'ampliamento del quartiere che Pio IV effettuò nel Cinquecento. In realtà le porte della cinta leonina erano tre: la Posterula S. Angeli, non più esistente, nei pressi del castello nel primo tratto del passetto e la Porta del Pellegrino, ancora esistente, al termine del passetto, presso i palazzi apostolici, nascosta dal colonnato berniniano di destra.

Il muro proseguiva incorporando gli edifici annessi alla basilica, passava dietro a questa e poi tornava verso il Tevere, sulla cresta del colle dove si trova oggi la chiesa dei SS. Michele e Magno. Nella cinta difensiva che scendeva verso il basso, si apriva una piccola porta detta Posterula dei Sassoni, rivolta verso Trastevere, che poi avrebbe assunto il nome di

Porta S. Spirito. Le mura si concludevano sulla sponda del fiume fino a toccare il tratto delle mura aureliane, nel quale si apriva l'antica Posterula di S. Pietro all'Adrianeo.

La cinta muraria fu terminata il 27 giugno 853, antivigilia della festa dei SS. Pietro e Paolo. La consacrazione delle mura ebbe una valenza simbolico-religiosa, poiché per ognuna delle tre porte il papa pronunciò orazioni rivolte a Dio e apprestò iscrizioni che le ponevano sotto la protezione dei santi protettori della città. La cinta muraria è il simbolo che divide lo spazio sacro, all'interno del quale è possibile continuare a organizzare una vita religiosa e civile, da un spazio «altro» dominio del negativo.

Centri di spiritualità nel cammino verso S. Pietro

Dopo il Ponte degli Angeli, i pellegrini avevano la possibilità di scegliere uno dei percorsi[6] che conducevano a S. Pietro: il primo, più vicino al fiume, era il *Borgo S. Spirito*, attraversato da una strada molto antica, esistente fin dall'VIII secolo; più a nord c'era la *Portica*, una via porticata forse di origine tardo-imperiale, che si snodava al centro dell'attuale Via della Conciliazione, presso la demolita «spina» di Borgo. Si ritiene che questa via porticata coincidesse con l'antica strada detta *Carriera Santa*, percorsa dai cristiani che subirono il martirio sotto Nerone. Nel Medioevo vi passavano i cortei papali che si recavano dal Laterano a S. Pietro per l'intronizzazione del pontefice. Infine un percorso micaelico costeggiava le mura di Leone IV, lastricato da Sisto IV e per questo chiamato Via Sistina, successivamente denominata Borgo S. Angelo, per la presenza della chiesa di S. Michele Arcangelo al Corridore di Borgo. La tradizione narra che la chiesa di S. Michele fu eretta da papa Gregorio Magno, il quale la dedicò a tutti gli Angeli Santi, dopo la miracolosa apparizione di S. Michele sul vicino castello. Alla chiesa era annesso un antico ospedale, detto *Hospitale Angelorum*, all'interno del quale agiva la Confraternita di S. Michele Arcangelo. L'intera area venne totalmente trasformata quando Alessandro VI realizzò la nuova Via Alessandrina, un rettifilo (corrispondente al lato destro di Via della Conciliazione) che collegava in modo più rapido e diretto la fortezza a S. Pietro. La nuova chiesa, spostata più a nord rispetto a quella precedente, venne posizionata all'altezza dell'attuale Piazza di Porta Castello, nei pressi dell'arco di passaggio muraneo aperto nel Cinquecento da Pio IV.

Nel 1939 essa venne distrutta durante le massicce demolizioni per la realizzazione di Via della Conciliazione, ma gli arredi sacri e le opere d'arte furono trasportati nella chiesa di S. Maria Annunziata, in Piazza Giovanni XXIII. Quest'ultima, appartenente alla confraternita di S. Spirito, eretta originariamente nel 1744 su Borgo S. Spirito, fu trasferita nel 1950 sul Lungotevere Vaticano, davanti alla facciata antica dell'Ospedale di S. Spirito prospiciente il fiume. Nell'interno della chiesa, sulla parete sinistra, l'*Apparizione di S. Michele Arcangelo a S. Gregorio Magno* di G. B. Montano (1534-1621), proveniente dalla chiesa demolita di S. Angelo al Corridore. L'affresco ripropone l'apparizione dell'arcangelo sul castello: la fortezza è rappresentata frontalmente con la processione di ringraziamento per la fine della peste che procede verso Ponte S. Angelo. Sullo sfondo il Gianicolo, sotto il quale si vedono il papa e gli altri personaggi del corteo, non lontano da un'imponente piramide. Ricordiamo infatti che nell'area oggi compresa fra Piazza Giovanni XXIII e Via della Traspontina erano situati due antichi sepolcri: la *Meta Romuli*, a forma di piramide, creduta la tomba di Romolo, e il *Terebintus Neronis*, di forma circolare a due tamburi sovrapposti, distrutti alla fine del Quattrocento da Alessandro VI per far posto alla nuova viabilità e per motivi strategici.

Il contesto nel quale il pellegrino percorre la parte finale del cammino, prima di arrivare al cospetto della basilica vaticana, era assai differente da quello odierno, dominato dalla cupola di S. Pietro ben visibile anche a distanza. Prima della sistemazione urbanistica moderna che le demolì, una serie di strutture antiche si mescolava a edifici medievali e rinascimentali: un dedalo di casupole e vicoli, dai quali improvvisamente apparivano in tutta la loro imponenza la basilica di S. Pietro e il colonnato berniniano con un eccezionale colpo d'occhio.

Dove abita ancora l'arcangelo Michele

Al termine di Via della Conciliazione, arrivati a Piazza Pio XII, ci avviamo sulla sinistra verso Largo degli Alicorni, dove una scalinata conduce all'antica *Schola Frisonum* (appartenente alle popolazioni un tempo stanziate lungo il Mare del Nord, dalle Fiandre fino alla Danimarca), della quale rimane la chiesa dei *SS. Michele e Magno*, su un'altura alle pendici settentrionali del Gianicolo. Essa è l'unica delle nove chiese del quartiere dedicate all'arcangelo Michele ancora esistente. Edificata nell'854, quando era intitolata solo a S. Michele, fu ricostruita nel XII secolo e ristrutturata a metà del XVIII secolo da Carlo Murena. Sull'altare maggiore l'*Arcangelo Michele che appare ai SS. Magno e Gregorio* di Nicolò Riccioloni: S. Michele in compagnia dello Spirito Santo, sotto forma di colomba, appare sopra il Mausoleo di Adriano a Gregorio Magno e al vescovo Magno, mentre in terra ci sono degli appestati. Non è ancora chiaro se la primitiva chiesetta dedicata a S. Michele fosse stata edificata dai Frisoni o da Carlo Magno, ovvero se già preesistesse. Profonda era la venerazione di Carlo Magno nei confronti dell'arcangelo Michele, come si può dedurre dall'esistenza nei pressi della *Schola Francorum* di una chiesetta a struttura basilicale a lui dedicata.

S. Magno, vescovo di Trani, martire e protettore di Fondi,

fu associato a S. Michele come titolare della chiesa, probabilmente perché i Frisoni lo confusero con il loro eroe nazionale Magnus Forteman.

Il brusio degli angeli si diffonde su tutto il quartiere. Dalla cripta che «toccava» il cielo sul Castello, primitiva dimora dell'arcangelo Michele, fino alla *Schola Frisonum* alle pendici sud-occidentali del Gianicolo, su un'altura collegata idealmente alla prima. Dalle vette il culto angelico scenderà lungo le strade, i ponti e le porte, per testimoniare ovunque la protezione celeste.

Un papa angelico e l'edificazione dei borghi

Nel Cinquecento, papa Pio IV, al secolo Angelo Giovanni de' Medici (1560-1565), molto devoto alle creature celesti, rese omaggio ad esse non solo tramite il proprio nome di battesimo ma anche con la progettazione urbanistica e architettonica: nella Roma da lui concepita, molte strade iniziavano e terminavano con riferimenti agli angeli, come si può constatare dirigendosi verso l'antica cinta muraria di Leone IV, che nel 1560 Pio IV ampliò per l'incombente minaccia turca. Nel 1562 il papa affidò a Francesco Laparelli da Cortona l'incarico di costruire un nuovo muro di difesa che da Castel S. Angelo arrivasse fino al bastione del Belvedere, all'altezza dell'odierna Piazza Risorgimento. Lungo il percorso delle nuove mura correva un fossato valicabile attraverso due ponti che immettevano alle due porte Angelica e Castello. In tal modo la fortificazione vanificò la funzione difensiva del muro leonino, nel quale furono aperti sette archi per rendere più agevole il collegamento con la nuova *Civitas Pia* (dal nome del papa), ossia l'estensione dell'antico Borgo, che si stava realizzando nell'area tra le antiche e le nuove mura. Percorrendo il tratto del rione compreso fra le Mura Leonine e Piazza Risorgimento, si può notare come il Laparelli abbia realizzato uno schema urbano incentrato sui due assi viari di Borgo Pio (andamento est-ovest) e di Via di Porta Angelica (andamento nord-sud), collegati da una serie di strade perpendicolari e parallele ispirate al modello dell'urbanistica classica.

La Civitas Pia portò alla formazione del nuovo Borgo Pio e di Borgo Angelico, quest'ultimo attiguo alle nuove mura verso Piazza Risorgimento, dove si apriva Porta Angelica. Questa, demolita nel 1888, immetteva chi proveniva dalla Via Cassia all'omonima via, dalla quale si accede ancora a Piazza S. Pietro e alla Città Vaticana.

La porta era in bugnato di travertino a un solo fornice, con lo stemma Medici sulla chiave dell'arco. Essa era ornata da bassorilievi marmorei raffiguranti due angeli custodi con la croce, al di sopra dei quali si trovavano due importanti iscrizioni. La prima, sull'attico della porta, esemplificava esplicitamente il programma urbanistico del papa, in stretta relazione con gli angeli che proteggevano e custodivano le nuove fortificazioni della città:

> ANGELIS TUIS MANDAVIT DE TE UT CUSTODIANT TE IN OMNIBUS VIIS TUIS
> (Dio ti affidò ai suoi angeli affinché ti custodissero in tutte le sue vie).

Il pontefice, provvedendo alla difesa della città, è simile agli angeli. La Civitas Pia diventava così una sorta di emanazione del Castello, sul quale, all'epoca di papa Gregorio, era apparso l'arcangelo salvifico. Un'altra iscrizione, sulla fascia di marmo interrotta dall'arco, ribadiva l'identificazione angelo custode-papa:

> QUI VULT SALVAM REMP(UBLICAM) NOS SEQUATUR
> (Chi vuol salvare lo stato ci segua).

Dopo la distruzione della porta, gli angeli, insieme allo stemma del papa, furono collocati sul tratto delle fortificazioni rimasto intatto prospiciente Piazza Risorgimento, dove ancora oggi si trovano. L'iscrizione della Porta Angelica è perduta; conservata invece a Castel S. Angelo è l'iscrizione di Porta Castello, anch'essa collegata a due bassorilievi raffiguranti angeli.

Pirro Logorio e la Casina ermetica di Pio IV

Il percorso continua nei Giardini Vaticani, laddove nell'avvallamento a nord-est, fra la Basilica di S. Pietro e la Pinacoteca Vaticana, ad ovest del cortile bramantesco del Belvedere, si erige un gioiello dell'architettura manieristica del Cinquecento: la Casina di Pio IV. Essa ci introduce a una riflessione sulla valenza esoterica della cultura del papa milanese, ma soprattutto del suo architetto Pirro Logorio, che realizzò un'architettura dove ogni elemento ha una valenza mitico-religiosa, esoterica e celebrativa. L'edificio iniziato da Paolo IV come casino di delizie e di svago, al centro di un boschetto, fu portato a termine da Pio IV, che ha legato al complesso il proprio nome. Fra il 1558 e il 1561 Pirro Logorio, articolò la struttura architettonica attorno a uno spazio ovale centrale: la grande croce sul pavimento allude alle coordinate dei punti cardinali; i quattro tondi chiari entro gli esagoni scuri potrebbero riferirsi alle quattro parti del mondo. Sull'asse longitudinale si affaccia la loggia-ninfeo, e dalla parte opposta la palazzina (il Casino vero e proprio). Lungo l'asse ortogonale sono disposti due vestiboli voltati a botte.

Una selva di simboli

La fontana[7] al centro del cortile ovale evidenzia la grande importanza che assume l'acqua in questo luogo di riposo, di svago ma anche di contemplazione. L'acqua, elemento fondamentale della casa delle ninfe (ninfeo), nell'interpretazione cristiana conduce dal caos all'ordine, dal peccato alla resurrezione. Secondo questo percorso sono state affrescate le *Storie di Mosè* in due ambienti gemelli: *Mosè fa scaturire l'acqua dalla rupe* e la *Caduta della manna*, prefigurazione del Battesimo e della Pasqua nelle piccole absidi dell'atrio della Casina; il *Passaggio del Mar Rosso* nella volta della loggia, in una sottintesa contrapposizione tra vita e morte (ebrei ed egizi) oppure ordine e caos (terra e oceano). All'acqua è connessa la fecondità cosmica, alla quale si allude nella facciata della loggia-ninfeo, dove troneggia al centro la *Magna Mater Cibele*, che riassume il ciclo esistenziale della vita e della morte, avendo in sé i principi della creazione, del nutrimento e della sussistenza. Le quattro gigantesche erme di Pan ai lati di Cibele, visibili fino all'inizio dello scorso secolo, simboleggiavano non certamente l'erotismo selvaggio ma la relazione continuamente presente in natura tra mondo animale, mondo umano e mondo celeste (le due corna sulla fronte di Pan alludevano al sole e alla luna).

Sui bassorilievi della facciata della loggia campeggia al centro di un'edicola lo stemma di Pio IV, che sovrasta *Pierius*[8], il monte della Tracia che vide il connubio di Zeus e Mnemosine, deificazione greca della memoria. Madre delle nove Muse, che partorì in nove consecutive notti d'amore, Mnemosine tiene con la destra una maschera comica sotto un tempio ionico e si appoggia con la sinistra a un'anfora da cui sgorga acqua: sono qui riassunti i significati religiosi, naturalistici e teatrali della Casina.

Alla destra del riquadro centrale è rappresentato *Apollo*, ai cui lati si dispongono tre Muse e due personaggi del corteo di Bacco, mentre nel riquadro sinistro le altre ispiratrici delle arti si dispongono intorno a Melpomene con l'attributo della clava (questo particolare fa pensare a una possibile identificazione con Ercole che fa da guida alle celestiali sorelle). Ercole e Apollo sono simboli solari, mentre le muse esprimono, tramite la musica e il canto, l'armonia cosmica della quale sono riflesso sia la villa, sia le sfere dello stemma mediceo. Esse sono anche le dee della concordia universale, le quali donano saggezza e cultura, avviando l'umanità alla Giustizia, alla Virtù, alla Vita. Nei riquadri ai lati di Apollo e delle Muse appaiono due figure allegoriche: la *Verità* (raffigurata come Abbondanza, con una cornucopia e un borsellino), e l'*Elemosina*, che certamente alludono alla politica assistenziale del papa. Nel timpano triangolare all'interno di un cerchio sul cui perimetro ci sono i segni dello zodiaco, abbiamo la rappresentazione di *Aurora-Astrea* con le braccia aperte (simbolo del ritorno alla luce dell'età dell'oro, inaugurata dal nuovo papa), posta davanti ai quattro cavalli del carro solare. Sopra al capo della dea emerge un piccolo putto alato, identificabile con uno dei giovani che guidano il carro del sole, il quale regge due bastoni corrispondenti a due fiaccole. Fiancheggiano il medaglione *Flora* (a sinistra) e *Pomona* (a destra), idealmente legate alla Grande Madre Cibele, simbolo della natura come creatura vivente che nasce e rinasce ciclicamente.

Nel grande rilievo della fiancata settentrionale della Loggia, la raffigurazione di *Zeus allattato dalla capra Amaltea* alla presenza di una ninfa sottolinea ancora l'idea di abbondanza, pace e prosperità, caratteristiche della nuova «età dell'oro» del pontificato mediceo. Sulla sommità della Loggia svetta un'antica statua di *Hygea*, figlia di Esculapio, che porge la tazza a un serpente, simbolo di Sanità, Forza e Salute, associato anche a una vicenda che coinvolge le ore, le età, le stagioni, le quali sono raffigurate dalla coppia di giovani che fiancheggiano i quattro archi dei vestiboli.

Come offerta dell'universo al pontefice, le stagioni sono disposte non casualmente ma secondo l'orientamento dei vestiboli: a sud sono poste *Primavera* e *Estate*, a nord l'*Inverno* e l'*Autunno*. Hygea assume un significato particolare nel complesso dell'iconografia della Casina, perché allegoria della *Salus*, ossia della integrità fisica e politico-spirituale della città e dello Stato, con riferimento diretto a Pio IV, difensore della città non soltanto dai nemici della religione ma anche dall'ombra del peccato. Non a caso essa ha come sigillo una stella a cinque punte inscritta in un pentagono[9], la quale ha il medesimo valore salvifico della croce cristiana e del monogramma costantiniano[10].

Sulla facciata della Palazzina il progetto iconografico di Pirro Ligorio allude all'agricoltura, con un carattere propiziatorio ed esorcistico.

Nel rettangolo centrale campeggia la grande iscrizione intitolata a Pio IV e alla sua impresa:

> PIUS IIII MEDICES MEDIOLAN. PONT. MAX. HANC IN NEMORE PALATII APOSTOLICI AREAM PORTICUM FONTEM EDIFICIUMQUE CONSTITUIT USUIQUE SUO ET SUCCEDENTIUM SIBI PONTIFICUM DEDICAVIT ANN. SAL. MDLXI
>
> (Pio IV dei Medici di Milano Pontefice Massimo fece edificare questa area nel giardino del Palazzo Apostolico con un porticato una fontana e un edificio per godimento proprio e dei successivi pontefici e lo dedicò nell'anno di grazia 1561).

Sotto l'iscrizione lo stemma più grande dei Medici, sottolineato da altri sei di minore dimensione, è sorretto da due angeli, un rinvio ulteriore al nome del pontefice. A destra appaiono le *Hore* (*Hirene*: Pace, *Eunomie*: Buon Governo e *Dice*: la Giustizia), personificazioni della nuova età rappresentate come creature della primavera che danzano nei prati e nei boschi sotto la guida delle Muse e delle Grazie. A sinistra un riquadro con *Hegle* (la risplendente) e *Solis*, i genitori delle Hore, i cui nomi afferiscono alla luce e allo splendore. Ai lati del rettangolo centrale due medaglioni contengono allegorie di fiumi e la rappresentazione di Pan. Nella fascia sopra le finestre due allegorie della *Fama che poggiano un piede su una sfera*, delle quali quella a sinistra evidenzia alcune palle che escono dalla tromba come note musicali. Esse si connettono all'emblema mediceo dove le sfere possono avere una valenza cosmica, attinente al movimento dei pianeti e alla musica che da esso si propaga.

L'estro creativo di Pirro Logorio ha creato uno stupefacente complesso simbolico, dove si realizza la corrispondenza piena fra individuo e universo. Il bosco sacro della Casina è l'isola felice della Sapienza pagana, prefigurazione delle verità cristiane esplicate nelle principali figurazioni all'interno dell'edificio: le rappresentazioni di Cibele, Diana efesina e della Primavera all'esterno della Casina sono anticipazioni della Vergine Maria e del suo concepimento, mentre Aurora e Solis alludono a Cristo. In tale contesto si può comprendere il significato dei due affreschi al centro del secondo salone al pianterreno, dove appare l'*Annunciazione dell'Angelo a Maria*, corrispondente alla festa di Primavera, e la *Sacra Famiglia* nella parte centrale del primo salone, nella quale Gesù bambino si trova fra un angelo e Giovanni Battista (riferimento ai due nomi del papa Medici).

L'identificazione Cristo-Sole e Maria-Grande Madre Cibele è comprovata dall'aureola radiante del primo e dalla presenza di Diana efesina negli angoli della volta, al di sopra dei simboli araldici pontifici. Ma Pirro Ligorio crea ancora una segreta analogia che conduce l'iniziato dai miseri pagani a quelli cristiani; l'assonanza Muse-Mosè, resa iconograficamente dalle *Storie di Mosè* della loggia, sopra le quali si trovano alcune nicchie con bassorilievi delle Muse alternate a pitture mitologiche, è un ulteriore segno della valenza esoterica di tutto il complesso architettonico.

Cultura classica, Cristianesimo ed ermetismo si fondono nella simbologia degli angeli che distendono le ali protettive sulla città, mentre il loro brusio attraversa lo spazio e il tempo.

Note

[1] Pitone era un mostruoso serpente che viveva ai piedi del Parnaso a Delfi, divorando animali e uomini. Fu trafitto dalle frecce di Apollo che ne bruciò il corpo e ne rinchiuse le ceneri in un sarcofago che sotterrò nel Tempio di Delfi. Per placare la collera del mostro istituì i Giochi Pitici. La vittoria su Pitone allude al trionfo della luce sulle tenebre.

[2] Le scene della vita di Alessandro Magno alludono parallelamente a episodi di significato analogo dei quali era stato protagonista Paolo III.

[3] Con questo termine si allude ai sacerdoti-maghi orientali ed egizi, nonché ai profeti ebraici detentori di un sapere magico-alchemico e cabalistico proveniente da un'antica tradizione e conciliabile con i dogmi della tradizione cristiana.

[4] Tipo di decorazione parietale a stucco o affresco derivato da quella della *Domus Aurea* neroniana, i cui resti furono chiamati «grotte». La decorazione compare nel Quattrocento ed ebbe la sua massima diffusione nel secolo successivo.

[5] All'arcangelo Michele era stata dedicata una basilica sulla Via Salaria al IV miglio; una al vico Patricio nel rione Monti, una diaconia presso il Portico d'Ottavia, un oratorio sul Gianicolo presso S.Pietro in Montorio, infine una chiesetta sul Mausoleo d'Augusto.

[6] Le vie antiche dell'*Ager Vaticanus* erano la Via Trionfale, che da Campo Marzio si dirigeva a Monte Mario, e la Via Cornelia, che si diramava da essa seguendo Via della Conciliazione fino al Circo di Caligola sul lato sinistro di S. Pietro.

[7] La fontana al centro del cortile ovale è in senso cristiano la sorgente della salvezza, luogo di battesimo e di resurrezione per la connessione tipologica con il fonte battesimale.

[8] Il nome del monte della Tracia deriva da Pièro, il re che introdusse il culto delle nove Muse sue figlie chiamate Pieridi. A queste muse seguaci di Dioniso si contrappongono le Muse del Monte Elicona in Beozia, seguaci di Apollo.

[9] Il pentacolo è una stella a cinque punte con il vertice in alto, inscritta in un cerchio. Esso rappresenta la Terra, l'Aria, il Fuoco, l'Acqua e lo Spirito, circondati dall'amore infinito (il cerchio) dello Spirito. Esso trova un puntuale riscontro nella planimetria delle nuove fortificazioni di Castel S. Angelo, volute da Pio IV e nelle direttrici di espansione di Roma, che si dipartono da porte preesistenti o rifatte: i Borghi con la Civitas Pia, il Campomarzio settentrionale col «tridente», l'espansione verso il Celio e l'Esquilino, l'antico Trastevere, formano una gigantesca Stella a cinque punte.

[10] Il monogramma è formato dalle iniziali greche di Cristo X (*chi*) e P (*rho*), simbolo letterale del Cristianesimo costantiniano. Il monogramma, inscritto in un triplice cerchio (la Trinità) e combinato alle lettere *alfa* e *omega*, allude al Cristo-Sole.

L'ESOTERISMO DEI BORGIA, FRA INTRIGHI INTERNAZIONALI E MITI EGIZI

Il matrimonio del secolo nell'appartamento delle meraviglie

Luglio 1498: nell'appartamento Borgia in Vaticano fervono i preparativi per il matrimonio tra Lucrezia Borgia, figlia diciottenne di papa Alessandro VI, e il coetaneo Alfonso d'Aragona. L'abitazione papale, che costituisce l'opera artistica più rilevante del pontificato del papa spagnolo, era stata decorata dal Pinturicchio e dai suoi collaboratori fra il 1492 e il 1498. L'appartamento, situato sotto le stanze di Raffaello, è costituito da cinque grandi ambienti, i primi tre all'interno della Torre Borgia, costruita dal papa per ragioni difensive, i rimanenti nel precedente edificio di Niccolò V. Il regista del cerimoniale di corte è il cardinale Johannes Burckhard, che si aggira per gli ultimi preparativi, guardando distrattamente le decorazioni di ogni sala senza comprenderne il significato[1].

Ispiratore del ciclo di affreschi è stato il domenicano Annio da Viterbo, teologo e *Magister Sacri Palatii* di Alessandro VI, etruscologo e studioso dell'antico sapere egizio. La prima sala, *Sala delle Sibille*, è così denominata per le dodici lunette con *sibille e profeti* che reggono cartigli svolazzanti con le profezie del mistero dell'Incarnazione, Morte e Resurrezione di Cristo. Come i profeti avevano annunciato agli Ebrei la venuta del

Messia, così le Sibille l'annunciarono ai pagani. Nella parte superiore delle lunette vediamo tondi con sacrifici espiatori, attinenti alle prima fase del percorso iniziatico: si alternano scene con sacrifici umani e di animali a scene di purificazione e divinazione proprie della tradizione romana.

Fra le lunette, all'interno degli ottagoni, i *sette pianeti* sono disposti secondo le età della vita, intorno al grande rettangolo del soffitto decorato a lacunari con al centro l'emblema araldico borgiano. La sequenza in senso antiorario inizia dalla *Luna* (di fronte l'ingresso) e termina con *Saturno*.

Il trionfo dell'astrologia

I personaggi al di sotto di ogni pianeta evidenziano le età dell'uomo ma anche le attività e l'indole sui quali influiscono le divinità planetarie. La *Luna percorre il cielo notturno su un carro trainato da draghi*, influenzando le maree e i pescatori silenziosi intenti al loro lavoro. Nello spazio accanto al carro si nota una coppia di tritoni che suonano un doppio flauto; *Mercurio su un piccolo carro tratto da cervi*, ha in mano un grande caduceo e agisce su mercanti e dotti; *Venere* conduce un carro eccezionalmente trainato non da cigni o colombe ma da una coppia di tori rossi; in basso coppie di amanti entrano in relazione con il pianeta dell'amore. La visione frontale del carro riproduce l'iconografia imperiale del *sol invictus* (sole vincitore), emblema dell'apoteosi degli imperatori, mentre i tori alludono ai Borgia. È chiaro il riferimento alla celebrazione del papa, che nell'ottagono successivo viene assimilato ad Apollo-Sole-Cristo, che guida un carro trainato da quattro cavalli, a significare le quattro parti del giorno, la ciclicità e la rinascita della luce. Nella parte inferiore della lunetta si staglia la figura seduta di Alessandro VI, vicario di Cristo in terra. Accanto al carro di Venere la decorazione è costituita da due dragoni alati con testa e coda di serpente e zampe di grifo con fiamme che fuoriescono dalle bocche; negli spazi sopra l'ottagono del Sole due sirene bifide. Segue la raffigurazione di *Marte che trattiene cavalli scalpitanti e fa sentire il suo influsso su soldati e guerrieri*. Negli spazi superiori due ippocampi arricchiscono il corteo di figure marine, che continua sopra *Giove* con un delfino che fa da *pendant* a un unicorno: entrambe le creature alludono alla salvezza. *Giove sul carro condotto da aquile* determina il comportamento dei cacciatori seduti ai suoi piedi con i falconi in pugno, a indicare il dinamismo e la propensione a un'attiva partecipazione alla vita. Infine *Saturno seduto su un carro trainato da draghi*; al di sotto varie persone che visitano i carcerati, poiché l'influsso del pianeta evidenzia ciò che è nascosto (la detenzione, i vincoli, le prigioni). Le figurazioni sopra al carro mostrano putti che cavalcano due draghi, frenando loro il morso, con un riferimento al controllo delle forze naturali. La serie planetaria è completata, all'ottavo posto, da una *sfera armillare*, simbolo dell'astrologia, intorno alla quale discutono astrologi e sapienti in atteggiamenti diversi.

Profeti e Sibille

Il significato della sala è profetico, poiché le Sibille e i Profeti annunciano la buona novella, in parallelismo con le divinità planetarie, che guidano provvidenzialmente i ritmi cosmici e influiscono sulla vita degli uomini; espiatorio per i tondi al di sopra delle sibille ed escatologico per l'allusione al viaggio nell'aldilà e alla speranza nella resurrezione espressa dalla prevalenza di figure marine, che fanno da contorno alle immagini. Tutto il simbolismo ruota intorno alla celebrazione della figura del papa, *alter Cristus* in terra.

Dalla Sala delle sibille si accede alla *Sala del Credo*, la seconda all'interno della Torre Borgia, la quale prende nome dai versetti del Credo (composto, secondo la tradizione, dagli

Apostoli, prima di separarsi) scritti sui cartigli retti dagli Apostoli, accanto ai Profeti raffigurati nelle lunette. Negli scomparti circolari e trapezoidali del soffitto si alternano stemmi borgiani e rappresentazioni marine tra fregi ornati e stucchi dorati; fra questi si evidenzia la doppia corona d'Aragona, assunta dai Borgia come proprio stemma, dalla quale nascono raggi solari. È chiara la volontà di autocelebrazione del papa, che tende a identificarsi con il sole, sul quale campeggia l'iscrizione «ALEXANDER BORGIA PP VI FONDAVIT» (Alessandro Borgia Pontefice Massimo VI fondò), riferita alla costruzione della Torre Borgia, presso l'antica abitazione di Niccolò V.

La Sala delle Arti Liberali

Si procede nel percorso entrando nella *Sala delle Arti Liberali*, così denominata per le rappresentazioni delle arti del Trivio (grammatica, retorica e dialettica) e del Quadrivio (geometria, aritmetica, musica, astronomia), dipinte nelle lunette.

Due stemmi del papa in stucco dorato appaiono alla sommità delle due crociere, separate da un grande arco, e intorno agli stemmi, su fondo turchino, risaltano il toro e la corona raggiante dei Borgia. In mezzo agli emblemi vi sono candelabre dorate insieme a putti che suonano la tromba. Negli spazi ottagonali dell'arco che divide le crociere si notano varie composizioni che fanno riferimento al tema della *Giustizia*, rappresentata bendata o in trono con la bilancia e la spada. Intorno alle pareti esaminiamo l'iconografia delle arti liberali, il cui esercizio è propedeutico a quello delle Sacre Scritture: la *Grammatica* è posta di fronte a chi esce dalla Sala del Credo ed è indicata da una scritta che sostiene un ragazzo sporgente dal cornicione. L'aristocratica figura femminile siede su un bancone dietro al quale c'è un'ampia porta, allusiva all'ingresso negli studi. La Grammatica ha in mano un astuccio d'avorio somigliante a quello dei medici, perché contiene tutti gli strumenti per le operazioni grammaticali e la retta pronuncia. In primo piano sei grammatici con libri, eccetto uno con turbante. Segue la *Dialettica* vestita di rosso, la quale siede su un banco decorato da tori borgiani con in mano un serpente che indica le astuzie sofistiche. La accompagnano sette personaggi esperti nella dialettica. La *Retorica* è su un trono marmoreo, intorno al quale due putti reggono un ricco drappeggio; nella mano sinistra ha una sfera e nella destra una spada a indicare la sua potenza. Sei personaggi fanno da corona alla dea. Anche la *Geometria* siede su un trono sormontato da due candelabre ardenti e ha nella destra uno strumento per misurare, coperto di numeri, mentre nella sinistra una tavola con figure geometriche. L'anziano calvo seduto davanti è certamente Euclide mentre misura con il compasso; otto personaggi fanno da contorno ai lati. L'*Aritmetica* ha sul ginocchio la tavola pitagorica e stringe nella destra un grande compasso. Forse tra i nove personaggi del corteo di questa arte possiamo identificare Pitagora nell'anziano dalla grande barba, al centro presso i gradini del trono ma ancora più rilevante, alla sinistra del trono, il volto di Pico della Mirandola, grande studioso di cabala. Riabilitato da Alessandro VI, dopo la condanna e la scomunica da parte di Innocenzo VIII, lo vediamo nel corteo dell'Aritmetica, l'arte da lui maggiormente approfondita, perché connessa agli interessi cabalistici. Il volto di Pico della Mirandola, incorniciato dai capelli biondi, volge lo sguardo verso lo spettatore: il pontefice al quale doveva tanta gratitudine. La *Musica* suona il violino, accompagnata da due putti stanti che suonano la ciaramella ai lati del trono. Intorno alla figura vi sono uomini e donne in atto di cantare e suonare. Conclude la serie delle arti sulla parete della finestra, in una posizione di rilievo rispetto alle altre arti, l'*Astronomia*, che tiene sollevata con la destra la sfera armillare[2], mentre due putti, ai lati del trono, mostrano i simboli del sole e della luna.

Alla cultura astrologica che vede negli astri l'impronta divina è riferibile il probabile ritratto di Gioviano Pontano, diplomatico napoletano in contatto con l'ambiente umanistico romano. Esperto di meccanica celeste, il suo ritratto è posto nel gruppo sinistro della lunetta, caratterizzato da calvizie e dal naso aquilino. Ha tra le mani un libro, probabilmente l'*Urania*, mentre guarda la sfera stellata in mano al personaggio seduto.

Nella parte destra dell'affresco si potrebbe riconoscere Annio da Viterbo, ideatore del ciclo borgiano, teologo e studioso di astrologia. Egli, seduto fra altri personaggi, con il volto segnato da rughe, mostra un aspetto imponente. Anche l'età corrisponderebbe al ritratto, essendo nato nel 1432 e avendo al tempo del ciclo borgiano circa sessant'anni. Tra i personaggi che lo circondano è riconoscibile Tolomeo, col capo cinto da una corona reale. Nella Sala delle Arti Liberali è evidente il riferimento alla giustizia e alla scienza, che inducono a ipotizzare l'utilizzo dell'ambiente come biblioteca e tribunale ecclesiastico. In essa si conserva un camino marmoreo del sec. XVI, attribuibile a Simone Mosca, su disegno di Jacopo Sansovino.

I Misteri di Iside e Osiride

La successiva *Sala dei Santi* è l'opera maggiore del Pinturicchio, divisa da un arco in due campate con volte a crociera, decorate con fregi in stucco dorato e con rappresentazioni del mito di *Io amata da Giove* e di *Iside e Osiride* come progenitori dei Borgia.

Ancora una volta l'ispiratore degli affreschi è l'agostiniano Annio da Viterbo, che celebra il papa spagnolo coniugando misteri egizi e teologia cristiana: nell'ottagono centrale dell'arco è raffigurato l'incontro della ninfa Io con Giove, al quale cerca di fuggire invano. Nel primo ottagono a destra *Giunone sorprende il marito con Io*, già trasformata in giovenca, per nascondere alla moglie la tresca amorosa. Giunone, non si fida e chiede l'animale in dono, affidandolo alla custodia del pastore Argo. A destra Mercurio, su ordine di Giove, tenta di addormentare Argo dai cento occhi con la melodia di una zampogna. Nel secondo ottagono a sinistra *Mercurio trafigge Argo con la spada*, dopo averlo addormentato. Nell'ottagono seguente, il primo a sinistra, si evidenzia una *donna coronata seduta in trono, lo scettro e un libro aperto sulle ginocchia*. Si tratta di Iside regina d'Egitto, ai lati della quale stanno, a sinistra di chi guarda, *Ermete Trismegisto* e *Mosè* dalla parte opposta: l'uno legislatore degli Egiziani, l'altro degli Ebrei. Annio in questo modo esalta la sapienza egizia, ebraica e greca ma soprattutto la preminenza della civiltà egizia dalla quale deriva, tramite i viaggi di Iside, la civilizzazione dell'Occidente. Nelle volte la narrazione verte intorno alla vicenda di Osiride, marito-fratello di Iside: nella prima vela della volta tra l'arco mediano e le finestre sono rappresentate le *Nozze di Iside e Osiride*. Nella vela seguente, a destra *Osiride insegna la coltivazione della terra*: all'interno di un'edicola, il re indirizza un contadino alla pratica dell'aratro; a sinistra del tempietto cinque egizi ringraziano il dio. Sull'edicola *Giuditta* in piedi impugna con la destra la spada macchiata di sangue, mentre con la sinistra afferra per i capelli la testa di Oloferne. Nel timpano dell'edicola un tondo rappresenta il volto di un imperatore. L'iscrizione alla base dell'edicola esplicita il significato della scena:

SUSCEPTO REGNO DO/CUIT EGIPTIACOS ARARE E(T)/ PRO DEO HABITUS
(Osiride, dopo essersi impadronito del regno insegnò agli Egiziani ad arare e fu considerato un dio).

Nella terza vela presso la finestra, *Osiride insegna la coltivazione della vite*; ai piedi di Osiride in una iscrizione si legge:

LEGERE / POMA / AB ARBORIBUS / DOCUIT
(Insegno a cogliere i frutti dagli alberi).

Nella quarta vela *Osiride mostra la tecnica della raccolta dei frutti*. Dalla parte opposta, a sinistra, tre personaggi stanno conversando, due dei quali sono Oro ed Ercole figli di Osiride. Sulla cima dell'edicola si erge *Davide* con la fionda nella destra e la testa di Golia sotto i piedi. Come Giuditta anche lui vincitore del male e quindi identificabile con Horus, figlio di Iside e Osiride. Nella seconda volta è rappresentata la *fine di Osiride* e la sua trasformazione nel bue Api. Un candelabro di stucco separa l'assassinio di Osiride dalla fuga dei presenti. Secondo la leggenda, infatti, Osiride, dopo il ritorno in Egitto, fu ucciso dal fratello Seth-Tifone per impadronirsi del regno. Nella vela successiva è raffigurato il *rinvenimento delle membra di Osiride*, lacerate da Seth-Tifone e ricomposte da Iside in un sepolcro. A sinistra della scena *Iside tiene tra le mani la testa di Osiride*, a destra *Ercole egizio*, figlio della sventurata coppia, ascolta due anziani che dialogano tra loro. Tra i due gruppi c'è il sepolcro piramidale di Osiride, all'interno di un'edicola, sotto la quale si legge:

UXOR/ EIUS / ME(M)BRA DISCERPTA / TANDEM / INVENIT / QUIBUS / SEPULCRUM CONSTITUIT

(Sua moglie alla fine trovò le membra lacerate con le quali costituì il sepolcro).

Sulla sommità del tempio si nota la figura di *Nettuno*, con il tridente e un delfino: è Nettuno egizio, anche lui figlio di Osiride. Nella terza vela, vicino l'arco, è rappresentato *Osiride trasformato nel bue Api*. A destra del candelabro *Osiride divinizzato* esce dal sepolcro, dopo aver assunto le sembianze del bue Api. Nell'ultima vela una processione celebra il *trionfo del bue Api*. Il bue di stucco dorato è all'interno del tempietto, recante alla base la seguente iscrizione:

SACRA / NO(N) / PRIUS / INITIABANT / Q(UAM) / POPULO OS(T)ENSUM / BOVEM / ASCENDERENT

(I riti sacri non avevano inizio prima che innalzassero il bue mostrato al popolo).

Osiride e Alessandro VI

Nella parte terminale dell'edicola si erge la figura di *Ercole con la pelle di leone a gambe divaricate sull'idra di Lerna*. Ercole egizio e Nettuno egizio nel programma iconologico di Annio da Viterbo sono gli antenati del papa Borgia. La connessione tra il mito osiriano e Alessandro VI è confermata dalla presenza dello stemma borgiano tra i partecipanti al corteo trionfale di Api. Anche nel fregio di marmo lungo le pareti, sotto le lunette dipinte, si vedono alternati gli emblemi dello stemma papale e rilievi tra i quali ricorre *Api*, un medaglione con la testa di Osiride e Iside, un'edicola con Ercole, un trofeo con le ali allusivo al sole e un medaglione con l'effigie di Alessandro VI. Ai lati di questo ci sono due tori. Il fregio marmoreo riassume la discendenza da Iside-Osiride di Ercole egizio e Alessandro VI con l'esaltazione del divino Api che adora il papa. Un ulteriore riferimento all'Egitto si può notare all'interno di alcuni specchi che fanno da contorno all'ottagono centrale dell'arco, dove vediamo una donna a mezzo busto e seni scoperti che regge sulla testa un'anfora. Da questa fuoriescono, come germogli, un cavallo alato e un albero, le cui radici si avvolgono attorno al tronco formando quasi una voluta; sulla sommità dell'albero si scorge un nido con dei piccoli.

Cercando il significato della raffigurazione, la figura femminile potrebbe essere il simbolo della fecondità dell'Egitto, mentre i rami alludono alla missione civilizzatrice che Osiride compie durante i suoi viaggi in Europa producendo fecondità e vita (piccoli nel nido). Il cavallo pegaseo è simbolo delle Muse e dell'ispirazione poetica, alla quale presiedeva Apollo-Sole, ossia Osiride.

Nelle lunette sopra l'ingresso verso sinistra inizia la rappresentazione del mistero cristologico attraverso episodi di *Vite dei Santi*, che imitano la vita di Cristo, modello di riferimento anche del pontefice. La sequenza ha inizio con la *Visitazione di Elisabetta a Maria*, accanto alle quali si trova S. Giuseppe.

Sul pilastro si legge l'iscrizione «ALEX» e si scorge *Zaccaria che legge passeggiando*. Segue *S. Antonio Abate e S. Paolo eremita nel deserto tebaico*, dietro i quali un corvo si allontana, dopo aver portato loro un pane che viene diviso. Sulla destra vari discepoli assistono all'evento, mentre da sinistra arrivano tre demoni femminili vestiti come dame con piccole corna e ali da pipistrello.

I volti dei Borgia e un misterioso orientale

L'affresco più importante della sala è certamente la *Disputa di S. Caterina d'Alessandria con i filosofi davanti l'imperatore Massimiano*: la santa, raffigurata come Lucrezia Borgia, è in primo piano e discute le verità della fede; a sinistra l'imperatore in trono, nel quale si possono individuare i tratti di Cesare Borgia; accanto a lui in costume orientale il principe Djem, ostaggio del papa. Si tratta del principe ottomano figlio di Maometto II, il quale contrastò invano il trono al fratello Bayazid II, che lo sconfisse e costrinse a rifugiarsi a Rodi, sotto la protezione dei cavalieri gerosolimitani. Condotto a Roma, pagò al papa una cospicua somma per essere protetto dal fratello, vivendo a corte come ospite più che come prigioniero. Nel 1495, in base a un accordo tra Carlo VIII re di Francia e Alessandro VI, fu consegnato come ostaggio al sovrano francese, in vista della guerra contro i Turchi.

La morte improvvisa e misteriosa del principe islamico a Napoli nel febbraio dello stesso anno alimentò molti sospetti sui Borgia, che avrebbero agito su istigazione di Bayazid. Dietro il trono è l'autoritratto del Pinturicchio e di Antonio da Sangallo, davanti ai quali si trova l'imperatore bizantino Andrea Paleologo; a destra c'è un gruppo di filosofi che discutono, mentre in primo piano il cavaliere in costumi orientali è Juan Borgia, in secondo piano Joffré Borgia. L'affresco costituisce un omaggio alla famiglia Borgia, in particolare ai quattro figli nati dalla relazione tra l'allora cardinale Rodrigo Borgia e Vannozza Cattanei. In ordine di tempo Cesare, Juan, Lucrezia e Joffré, i quali furono legalmente riconosciuti dal papa con lo stato di «nipoti».

Quando nel 1492 Rodrigo Borgia fu eletto papa, progettò di avvalersi dei figli per rendere più durature le fortune di famiglia. Lucrezia, considerata per lungo tempo una seduttrice e avvelenatrice, in realtà fu vittima del padre e del fratello Cesare; questi con metodi spietati, creò nel centro d'Italia un dominio personale, eliminando il fratello Juan e il cognato Alfonso d'Aragona, unico marito veramente amato da Lucrezia. Vannozza Cattanei divenne, giovanissima, l'amante del ricco cardinale Borgia, nipote di papa Callisto III. Per nascondere questa relazione, Vannozza si sposò tre volte con personaggi indicati e protetti dal papa, che purtroppo morirono innanzi tempo. Dopo la morte di Alessandro VI (1503) e di Cesare (1507), Vannozza condusse una vita agiata e negli ultimi anni si dedicò a opere pie e donazioni. Morì nel 1518 e fu sepolta nella tomba di famiglia in S. Maria del Popolo, poi smantellata, il cui epitaffio è leggibile nell'atrio della chiesa di S. Marco, a lato di Palazzo Venezia. Nel fondo è visibile un arco a imitazione di quello costantiniano di Roma, sul quale l'immagine del toro è collocata sopra l'iscrizione «PACIS CULTORI» (al cultore della pace).

Segue la *Storia di S. Barbara* imprigionata dal padre Dioscoro in una torre che si apre miracolosamente permettendo a Barbara la fuga per la campagna insieme all'amica S. Giuliana, ma un pastore la scopre e la consegna al padre che fa martirizzare la figlia convertita al Cristianesimo. Anche sulla *Leggenda della casta Susanna* incombe la minaccia del martirio: Susanna, moglie di Ioachim e figlia di Elchia, viene insidiata da due anziani mentre faceva il bagno. Poiché Susanna fa resistenza, l'accusano di adulterio ed è condannata a morte, ma Daniele riesce a provare la sua innocenza, mentre i calunniatori vengono a loro volta condannati a morte. In ultimo il

Martirio di S. Sebastiano, localizzato dal pittore sulle falde del Palatino, nei pressi del quale si vedono il Colosseo e l'antica chiesa dei SS. Giovanni e Paolo. Sopra la porta d'uscita è un tondo con l'immagine della *Madonna col Bambino e cherubini*. La decorazione della Sala dei Santi è una tappa fondamentale del percorso salvifico, preannunciato nella Sala dei profeti e delle Sibille, poiché tradizione pagana e cristiana convergono nella rappresentazione del mistero dell'Incarnazione, Sacrificio e Resurrezione della divinità.

La Sala dei Misteri della fede

È l'ultima dell'appartamento e del percorso iniziatico: nella volta della Sala in otto medaglioni appaiono *Davide*, *Salomone*, *Isaia*, *Geremia*, *Malachia*, *Sofonia*, *Michea* e *Gioele* con i cartigli delle profezie riguardanti la vita della Vergine e di Cristo, rappresentate nelle lunette. Il mistero dell'Incarnazione nell'*Annunciazione* inaugura la serie dei misteri, privilegiando la figura di Maria inginocchiata di fronte all'angelo, in segno di umiliazione e di accettazione della volontà di Dio.

Nella *Natività* compaiono le spighe, simbolo dell'Eucarestia, accanto a Maria e Giuseppe che adorano il Bambino. Il bue e l'asino rappresentano il paganesimo coinvolto nella nuova fede. I pastori, collocati all'esterno del recinto, potrebbero alludere ai Giudei, che non riconobbero il Messia. L'*Adorazione dei Magi* evidenzia nei re con la corona in testa, i primi pagani che riconobbero la divinità del Cristo. L'edificio classico semidistrutto sta a indicare la sinagoga, ormai sostituita dal riconoscimento universale della nuova religione da parte dei magi. Nella *Resurrezione di Cristo* Alessandro VI in atteggiamento di preghiera a mani giunte e le ginocchia piegate si trova presso il sepolcro scoperchiato, da cui risorge Cristo, circonfuso da un'aureola luminosa. La preghiera del pontefice fa riferimento all'affidamento dell'anima a Dio. Ai piedi del sepolcro di Cristo un soldato sulla destra, identificato con Cesare Borgia, figlio del papa, si accompagna a un'altra figura addormentata, la quale allude all'umanità sorda alla chiamata divina, in contrapposizione al soldato sveglio che simboleggia l'umanità chiamata dalla Grazia alla vita spirituale. Seguono l'*Ascensione* e la *Pentecoste*, dove Maria fra gli Apostoli simboleggia la *Mater Ecclesiae*, come confermano la presenza nel paesaggio della palma e del cipresso[3]. La festa della Pentecoste segna la fondazione della Chiesa e Maria riveste la funzione di congiunzione fra l'Antico e il Nuovo Testamento. Infine l'*Assunzione* contornata dagli angeli musicanti, conclude i misteri della fede. A destra della lunetta in corrispondenza della figura di S. Tommaso in ginocchio, è rappresentato Francesco Borgia, cugino di Alessandro VI, tesoriere papale nel 1493. Sia Alessandro VI, sia il cugino appaiono negli affreschi della sala in atteggiamento di preghiera, in relazione con l'utilizzazione dell'ambiente per udienze private e per il Sacrificio della Messa, il più importante rito religioso che conclude l'itinerario iniziatico: dai riti di purificazione ed espiazione della Sala delle Sibille e dei Profeti, che introducono allo studio delle Arti liberali, si passa alla Sala dei Santi, dove l'allegoria cristologica del mito di Osiride eleva alla percezione del mistero dell'Incarnazione e Resurrezione. Infine nella Sala dei Misteri della fede il cerchio si chiude: nella celebrazione eucaristica della S. Messa, viene realmente consumato il mistero del sacrificio di Cristo.

La sala, nella quale si celebra il convito matrimoniale, è stata arricchita scenograficamente da un gran numero di specchi, i quali fanno da tramite fra le divinità raffigurate che guidano e governano i ritmi cosmici e la terra alla quale trasmettono le loro virtù generative: alle nozze fra Alfonso e Lucrezia corrispondono quelle fra cielo e terra.

Il percorso del corteo trionfale

Conclusosi il festeggiamento nuziale a tarda notte, dopo una lunghissima cena, balli e rappresentazioni che durano fino all'alba, l'indomani il corteo papale da S. Maria in Portico[4] si dirige verso Ponte S. Angelo, per far conoscere al giovane principe napoletano la nuova Roma che, grazie ai Borgia, sta diventando un grande cantiere per il prossimo giubileo del 1500.

In testa, il cavallo di papa Alessandro VI accompagnato dai figli Cesare e Joffré, più indietro Lucrezia e il marito Alfonso d'Aragona. Sembra che nessuno più si ricordi di Juan duca di Gandia, l'altro figlio del papa, misteriosamente ucciso un anno prima, probabilmente per ordine del fratello Cesare. La ragion di stato e il temperamento del papa spagnolo sono decisamente in grado di superare l'«incidente di percorso»; ora tutte le attenzioni di Alessandro VI sono per Cesare che, deposto il cardinalato, mira all'alleanza con Carlo VIII re di Francia.

Il corteo, scortato da più di cinquanta armigeri, si snoda tra i palazzi e le catapecchie dell'antico Borgo, mentre si lavora alacremente al progetto per la realizzazione della Via Alessandrina, che sarà inaugurata il 24 dicembre 1499. La via servirà per regolarizzare la tortuosa viabilità del quartiere, non solo in previsione del massiccio arrivo dei pellegrini, ma anche per collegare meglio la città sulla riva sinistra del Tevere alla cittadella papale. La folla applaude la famiglia papale e i notabili pontifici giunti nei pressi di Castel S. Angelo, dove l'attenzione di Alfonso si volge a un inconsueto monumento in demolizione: la *Piramide di Borgo* o *Meta Romuli*, un imponente edificio a quattro gradoni ricoperto di lastre di marmo, alto 32 metri su una base di 28 metri per lato. Tomba egittizzante[5] di una sconosciuta famiglia romana, entrata successivamente a far parte del sistema difensivo di Castel S. Angelo, la piramide costituiva un pericoloso avamposto per qualunque nemico se ne fosse impadronito.

Lo spettacolo eccita i romani che apprezzano il colore, la bellezza, il «paganesimo» di quegli spagnoli che aspirano a infondere nella capitale della Chiesa la gioia di vivere e la passione per i festeggiamenti. La fantasmagoria dei colori, degli abiti e delle bardature dei cavalli è entusiasmante; lo spettacolo trasforma il luogo in un'ampia scenografia teatrale, dove ogni colore possiede un significato simbolico. Cesare indossa un abito rosso acceso, ornato di una collana semplice ma perfetta per disegno e materiale. La contrapposizione con l'abito azzurro di Alfonso non può essere più netta dal punto di vista cromatico ed esoterico: il fascino del rosso riporta alla sfera di Vulcano quindi del fuoco, del sangue, della guerra, della passione, del sesso e della violenza. Il rosso simboleggia anche il potere assoluto del re e il potere mortale del boia ma è soprattutto il cromatismo della sfera nascosta, sotterranea e maledetta: dunque il colore che più si addice a Cesare. Per contrasto, il principe aragonese trova nella pacatezza e nella contemplazione dell'ordine naturale il proprio punto di riferimento: l'azzurro appartiene alla sfera di Nettuno, propria del mondo marino, che simboleggia la pacificazione delle passioni e la loro sublimazione spirituale.

Alessandro VI urbanista

Nella zona del Castello il corteo si muove in un'area ampiamente modificata dal papa per rafforzare le difese della fortezza: ai quattro angoli dell'edificio Alessandro VI aveva incorporato i precedenti torrioni di Niccolò V, edificandone altrettanti molto più robusti, in grado di fronteggiare la nuova potente artiglieria che domina ormai i campi di battaglia. Tra i due torrioni anteriori del castello aveva fatto erigere un muro di sbarramento; davanti ad esso, parzialmente incorporato, un bastione circolare alto circa quindici metri con merli e postazioni da cannone, rendeva impossibile attraversare il ponte per qualunque avversario. Intorno alla fortezza era stato scavato un ampio fossato nel quale far confluire l'acqua del fiume, mentre il Passetto (il passaggio di collegamento fra il S. Pietro e Castel S.Angelo) fu totalmente restaurato e dotato di una torre merlata a metà del percorso.

Per rendere più autonomo il castello, il papa lo fornisce di silos per riserve d'olio e viveri in corrispondenza del Cortile del Pozzo, sul quale spicca, integro, lo stemma della famiglia Borgia.

Il restauro è ricordato dall'iscrizione posta in asse con l'ingresso della Mole, sotto lo stemma abraso, fiancheggiato da vittorie alate:

> ALEXANDER VI PONT MAX / INSTAURAVIT / AN SAL MCCCCLXXXXV
> (Alessandro VI pontefice Massimo lo restaurò nell'anno 1495).

Attrazione fatale ed eros nel quartiere dei Banchi

Seguiamo il corteo nuziale dei Borgia ed entriamo nel quartiere dei Banchi, il centro economico della Roma rinascimentale, percorrendo Via di S. Celso, che immette in Via dei Banchi Vecchi, e proseguendo per Via del Pellegrino.

Sono luoghi molto cari alla memoria di Alessandro VI, poiché Palazzo Sforza-Cesarini, che costeggia Via dei Banchi, è la sede dell'antica Cancelleria, nella quale il cardinale Rodrigo Borgia aveva abitato come vice-cancelliere prima della sua elezione al soglio pontificio. Qui erano pervenute al cardinale Ascanio Sforza, subito dopo il faticoso conclave che aveva portato all'elezione del papa spagnolo, due mule cariche d'oro, giusta ricompensa per il voto determinante alla sua nomina.

È un sovrapporsi continuo di ricordi e di immagini, che ricordano ad Alessandro la vita godereccia e spensierata di un periodo meno difficile politicamente e diplomaticamente, quando più continui e intensi erano gli incontri con Vannozza Cattanei, la cortigiana madre dei suoi figli più celebri.

Il *Palazzetto* al n. 58 di Via del Pellegrino è uno dei tanti immobili che il cardinale Rodrigo Borgia aveva acquistato per Vannozza nel luglio 1469. È necessario ricordare ancora che contemporaneamente alla relazione con il cardinal Rodrigo Borgia, la cortigiana contrarrà tre matrimoni con l'assenso e la complicità del suo amante, che aveva tutto l'interesse, in tal modo, a coprire la tresca amorosa.

I meriti urbanistici del papa sono ancora una volta ricordati alla fine di Via del Pellegrino, sul palazzo d'angolo con Piazza Campo de' Fiori, dove spicca lo stemma Borgia, sotto il quale due piccoli stemmi dei *curatores viarum* ricordano il restauro della via, esplicitato dall'iscrizione commemorativa, che fa riferimento anche alla ristrutturazione del castello:

ALEX. VI PONT. MAX. / POST INSTAURATAM ADRIA / NI MOLEM ANGUSTAS URBIS / VIAS AMPLIARI IUSSIT / MCCCCLXXXXVII
(Il pontefice Alessandro VI, restaurata la Mole Adriana, ordinò l'ampliamento delle vie strette della città 1497).

La giornata afosa del luglio romano ha sfiancato tutti: il principe Alfonso, stupito dalla straordinaria accoglienza e dalla vivacità del popolo romano che per molti aspetti gli ricorda Napoli, approfitta di una sosta in Campo de' Fiori: è incuriosito dai preparativi per una corsa di bufali che sarebbe arrivata al traguardo nei pressi di S. Pietro.

I cavalieri dei bufali attaccano agli animali dei bastoni ad anelli inseriti nelle loro narici, mentre tengono l'altro capo per dirigerli, affinché non si disperdano nei vicoli laterali. È nota la grande passione di Alessandro VI per le gare e le feste carnevalesche con le quali appassiona i romani.

Il progetto del papa è finalizzato non soltanto a valorizzare il Palazzo della Cancelleria, dal quale spesso iniziano le corse, ma soprattutto a coinvolgere, mediante innovazioni urbanistiche, anche la città dei suoi sudditi: le rive destra e sinistra del Tevere costituiscono ormai, secondo la nuova ottica del papa, un complesso unico, che tuttavia, al momento opportuno, può essere separato dalla fortezza che egli stesso aveva reso ancora più sicura.

Durante la sosta Cesare Borgia si mostra interessato alle botteghe più lussuose ed esclusive del quartiere, pensando al corredo personale per l'imminente matrimonio in terra francese. Le figure astrali incise su preziose gemme attraggono Cesare, affascinato dalle loro magiche virtù. Gli astri comunicano alle pietre la propria energia generativa, che si trasforma in qualità fisiche e terapeutiche. Mai come in questo momento, dinanzi a tanto lusso e sfarzo, ai cavalli fatti venire dai famosi allevamenti dei Gonzaga, al damasco bianco e oro, al drappeggio tagliato sui modelli francesi, Alfonso prova un senso di tristezza, che subito svanisce alla vista del sorriso di Lucrezia.

Una locanda a cinque stelle

Questo settore del quartiere Parione risulta essere per molti aspetti legato alla storia della famiglia Borgia anche per la presenza in Vicolo del Gallo della celebre Locanda della Vacca, un edificio a due piani donato dal papa a Vannozza e trasformato da lei in albergo a «cinque stelle». Vannozza sfrutta le possibilità «turistiche» di un'area che alla fine del Quattrocento stava diventando un centro nodale, non solo per il passaggio dei pellegrini ma anche per il carattere spiccatamente commerciale che le conferiscono la presenza di numerose attività artigianali.

La locanda è situata all'angolo di Via del Gallo (numeri civici 12-13) con Via dei Cappellari; oggi è un edificio anonimo, utilizzato per altre funzioni. Lo stemma araldico, ancora sul posto, raffigura le insegne dei Borgia, il leone rampante dei Cattanei di Castel S. Pietro presso Palestrina e il compasso con il leone uscente di Carlo Canali da Mantova, terzo marito di Vannozza. Dopo la morte di Alessandro VI (1503), Vannozza diventa una delle prime imprenditrici alberghiere di Roma, creando una catena di locande nei punti di maggiore flusso turistico.

Nel cuore della Roma rinascimentale

Il corteo si mette di nuovo in cammino, facendo un'inversione di marcia in direzione della celeberrima Via Papalis, all'altezza dell'attuale Piazza dell'Orologio, a un passo da Palazzo Orsini di Montegiordano.

Si tratta di un percorso importante e antico, costituito da numerose tratte stradali che il pontefice neoeletto percorre da S. Pietro per prendere possesso della cattedra vescovile a S. Giovanni in Laterano. Sono luoghi, strade, edifici che il papa conosce molto bene, perché evocavano gli iniziali incontri con la bella Vannozza: sembra trascorsa un'eternità dal tempo dei dolci sospiri, soppratutto dopo «l'attrazione fatale» che alla fine degli anni '80 aveva coinvolto l'ormai sessantenne papa e la bellissima diciottenne Giulia Farnese, sorella di Alessandro Farnese. Quest'ultimo, grazie alla sorella, diventerà cardinale e successivamente papa col nome di Paolo III.

Lucrezia e Alfonso si piacciono sempre più: durante il percorso che suscita in loro emozioni a non finire, vivono un'atmosfera magica fuori dal tempo. L'itinerario riprende da Piazza dell'Orologio attraverso la quale il corteo prosegue per Via di Parione (attuale Via del Governo Vecchio) e giunge alla moderna Piazza di Pasquino. Dalla chiesa di S. Andrea della Valle si entra nel rione Pigna, dove, per le strettoie dell'attuale Via delle Botteghe Oscure, si arriva alle pendici del Campidoglio.

I Borgia e l'antico

Inizia ora la parte archeologica del percorso, poiché il corteo, aggirando la base del colle capitolino, sale il *clivus argentarius*, scende davanti al carcere Mamertino e passa sotto l'Arco di Settimio Severo, per fermarsi alla chiesa di S. Adriano, antica Curia del senato romano. È una zona dall'aspetto molto diverso dall'attuale, dove la maggior parte delle antiche costruzioni sono sepolte o seminterrate; è sfruttata a terreno agricolo e pascolo, fittamente popolata dalla parte della Suburra (Via Cavour). Dalla chiesa di S. Adriano l'itinerario riprende percorrendo la Via Sacra fino all'Arco di Tito.

Le sopravvivenze dell'antico e le rovine dei monumenti classici che affiorano, destano sentimenti diversi nei protagonisti del corteo: allo stupore di Alfonso per la calca delle persone che richiedono elargizioni fra catapecchie di ogni tipo, fa riscontro il disappunto di Alessandro e di Cesare Borgia per lo stato rovinoso delle testimonianze dell'antica grandezza imperiale. Il programma universalistico borgiano che s'ispira al classicismo non trova certo riscontro in questa zona così depressa della città.

Oltrepassato l'arco di Tito, il corteo si avvia verso i resti dell'antica fontana della Meta Sudante, in prossimità dell'Arco di Costantino. È un'area «maledetta», infestata dai demoni pagani persecutori dei martiri cristiani. Nel medioevo nacquero intorno a questi luoghi nefasti varie leggende che li resero «sconsigliabili».

Ormai S. Giovanni, meta del percorso, non è più molto distante, ma i protagonisti sono «assenti»: Lucrezia ha trovato finalmente l'uomo della sua vita e assapora intensamente attimi di felicità breve e irripetibile; Cesare pregusta i vantaggi della conquista del potere, meditando l'eliminazione del cognato; papa Borgia è assorto dai progetti delle nuove alleanze politiche che si stanno delineando.

Note

[1] Johannes Burckhard, nativo della diocesi di Strasburgo, fu maestro cerimoniere di cinque papi (da Sisto IV a Giulio II), di cui raccontò le vicende in un *Diario* scritto in latino, fonte preziosa per storici e biografi.

[2] La sfera armillare è una rappresentazione della sfera celeste, già in uso presso i Greci nel III secolo a.C., costituita da un'ossatura di cerchi metallici graduati (lat. *armilla*: bracciale, cerchio), che rappresentano l'equatore, l'eclittica, meridiani e paralleli.

[3] Per i Padri della Chiesa, la palma del *Cantico dei cantici* (7/8) è un simbolo mariano e i datteri, frutto dell'albero, alludono a Cristo. Il cipresso, il cui legno era stato utilizzato per la decorazione interna del Tempio di Salomone, divenne simbolo di Maria, poiché il suo corpo, come le pareti del tempio, custodì il Santissimo per eccellenza, cioè Cristo.

[4] Antica residenza dei papi, poi smantellata.

[5] La piramide vaticana fu precisamente riprodotta, insieme a un altro edificio antico, sulla porta bronzea di ingresso alla Basilica di S. Pietro. Autore dell'opera fu il Filerete nel 1439.

LE OMBRE DI CARAVAGGIO E DI GIORDANO BRUNO

Dal rogo al mito

17 febbraio 1600: gli ultimi bagliori del rogo di Giordano Bruno si vanno consumando in Campo de' Fiori al cospetto dell'incredulo Michelangelo Merisi da Caravaggio. Il pittore ha assistito con sgomento al tragico epilogo della vita del frate nolano, interrogandosi sul significato dell'eresia. La *Statua di Giordano Bruno* in Piazza Campo de' Fiori è l'icona dell'eretico totale, inaugurata nel 1889 dal massone Ettore Ferrari, durante un periodo di gravi contrasti tra Stato e Chiesa. Il Nolano sembra guardare in segno di sfida verso S. Pietro, meditando sui segreti gelosamente nascosti tra le pagine del volume che ha tra le mani. Nei tre pannelli bronzei del monumento sono illustrate, in senso antiorario, alcune tappe essenziali della sua vita: la *sfida con i dotti di Oxford*, ai quali egli riesce a tener testa grazie all'arte della memoria. Fin dall'antichità la mnemotecnica fu utilizzata dagli oratori e dai retori come tecnica che associava un concetto da ricordare a un'immagine. È la memoria visiva, basata su immagini significative, ricche di particolari impressionanti atti a suscitare reazioni emotive. Bruno trasforma la tecnica mnemonica in una vera e propria arte: compito del sapiente è creare un archivio mentale, il teatro della memoria, costituito da segni, sigilli,

immagini, che riflettono come in uno specchio, la struttura profonda della realtà. Per il mago rinascimentale, attraverso queste immagini che rispecchiano la realtà, è possibile comprendere ciò che si trova al di là di essa, a sua volta specchio di una dimensione superiore. Il gioco di specchi conduce il mago alla difficile conoscenza della pansofia.

Il filosofo afferma la rivoluzionaria tesi dell'infinità dell'universo contro la concezione geocentrica sostenuta dagli oxoniensi. Viene accusato di plagio, poiché riporta a memoria brani di opere di Marsilio Ficino; alla fine l'estremo tentativo per umiliare il Nolano, il quale viene interrogato sul contenuto di un'opera inedita. La situazione si fa critica ma Bruno, sfogliato lo scritto per alcuni minuti, risponde ai quesiti, sbalordendo i suoi interlocutori.

Nel secondo pannello è rappresentato l'*ultimo interrogatorio* subito dall'imputato dopo sette anni di carcere e la sentenza definitiva di condanna a morte come «eretico impenitente», pronunciata il 9 febbraio 1600 dal tribunale dell'Inquisizione riunito nell'abitazione del cardinale Madruzzo a Piazza Navona[1]. È il momento in cui Bruno avrebbe detto che sarebbe occorso più coraggio ai suoi accusatori per pronunciare quella sentenza di quanto ne dovesse avere lui per ascoltarla.

Sull'ultimo pannello il tragico epilogo: l'*allestimento del legname per il rogo* il 17 febbraio 1600. Giordano Bruno non è solo, perché intorno al basamento sopra i rilievi bronzei descritti sono effigiati i medaglioni con *volti di eretici.*

Caravaggio e l'alchimia

Quando Caravaggio era arrivato a Roma nel 1592, Giordano Bruno era detenuto a Venezia e l'anno seguente sarebbe stato trasferito nelle carceri dell'Inquisizione romana. Il primo approccio del pittore con l'esoterismo romano avvenne tramite il cardinal Francesco Maria Del Monte, amico e protettore del pittore fin dagli inizi del soggiorno romano. Gli interessi scientifici e alchemici del cardinale coinvolgono il giovane Caravaggio ancora sconosciuto, al quale il prelato affida nel 1596 la decorazione pittorica del suo gabinetto alchemico a Villa Ludovisi, nei pressi di Porta Pinciana.

È probabile che il Del Monte e Caravaggio fossero al corrente del pensiero bruniano ed ermetico. Ne è testimonianza l'affresco con *Giove, Nettuno e Plutone* della distilleria alchemica di Villa Ludovisi, mirabile allegoria dell'*opus* alchemico. L'affresco è all'interno del *Casino dell'Aurora*[2], unico resto insieme al palazzo incorporato nell'ambasciata degli Stati Uniti, dell'antica Villa Ludovisi, edificata dal cardinale Ludovisi fra il 1621 e il 1623 sugli antichi *Horti Sallustiani* e ingrandita alla metà dell'Ottocento, fino a comprendere tutto il quartiere di Via Veneto.

Nella rappresentazione sul soffitto della saletta presso l'ingresso, si notano *Giove che siede sull'aquila*, *Nettuno affiancato da un cavallo marino e Plutone ai cui piedi è posizionato Cerbero triforme*. Essi sono disposti intorno al globo celeste, con al centro la Terra, il cui diametro è il doppio della Luna, che si intravede sotto la mano di Giove ed è la metà dell'altro corpo rotondo tangente al globo celeste, identificabile con il Sole che passa sulla fascia circolare dello zodiaco. Su quest'ultima si vedono i segni dei Pesci, Ariete, Toro e Gemelli; con più difficoltà si riconoscono l'Acquario e il Cancro. Le tre divinità corrispondono rispettivamente ai tre elementi aria, acqua e terra, che determinano l'aggregazione e la trasmutazione dei tre principi primi dell'*opus* alchemico: lo zolfo, il sale e il mercurio.

La materia subisce la trasformazione alchemica ad opera degli dei e gli attributi divini si riferiscono a tale processo: Cerbero triforme, attributo di Plutone, simboleggia il sale, lo zolfo e il mercurio, ossia la materia nei suoi agenti essenziali. Accanto alle tre teste del mostro troviamo il tridente di

Nettuno, mentre l'aquila di Giove allude al mercurio dopo la sublimazione e il raggiungimento della pietra filosofale. Già in questo esordio caravaggesco notiamo come elemento essenziale della composizione la luce.

Il rapporto luce-ombra risulta fondamentale per Caravaggio fin dai suoi esordi, perché la materia luminosa si identifica con la grazia divina che illumina le tenebre del peccato ma nello stesso tempo con lo splendore dell'oro filosofale.

Il quartiere caravaggesco e San Luigi dei Francesi

Da Campo de' Fiori, attraversando Corso Vittorio, ci spostiamo verso Corso del Rinascimento e S. Luigi dei Francesi, situata nell'omonima piazza.

La chiesa, iniziata nel 1518, fu completata nel 1589 da Domenico Fontana. Ai lati degli ingressi due salamandre che sputano fuoco sono l'emblema di Francesco I re di Francia: sulla destra di chi guarda, la salamandra è delimitata circolarmente dalla scritta «Erit christianorum lumen in igne», ossia «sarà la luce dei cristiani nel fuoco»; sulla sinistra da «Nutrisco et estinguo», ossia «nutro il fuoco positivo e spengo il cattivo». La presenza della salamandra allude alle virtù del sovrano francese riflesso della luce divina in terra e giudice che sostiene gli innocenti e punisce i colpevoli ma costituisce anche un importante riferimento simbolico[3].

All'interno della chiesa la *Cappella Contarelli* (1597-1602) a sinistra dell'altare maggiore segna l'affermazione artistica di Caravaggio: il trittico esemplifica l'iniziazione cristiana di S. Matteo e insieme a lui di tutti gli attori del dramma sacro, compreso l'autore. A sinistra dello spettatore la *Vocazione di Matteo*, al centro *S. Matteo e l'angelo*, a destra il *Martirio di Matteo*.

Le tre tele segnano le tappe indispensabili verso la salvezza o, in termini alchemici, la trasmutazione della materia.

Nella *Vocazione* lo spazio è contratto, non esiste più un

centro, come la Terra non è più al centro dell'universo; la luce, inseparabile dall'ombra, determina vari e contrastanti punti di fuga. Le ombre danno corpo a figure colpite improvvisamente da un raggio luminoso la cui origine è misteriosa. Il divino, per Caravaggio come per Bruno, va cercato nella storia, nella natura, nella nostra interiorità ma attraverso il labirinto dell'umbratilità. In polemica con l'etica protestante, Caravaggio raffigura il perentorio movimento della mano destra del Cristo che indica Matteo, ribadito dal gesto di Pietro che sottolinea la funzione mediatrice della Chiesa, indispensabile alla salvezza. I riferimenti cristologici ricorrenti nel dipinto sono molteplici: il simbolo della croce di Gesù-Amore è ravvisabile nel telaio a legni incrociati della finestra, mentre il battente indica il sepolcro aperto di Cristo. Inoltre i quattro vertici della finestra sono congiunti da listelli (non visibili a occhio nudo) che si incrociano determinando la X di XPISTOS in ciascuno dei quattro scomparti rettangolari. Ma il riferimento più interessante è l'accostamento fra «l'intera figura (della finestra), cioè il segno di croce che spartisce il rettangolo e i quattro scomparti solcati dalla X, alla non dissimile *Figura Amoris* di Giordano Bruno: anch'essa basata sull'intersecarsi di segni cruciformi e di segni ad X, con l'aggiunta di circoli»[4].

Come fa rilevare lo storico dell'arte Maurizio Calvesi, La *Figura Amoris* la troviamo nell'opera bruniana *Articuli adversus matematicos*, pubblicata a Praga nel 1588 e indirizzata all'imperatore Rodolfo II. Il testo è illustrato da una serie di diagrammi fra i quali la figura dell'amore che concilia i contrari e unifica il molteplice nell'unità. Siamo dinanzi all'interpretazione ermetica di Cristo-Amore: Amore significa la fusione degli elementi, la vita che trionfa sulla morte, per ottenere finalmente la pietra filosofale.

Il Vangelo dettato dall'angelo a Matteo è l'essenziale riferimento per l'iniziazione cristiana. L'angelo comunica con l'evangelista dall'alto, senza guidare la sua mano, come nella prima redazione dell'opera[5].

Nel laterale destro della cappella è l'altro momento cruciale della salvazione: il *Martirio di Matteo*. La scena è ambientata all'interno di una chiesa, dove un sicario del re d'Etiopia Hirtacus trafigge al costato Matteo mentre celebra la messa. Torna di nuovo il tema cristologico nell'accostamento Cristo-Matteo, dal quale si irradia la luce salvifica anche sugli attentatori, coinvolti nel vortice di un dramma cosmico, insieme all'autore del dipinto, visibile sullo sfondo della scena mentre osserva l'evento.

Nonostante Bruno non credesse alla centralità e alla divinità di Cristo, per entrambi occorre una conoscenza più profonda, propria del «furioso» il quale, a differenza del sapiente, utilizza l'immaginazione creatrice per cogliere il significato degli eventi. L'agitazione si addice al mistero e alla rivelazione del sacro. Tuttavia ciò che il «furioso» intuisce è sempre l'ombra della verità, poiché la distanza tra conoscenza umana e realtà divina resta incolmabile.

Alla casa del pittore

L'abitazione-atelier di Caravaggio era situata nel rione Campo Marzio in Vicolo San Biagio, raggiungibile percorrendo Via della Scrofa fino all'altezza di Via d'Ascanio che sbocca in Piazza Firenze. Da qui inizia il Vicolo del Divino Amore, corrispondente all'antico Vicolo di S. Biagio, dove Caravaggio abitò in affitto tra il 1603 e il 1605, al n. 41, a poca distanza dalla bottega del Cavalier D'arpino, suo maestro d'un tempo.

Dal contratto d'affitto si ricostruisce una casa con una sala e due stanze al piano terreno e altrettante al piano superiore, dove era collocato lo studio dell'artista. L'abitazione comprendeva anche un orto col pozzo, sul quale si affacciava la loggia.

Il pittore, improvvisamente, dovette allontanarsi da Roma

per una bega giudiziaria e la padrona di casa, Prudenzia Bruni, non percependo più l'affitto, si rivolse all'autorità giudiziaria che, entrando di forza nell'appartamento, stilò l'elenco dei beni che sarebbero stati venduti all'asta. Possiamo così renderci conto del modo di vivere e di dipingere di Caravaggio, giacché le autorità e la padrona si trovarono di fronte a capi d'abbigliamento che il pittore aveva dipinto per rivestire alcuni protagonisti delle sue opere, due specchi[6], a conferma degli studi di ottica che il pittore condivideva con il Cardinal Del Monte. Uno grande e piano e l'altro a scudo circolare e convesso, utilizzato per dirigere il fascio di luce che penetrava dal lucernario rotto verso la superficie delle tele da dipingere, creando contrasti luministici di grande efficacia: pregevole risultato artistico la *Madonna di Loreto* della chiesa di S. Agostino, il cui pellegrino in primo piano mostra le stesse braghe lacere e consunte usate dall'autore.

Il tenore di vita dell'artista era estremamente modesto; come ci tramandano le fonti, quando aveva indossato un abito non lo cambiava finché non gli cadeva a pezzi; era negligente nell'igiene, e per molti anni mangiò sulla tela di un ritratto, utilizzandola anche come tovagliolo.

Caravaggio eretico

Da S. Luigi dei Francesi ci avviamo verso S. Agostino, nell'omonima piazza, alla scoperta dell'«eresia» caravaggesca della *Madonna dei Pellegrini* (1606). L'opera è collocata nella prima cappella della navata sinistra e raffigura la *Vergine col Bambino che si affaccia dalla porta della Casa di Gesù di Loreto*, miracolosamente trasportata dalla Palestina. La Madonna accoglie, facendosi da parte, due pellegrini, un uomo e una donna inginocchiati: il divino si fa da parte per accogliere due umili pellegrini che simboleggiano l'intera umanità. Ancora una volta il sacro opera attraverso l'umiltà e la povertà, manifestandosi nel viaggio iniziatico dei romei. Sono passati appena sei anni dal rogo di Giordano Bruno: la cultura ermetica di Bruno e la spiritualità evangelica di Caravaggio si incontrano idealmente nel tentativo di demistificare la pedanteria e l'oscenità del potere. Le fiamme del rogo in Campo de' Fiori e l'angoscia del bando capitale consegneranno Bruno e Caravaggio all'eternità del mito.

Note

[1] Il palazzo abitazione del cardinale Madruzzo era situato al posto di Palazzo Pamphili, nei pressi della chiesa di S. Agnese non ancora esistente.

[2] Il Casino dell'Aurora è una palazzina cinquecentesca con pianta a forma di croce, situata in Via Lombardia all'altezza del n. 44, che prende il nome dalla Sala dell'Aurora, dove Guercino dipinse il *Carro dell'Aurora*. Nel 1858 fu aggiunto all'edificio un avancorpo su ciascuno dei bracci della croce. Per la visita è necessario chiedere il permesso ai Boncompagni, sempre allo stesso numero civico.

[3] La salamandra vive nel fuoco e lo estingue, perché questa creatura gli infonde vita e lo protegge ma nello stesso tempo dissolve e resiste al fuoco infernale o della tentazione. È chiara l'allusione alla fiamma alchemica che unifica gli opposti e permette la realizzazione dell'individuo.

[4] M. Calvesi, *Le realtà del Caravaggio*, Torino, Einaudi, 1990, p.38.

[5] Caravaggio originariamente aveva ritratto il santo seduto mentre scriveva il Vangelo sotto la dettatura dell'angelo che guidava la sua mano. L'eccessiva vicinanza a Matteo della creatura angelica ritratta come un ragazzo del popolo con ali da cigno indusse i canonici di S. Luigi dei Francesi a rifiutare l'opera.

[6] Caravaggio fu costretto a fuggire improvvisamente da Roma per guai giudiziari, lasciando sei mesi di affitto non pagato e il danneggiamento del soffitto. La padrona di casa denunciò il pittore all'autorità e fu redatto l'inventario del contenuto nella casa, da cui risultano le abitudini di vita di Caravaggio e la sua passione per lo studio dei fenomeni luminosi.

DA CAMPO DE' FIORI AL QUARTIERE EGIZIO

I luoghi del mistero: Piazza Farnese e Campo de' Fiori

Quando Campo de' Fiori da prato adibito a pascolo fu trasformato nel Cinquecento nella piazza più importante del rione Parione, sede di alberghi e locande, all'incrocio delle direttrici provenienti da Palazzo Farnese e da Palazzo Orsini, pochi potevano immaginare che la zona fosse particolarmente apprezzata anche da «strani ospiti», che ogni tanto incontreremo nel nostro cammino.

A chi frequenta questi luoghi non capita di rado soffermare lo sguardo sugli stemmi araldici[1] della famiglia Borgia, i quali evocano la presenza del *fantasma di Alessandro VI*, sepolto in S. Maria in Monserrato. Poiché le ossa del papa spagnolo vengono deposte a fine Ottocento accanto a quelle dello zio Callisto III, non mancano occasioni di litigio fra i due, soprattutto per i rimproveri che Callisto rivolge di continuo al nipote così dissoluto. Il fantasma del papa offeso va allora girovagando nei pressi della Locanda della Vacca, in cerca della sua Vannozza, ma non tralascia di guardare malinconicamente Palazzo Farnese, dimora della bellissima Giulia Farnese, con la quale in età già avanzata ebbe un'intensa relazione. Egli va alla ricerca delle sue donne, notando con disappunto gli stemmi della propria famiglia abrasi da quegli eretici atei dei soldati napoleonici.

A poca distanza dalla Locanda della Vacca, a Palazzo Farnese, dimorò Cristina di Svezia, giunta trionfalmente a Roma il 20 settembre del 1655 dopo aver abiurato il protestantesimo e aver rinunciato al trono.

La regina rimase per circa un anno a Palazzo Farnese, ospite di papa Alessandro VII Chigi, frequentando il circolo rosacrociano del marchese Massimiliano Palombara. L'alchimia, la scienza delle scienze, costituiva l'interesse principale del nobile, con il quale l'ex regina aveva in comune intenti salvifici di pace e di rigenerazione universale. Cristina, dopo la terribile esperienza della guerra dei Trent'anni, mentre i Turchi si avvicinavano a Vienna, credeva in una palingenesi universale della quale fosse protagonista. Anche i movimenti astrali e le congiunzioni planetarie del tempo (influssi della cometa del gennaio 1653 e successiva eclissi solare) incoraggiavano utopie, sogni e speranze di vario tipo.

Cristina Alessandra, così era stata ribattezzata da Alessandro VII, non a caso era nata «con la camicia», vale a dire con la placenta della madre ancora attaccata al capo, evidente presagio di uno splendido futuro. Ella si recava spesso a Villa Palombara, abitazione del marchese rosacrociano e alchimista, dove una misteriosa porta custodiva il «segreto dei segreti».

Sul lato nord-ovest di Piazza Farnese si affaccia la Chiesa di S. Brigida, abitazione della santa svedese che si adoperò nel Trecento per il ritorno del papa da Avignone. Le visioni profetiche di S. Brigida riproposero, sebbene in un contesto assai diverso, le attese messianico-apocalittiche di Cristina.

Piazza Navona isola pamphilia

Da Piazza Farnese il viaggio nella cultura esoterica del XVII secolo fa tappa a Piazza Navona, splendido atrio di Palazzo Pamphili, dal quale il *fantasma di Olimpia Maidalchini*, la «Pimpaccia», sembra affacciarsi e contemplare con soddisfazione la Fontana dei Fiumi berniniana. Olimpia, cognata del papa Innocenzo X Pamphili, fu una donna molto intraprendente e avida di potere oltre che di denaro. Rimasta vedova, prese in mano le redini del governo pontificio, tanto da attirare gli strali di Pasquino, la statua parlante[2] che di lei disse: «Olimpia olim pia nunc impia».

A Olimpia, tuttavia, si deve il restauro di Piazza Navona fino ad allora adibita a mercato e improvvisamente mutata nel più bel salotto della Roma barocca.

La *Fontana dei fiumi*, eretta nel 1651 dal Bernini, sottende un complesso progetto esoterico-religioso, al quale partecipò il gesuita Athanasius Kircher, grande studioso della civiltà e della lingua egizia.

Le sacre lettere incise sui numerosi obelischi sono per Kircher l'enigmatica espressione di una religione cosmica antecedente al Cristianesimo, la *prisca theologia*, il cui rappresentante più famoso era stato il mitico Ermete Trismegisto.

La Fontana dei fiumi, oltre ad essere una fastosa celebrazione di papa Innocenzo X Pamphili, che aveva riportato la pace in Europa, allude ai misteri dell'antica religione egizia: la caverna, base all'obelisco pamphilio, è il luogo dell'iniziazione, della seconda nascita. Di qui l'anima tende affannosamente verso la luce, la salvezza e la liberazione dal peccato, percorrendo la difficile ascesa.

Il cavallo del fiume (Seth assassino di Osiride) e il leone (Osiride) sui lati contrapposti della caverna, nelle acque del Nilo, alludono alle forze del male e del bene tra le quali si dibatte l'anima.

Le linee di tensione verso l'alto che contraddistinguono la struttura della caverna si concentrano e si unificano alla base dell'obelisco, simbolo solare per eccellenza, sul cui *pyramidion* (punta del monolite) svetta l'aurea colomba pamphilia, esplicito riferimento allo stemma Pamphili ma anche enigmatica allusione all'oro sapienziale, allo Spirito Santo, sul quale si innesta la croce del Cristianesimo. L'obelisco infatti simboleggia il percorso ascendente dell'individuo verso Dio e viceversa la manifestazione della divinità all'uomo.

La simbologia esoterica del monumento si avvale di altri riferimenti importanti, quali il serpente, abbarbicato tra la statua del Danubio (Europa), volta verso lo stemma pamphilio in segno di gratitudine e quella del Rio della Plata (Americhe), che cerca di ripararsi dalla luce accecante del dio cristiano che sta invadendo il nuovo continente. Il serpente è situato esattamente al di sopra del cavallo, proprio a sottolinearne la negatività.

Anche per la rappresentazione del continente africano Bernini e Kircher fanno ancora una volta riferimento all'Egitto: la statua del Nilo con il volto bendato allude alle sorgenti del fiume allora sconosciute e agli indecifrabili enigmi egizi. La palma prossima alla statua è simbolo di fecondità e prosperità; nella mitologia greca è sacra ad Apollo e pianta solare per eccellenza, mentre per il Cristianesimo è simbolo della vittoria sulla morte. In greco «palma» viene tradotto con *phoinix*, vocabolo allusivo sia alla fenice che muore e risorge dopo cinquant'anni, sia alla «rubedo» (rosso), ultima e decisiva fase della spiritualizzazione della materia.

Infine il Gange guida con un lungo timone il continente asiatico, che allora si era aperto all'evangelizzazione gesuitica. Per tentare un dialogo con le antiche religioni del continente asiatico, i gesuiti rielaborano il concetto ermetico di *prisca theologia*, evidenziando l'origine comune di tutti i popoli della terra, uniti da una religione cosmica a carattere universale della quale il Cristianesimo sarebbe stato il compimento.

Un osservatorio magico astrologico

Da Piazza Navona, attraversando Corso Rinascimento, si perviene a Piazza del Pantheon, centro di tradizioni esoteriche fin dall'antichità. Dall'*oculus* (apertura circolare al centro della cupola) del Pantheon, un tempo dedicato a tutti gli dei, poi trasformato nel VII secolo in tempio consacrato alla Vergine e ai martiri, gli astrologi di Augusto scrutavano il cielo. Il raggio solare, dopo aver illuminato le nicchie delle dodici divinità planetarie, investe a mezzogiorno il portale d'ingresso del tempio: il devoto che entra quando il sole è allo zenith, dall'ingresso può traguardare attraverso l'*oculus* ed essere colpito dalla luce salvifica. Augusto subì il fascino irresistibile della magia etrusca, alla quale era stato sensibilizzato dal misterioso Mecenate, e della astrologia egizia.

L'imperatore ebbe una passione particolare per questa disciplina, soprattutto nei riguardi del suo oroscopo natale. Svetonio racconta che durante una sosta ad Apollonia, Augusto consultò l'astrologo Theogenes nel suo osservatorio. Gli auspici per l'imperatore risultarono talmente eccezionali che l'astrologo si gettò a terra strabiliato per tanta fortuna.

Nel 7 a.C. Augusto divise Roma in quattordici regioni, il cui andamento ricordava una stilizzata versione del simbolo astrologico del Capricorno, segno zodiacale del giorno del concepimento dell'imperatore.

Quando il Pantheon nel VII secolo venne trasformato nella chiesa di S. Maria ad Martyres, i diavoli che infestavano la zona si adirarono e sottrassero la grande pigna che chiudeva, secondo la leggenda, l'«occhio» della cupola: era cominciata la trasformazione delle antiche divinità pagane in esseri diabolici.

Nel quartiere della Sapienza egizia pagana e cristiana

Da Piazza del Pantheon, per Via della Minerva arriviamo alla piazza dominata dalla facciata della chiesa di Santa Maria sopra Minerva, davanti alla quale c'è l'insolita scultura, chiamata dal popolo Pulcin della Minerva[3]: essa è costituita da un obelisco egizio del VI sec. a.C. proveniente dal giardino dei domenicani adiacente alla chiesa stessa. L'*elefante marmoreo che sostiene l'obelisco* fu progettato da Gian Lorenzo Bernini e scolpito nel 1667 da Ercole Ferrata. La chiave più adeguata per comprendere l'allegoria dell'elefante con l'obelisco sulla groppa è il riferimento al *Sogno di Polifilo prenestino* o *Hypnerotomachia Poliphili*, il *best-seller* esoterico del rinascimento, scritto da Francesco Colonna e stampato a Venezia da Aldo Manuzio nel 1499. Il significato della scultura, raffigurata su una xilografia dell'opera, viene spiegato da due iscrizioni ai lati della base del monumento. Esse furono dettate o forse corrette dal papa Alessandro VII Chigi.

Sul lato della base prospiciente la chiesa leggiamo:

VETEREM OBELISCUM / PALLADIS AEGYPTIAE MONUMENTUM / E TELLURE ERUTUM / ET IN MINERVAE OLIM / NUNC DEIPARAE GENITRICIS / FORO ERECTUM / DIVINAE SAPIENTIAE ALEXANDER VII / DEDICAVIT ANNO SALUTIS / MDCLXVII

(Alessandro VII, l'antico obelisco, monumento di Pallade egizia estratto dal suolo ed eretto nella piazza un tempo di Minerva ora della Madre di Dio, dedicò alla Divina Sapienza, nell'anno 1667).

Il monolite consacrato a Iside, Minerva e alla Vergine cristiana diviene il simbolo della Divina Sapienza.

La seconda iscrizione, dalla parte opposta, è ancor più significativa poiché esplica il simbolismo dell'elefante:

SAPIENTIS AEGYPTI / INSCULPTAS OBELISCO FIGURAS / AB ELEPHANTO BELLUARUM FORTISSIMA / GESTARI QUISQUIS HIC VIDES DOCUMENTUM INTELLIGE / ROBUSTA MENTIS ESSE / SOLIDAM SAPIENTIAM SUSTINERE.

(Chiunque tu sia che vedi nell'obelisco i geroglifici del sapiente Egitto trasportati dall'elefante, il più forte degli animali, intendi il messaggio: soltanto una intelligenza robusta può sostenere la solida Sapienza).

Una solida sapienza (l'obelisco con i geroglifici) deve essere sostenuta da un intelletto valido e robusto, simboleggiato dall'elefante. Il significato è confermato dall'interpretazione iconologica rinascimentale, che vede nell'animale il simbolo della virtù, della religione o della prudenza, la quale è comunque in relazione alla Sapienza o con essa si identifica, poiché questa è ispiratrice di virtù. Alessandro VII Chigi, la cui insegna araldica (monti con la stella e rovere) è sulla cima dell'obelisco, sulla gualdrappa dell'elefante, oltre che sul basamento della scultura, è l'immagine stessa della Sapienza moderna che riassume l'antica e la tramanda.

Nella casa di Iside e Serapide

Per Via di S. Chiara, Via S. Caterina da Siena e Via Pie' di Marmo si entra nell'Iseo Campense, il grande santuario egizio del Campo Marzio dedicato a Iside e Serapide, meta di adepti da ogni parte dell'impero. Oggi difficilmente individuabile, il tempio era costituito da un ampio recinto rettangolare decorato da sfingi, piccoli obelischi (i due obelischi della Minerva e del Pantheon provengono dall'Iseo) e altri rilievi scultorei, che oggi troviamo disseminati nell'area compresa tra Piazza S. Macuto, Piazza del Collegio Romano e la Chiesa di S. Stefano del Cacco: l'enorme piede di Via Pie' di Marmo, la dea gatta egizia Bastet posta sull'angolo del cornicione di Palazzo Grazioli (tra la piazza omonima e Vicolo della Gatta), il grosso frammento di statua isiaca che giace sotto lo pseudonimo di Madama Lucrezia all'angolo di Palazzo S. Marco in Piazza Venezia e la coppia di leoni all'inizio della scalinata del Campidoglio. Il santuario, eretto nel 43 a.C., dopo alterne vicende di limitazioni e promozioni del culto, chiuse definitivamente i battenti nel IV secolo. L'ingresso principale era situato a Piazza S. Macuto, dalla quale aveva inizio un viale monumentale fino alla Chiesa di S. Stefano del Cacco, il *Sancta Sanctorum* dell'edificio sacro.

Altri due ingressi laterali permettevano l'accesso all'area sacra: l'Arco detto di Camigliano verso Piazza del Collegio

Romano all'angolo con Via di S. Ignazio (di cui resta all'interno di una casa tutto il pilone sinistro in travertino) e un arco quadrifronte di notevoli proporzioni di età adrianea (demolito alla fine dell'Ottocento), all'incrocio di Via del Gesù con Via Pie' di Marmo. La piccola chiesa di Santa Marta in Piazza del Collegio Romano occupa il luogo dove sorgeva il tempietto rotondo di Minerva Chalcidica (Minerva Portiera), il cui nome passò successivamente alla Chiesa di Santa Maria sopra Minerva.

Un papa mago in Campo Marzio

La toponomastica del quartiere ci riserva altre sorprese. Inoltrandoci nel dedalo di vie che da Piazza del Collegio Romano conducono a Piazza Capranica, giungiamo al Vicolo della Spada d'Orlando, una stradina compresa fra Piazza Capranica e Via dei Pastini. Qui si nota uno strano masso segnato da due fenditure, sul quale una bellissima fanciulla dai capelli lucenti e dagli occhi cerulei apparve a Orlando, paladino di Carlo Magno. Orlando volle subito conquistarla, ma all'improvviso dei loschi figuri armati di tutto punto gli ingiunsero di consegnare tutto ciò che possedeva. L'ira di Orlando fu improvvisa quanto violenta e i malfattori vennero «affettati» dalla durlindana del paladino, mentre due gran colpi si abbatterono sulla pietra, lasciando segni indelebili. La presenza del maligno, in questo caso, assunse le vesti accattivanti della «sirena bionda» che seduce l'ignaro paladino.

La caratterizzazione demoniaca che il Campo Marzio aveva acquisito nel medioevo è provata da un altro inquietante personaggio di cui si è impadronita la leggenda: il monaco Gerberto d'Aurillac[4].

Giunto a Roma dopo studi scientifici e alchimistici nei centri culturali della Spagna islamica, e tentando in ogni modo di entrare in contatto con le potenze infere, alla memoria di Gerberto riaffiorò il ricordo dell'incontro con un uomo vecchissimo all'interno di una spelonca. L'uomo aveva pronunciato parole indecifrabili: «Tu cerchi l'ombra, figlio della Terra. L'ombra tu cerchi, l'altro volto della Dea che rischiara le notti. L'ombra ti svelerà il segreto. Trova l'ombra: l'ombra è il tuo cammino». Successivamente, passeggiando in Campo Marzio nei pressi dell'attuale Piazza Capranica, il monaco fu attratto da una statua di guerriero o giudice corrosa dal tempo, con l'indice puntato verso terra. Sull'elmo vi era la scritta latina «Percuoti qui». Improvvisamente ecco la soluzione delle enigmatiche parole del vegliardo: Gerberto notò che il dito della statua proteso verso terra proiettava al suolo un'ombra netta e precisa, intorno alla quale tracciò un segno. A notte fonda tornò sul luogo misterioso, iniziò a scavare, ma una voragine profonda si spalancò dinanzi a lui. Scese allora nelle viscere della terra, dove apparve una sala con due troni, sui quali sedevano un re, una regina e altri personaggi di corte, mascherati con preziose e lucenti maschere, mentre in un angolo splendeva un diamante del tesoro di Ottaviano. Il sovrano mascherato mostrò a Gerberto un libro nero emanante uno strano riverbero e chiamò Adir, insolito personaggio vestito da saraceno, custode del libro, mentre la regina donava a Gerberto l'anello di Salomone con il sigillo di Davide. Il monaco improvvisamente si ritrovò in Campo Marzio insieme a Nadir e, dopo alterne vicende, riuscì a prendergli il libro, scoprendo che in esso c'erano indicazioni per accumulare ricchezze, prevedere il futuro e diventare papa. Così Gerberto, eletto papa il 31 dicembre del 999, prese il nome di Silvestro II. Satana gli vaticinò che sarebbe venuto a prendersi la sua anima dopo che il papa avesse celebrato messa a Gerusalemme. Silvestro, certo dell'impossibilità dell'evento, poiché non sarebbe mai andato in Terrasanta, il giorno del Corpus Domini celebrò messa nella basilica di S. Croce in Gerusalemme, dove venne colto da un improvviso malore.

Prossimo alla morte, il papa ordinò che i suoi resti fossero posti su un carro guidato da buoi senza conducente e senza destinazione. Il carro, con grande sorpresa di tutti, seguì la processione fino a S. Giovanni in Laterano, fermandosi sulla soglia della basilica. Il papa-mago venne sepolto all'interno del tempio e la sua tomba per secoli trasuderà acqua a ogni elezione pontificia.

La leggenda conferma il carattere «demoniaco» del Campo Marzio, ricettacolo nelle sue viscere di preziosi tesori: essi custodiscono un potere antico che si svela solo attraverso la necromanzia. La sapienza e la grandezza degli antichi si era ormai trasformata, agli occhi del Cristianesimo, in opere delle potenze infere, chiamate in causa quando la nuova religione non riuscì ad assorbire gli antichi culti. I poteri demoniaci di Satana, che Gerberto tentò di acquisire vendendo l'anima al diavolo, erano evidenziati dal libro nero del comando, dall'esaltazione dell'ombra della dimora infera, dal saraceno simbolo della sapienza pagana.

La Chiesa delle Maddalena fra ortodossia ed eterodossia

Il diavolo e il suo strumento, la donna, hanno costituito per lungo tempo la minaccia più pericolosa per la Chiesa. Di qui l'esaltazione di Maria Maddalena la «penitente redenta», il cui mistero caratterizza l'unica chiesa dedicatale a Roma in Piazza della Maddalena.

Da Piazza Capranica per Via delle Colonnelle arriviamo nei pressi della facciata della *chiesa della Maddalena*, la cui origine risale ai primi del XIV secolo ma che, attraverso rifacimenti, venne a configurarsi nel Settecento con l'attuale aspetto. Le statue nelle nicchie superiori rappresentano *S. Maria Maddalena e S. Marta*, nelle inferiori *S. Camillo de Lellis e S. Filippo Neri*. Le figure dei due santi sono accomunati dalle attività mediche e assistenziali esercitate nella zona della Maddalena e in altri ospedali della città. All'interno dell'edificio cerchiamo di comprendere il complesso simbolismo: lungo le navate laterali, suddivise in quattro cappelle laterali (due per ogni lato), si osservano sei nicchie, ognuna delle quali ospita una statua che raffigura una virtù penitenziale. Sulla destra *Vereconda*, *Fidelis* e *Lacrimabilis*, a sinistra *Humilis*, *Secreta* e *Simplex*.

Sulla volta, affrescata tra il 1730 e il 1732 dal Michelangelo Cerruti, intorno al riquadro centrale raffigurante la *Resurrezione di Lazzaro*, sono illustrati in sei riquadri laterali episodi della vita della Maddalena: *La discesa dalla Croce*, *Maria Maddalena va al sepolcro per ungere il corpo del Signore*, *La Maddalena annuncia a Pietro la resurrezione di Cristo*, *Noli me tangere*, *La Maddalena in penitenza nella grotta di Marsiglia*, *La santa riceve dal vescovo Massimiano la comunione*, *Maddalena assunta in cielo dagli angeli*. Nell'arco della tribuna è raffigurato l'episodio utilizzato per la «trasformazione» della Maddalena nella peccatrice redenta da Cristo, *La Cena in casa del Fariseo*, durante la quale un'anonima peccatrice cosparse i piedi del Messia di lacrime e di unguenti. Ma chi era la Maddalena, ossia Maria di Màgdala? L'iconografia della chiesa ha tratto spunto più che dai Vangeli sinottici, dall'elaborazione dottrinale di S. Gregorio Magno e dalla *Legenda Aurea* di Iacopo da Varagine, che hanno identificato Maria Maddalena con Maria di Betania, sorella di Marta e di Lazzaro e con la peccatrice redenta da Cristo del Vangelo di Luca[5].

Non c'è dubbio che nei sinottici la Maddalena, Maria sorella di Lazzaro e la peccatrice senza nome, siano tre personaggi differenti. In Luca[6] e Marco[7], Maria di Magdala è liberata dal Salvatore insieme ad altre donne da sette demoni che la tormentano, per riapparire come testimone diretta della crocefissione di Cristo e infine della Resurrezione. Nel Vangelo di Giovanni[8] la Maddalena ha avuto il privilegio di vedere per prima il Risorto, che la inviò a comunicare la notizia agli apostoli. I due bassorilievi della tribuna sull'altare maggiore ripropongono i due momenti delle *Tre Marie al sepolcro di Cristo* ormai vuoto e il *Noli me tangere*, ossia l'apparizione del Salvatore alla Maddalena. Se invece osserviamo i dipinti della navata, Maddalena-Maria di Betania è protagonista nella resurrezione del «fratello» Lazzaro, invocando l'aiuto di Gesù, e, dopo la Passione, sarebbe sbarcata sulle coste provenzali insieme a Maria Salomè (madre di Giacomo) e a Maria di Cleofa. Ritiratasi in eremitaggio per trent'anni in una grotta, i suoi resti sarebbero stati ritrovati nell'VIII secolo dall'abate di Vézélay, che li custodì ad Aix-en-Provence. A questa leggenda se ne affianca un'altra, secondo la quale nel XIII secolo Carlo di Salerno, nipote del re di Francia, organizzò una spedizione per la ricerca della tomba della Maddalena, che fu trovata il 9 dicembre 1279 presso Saint-Maximin. All'interno del sepolcro il corpo, quasi incorrotto, emanava soavi profumi.

La Maddalena e il Graal

Nella medesima *chiesa di Saint-Maximin* si conservava un'ampolla con il sangue di Gesù, che la Maddalena avrebbe raccolto sotto la croce. Non è un caso che una *statua lignea della Maddalena* (sec. XV) con una coppa nella mano destra e il ventre leggermente gonfio sia custodita nella nostra chiesa all'interno della Cappella del Crocifisso (a destra dell'altare maggiore). Il rapporto fra la Maddalena e la coppa contenente il sangue di Cristo costituisce un evidente riferimento al Graal, una tematica che si sviluppò tra il XII e il XIII secolo nella letteratura e nella cultura esoterica, facendo della Santa la portatrice di una conoscenza iniziatica legata alla Resurrezione e alla Fertilità. Il vocabolo Graal negli idiomi celtici indica grossi piatti da tavola o grandi coppe. Nel XII secolo, Chrétien de Troyes, un poeta della corte di Maria di Champagne, scrisse un romanzo in versi, il *Perceval*, nel quale la scena principale era la «processione del Graal», durante la quale veniva portato un recipiente contenente un'ostia che nutriva il Re Pescatore, signore del castello e affetto da malattia. Nei secoli XII e XIII la Chiesa, lottando contro l'eresia catara (negatrice del sacramento della Comunione), elaborò una teologia eucaristica che trasformò il Graal nella coppa della consacrazione del vino durante l'Ultima Cena contenente il sangue della ferita della Passione. Il mito del Graal, che costituisce un archetipo della conoscenza sapienziale, venne utilizzato maldestramente da una serie di gruppi esoterici e occultistici che dal Settecento fino ai giorni nostri non fecero altro che inventare luoghi segreti dove la sacra coppa sarebbe stata nascosta. Ritornando alla Chiesa della Maddalena, alla resurrezione fanno riferimento la rappresentazione pittorica con la *Resurrezione di Lazzaro* e il dipinto collocato sull'altare della Cappella di San Francesco di Paola (prima cappella a destra), dove è rappresentato il *Santo che resuscita un bambino.*

Maria di Magdala e i Vangeli gnostici

Secondo i Vangeli gnostici, Maria di Magdala avrebbe avuto un rapporto confidenziale con Gesù a tal punto da diventare la depositaria dei segreti più inaccessibili e da suscitare la protesta di Pietro. Grazie ai ritrovamenti di Nag Hammadi nel 1945, le fonti sul primo Cristianesimo si sono avvalse anche dei Vangeli gnostici di Maria, Tommaso e Filippo, dai quali emerge un panorama del Cristianesimo delle origini più complesso e ricco, soprattutto nei suoi rapporti con lo gnosticismo. Secondo il Vangelo di Filippo, Maria Maddalena contende il primato agli apostoli, in particolare a Pietro, e diventa la destinataria del messaggio esoterico di Gesù. Il rapporto tra il Maestro e la discepola si fa più intimo, fino a culminare nel bacio tanto evidenziato da certi autori nostri contemporanei, più ferrati nell'arte del business che non nella ricerca storica. Da questi fraintendimenti sono nate tutta una serie di illazioni su un possibile rapporto sessuale fra Gesù e la Maddalena, completamente destituito di fondamento. È infatti lo stesso Vangelo di Filippo a fornirci la risposta: «Tutti coloro che sono generati nel mondo sono generati in modo naturale, ma gli altri dallo Spirito [...] il Logos viene da quel luogo, egli nutre dalla sua bocca il perfetto, infatti genera e concepisce per mezzo di un bacio» (Vangelo di Filippo, 59, 1). Nel contesto gnostico il bacio suggella l'unione fra Sofia e il Logos o Verbo apparentemente incarnato, del quale si nutre il «perfetto».

Il tema della fertilità, che traspare dal leggero rigonfiamento della statua lignea, è riconducibile all'interpretazione della Maddalena come Grande Madre, protettrice della fecondità, anima femminile del divino Gesù. Secondo la leggenda popolare, il frammento di roccia sul quale la Maddalena avrebbe poggiato la testa nella grotta eremitica provenzale avrebbe il potere di far cessare la febbre, mentre le fasce della circonferenza uguali a quelle indossate dalla Santa faciliterebbero il parto. Un'altra leggenda narra la liberazione operata da S. Marta di un paese della Provenza infestata da un mostro, la Tarasque, che divorava chiunque passasse dalle parti del Rodano. Anche in questo caso possiamo riconoscere dietro il mostro il volto della Grande Madre, trasformato dal Cristianesimo in una potenza demoniaca. I mille volti della Maddalena evidenziano una figura «inafferrabile», che attraversa la storia non solo della Chiesa ma di gran parte della cultura esoterica, indicando con la sacra coppa la via della conoscenza e della trascendenza.

Note

[1] Uno stemma araldico della famiglia Borgia è collocato sull'ingresso della Locanda della Vacca, un altro, abraso, è visibile sul lato d'angolo del palazzo situato fra Via del Pellegrino e Campo de' Fiori sopra uno stemma più piccolo in riferimento ai *curatores viarum*, che per ordine di Alessandro VI ristrutturarono la strada in occasione del Giubileo del 1500.

[2] Le statue parlanti sono sculture antiche che dal Medioevo assumono il ruolo di portavoce della satira contro le istituzioni. Su di esse vennero affissi epigrammi e componimenti fortemente sarcastici e polemici. Le statue più celebri sono Pasquino, Marforio, Madama Lucrezia e l'Abate Luigi e il «Babuino» della via omonima.

[3] Il Bernini, per le pretese del papa e dei domenicani, ricoprì l'antiestetico cubo sotto l'elefante con una gualdrappa che giungeva fino al basamento. Il monumento così appesantito fu denominato dai Romani il «porcin della Minerva», poi ingentilito in «pulcin».

[4] Gerberto d'Aurillac, di cui si ignora la data di nascita precisa, nella seconda metà del X secolo compie gli studi nel monastero d'Aurillac e si appassiona alla cultura islamica, che apprende in Spagna. Da Reims a Ravenna intraprende la carriera ecclesiastica, fino ad essere eletto papa col nome di Silvestro II nel 999 con l'appoggio dell'imperatore Ottone III. Realizza strumenti innovativi, quali l'abaco e l'astrolabio, e si interessa di astrologia, suscitando non pochi sospetti negli ambienti più tradizionalisti. Morì a Roma il 12 maggio del 1003 e il suo corpo fu sepolto nella basilica lateranense, dove rimane ancora il suo cenotafio.

[5] Lc., 7, 30-50.

[6] Lc., 8, 1-3.

[7] Mc., 9, 16.

[8] Gv., 20, 11-17.

I ROSACROCE A ROMA NELLA VILLA DEL MISTERO E DEGLI ENIGMI

Dalla Suburra alla Porta Alchemica di Piazza Vittorio

Autunno 1656, un inconsueto movimento anima i dintorni di Villa Palombara sull'Esquilino, dove si vocifera che il marchese Massimiliano Palombara si occupi segretamente della pietra filosofale. L'inquietudine sarebbe provocata dall'improvviso arrivo nel laboratorio alchemico della villa di un personaggio misterioso. C'è chi afferma possa trattarsi di un rosacrociano venuto da lontano, Francesco Borri, medico di corte dell'ex regina di Svezia Cristina, da un anno stabilita a Roma e molto appassionata di alchimia, altri paventano una presenza demoniaca.

Il Borri, nato a Milano nel 1627, era molto stimato in Europa per la sua fama di medico chemiatra, ossia specialista nella terapia effettuata con la «chimica» dei metalli o arte spagirica. Questa consisteva nella possibilità di estrarre l'anima dai metalli e di riuscire a metterne insieme la componente aurea. Erede e innovatore dell'antica alchimia, da lui rifondata sui progressi della chimica e non più sulla magia nera medievale, Borri condivise con il circolo rosacrociano di Massimiliano Palombara e Cristina di Svezia il sogno della pietra filosofale. Un grande progetto di rigenerazione spirituale, ricchezza e longevità da contrapporre alle guerre e malattie che affliggevano l'Europa del Seicento. Condannato in contumacia dall'Inquisizione nel 1661 per eresia, fuggì a Strasburgo, poi in Olanda e in Danimarca, dove acquisì fama di guaritore e terapeuta di principi e sovrani. Catturato nel 1670 mentre si accingeva a raggiungere la Turchia, fu ricondotto a Roma, dove la condanna a morte, in seguito a pubblica abiura, venne trasformata in carcere a vita a Castel Sant'Angelo. Durante i ventiquattro anni di detenzione ottenne, per i suoi meriti professionali, la possibilità di uscire dal carcere e curare papi e personaggi illustri, mantenendo costantemente i contatti con Cristina di Svezia. Morì il 13 agosto 1695.

Esperto medico e chimico paracelsiano, dopo essere stato espulso dal Seminario gesuitico del Collegio Romano per le sue attività sovversive, si avvia verso l'Esquilino per contattare il capo della più importante «cellula» rosacrociana di Roma: il marchese Massimiliano Palombara. Seguiamo il suo percorso attraverso la Suburra, l'antico e malfamato quartiere che si estende dietro il Foro di Nerva (Via dei Fori Imperiali) e giunge alle pendici dell'altura del *Fagutal*, dove sorge S. Maria Maggiore. Borri imbocca Via Baccina, la strada parallela alla moderna Via Cavour, ma a un livello molto più basso.

All'inizio della strada c'è l'imponente muro di pietra gabina refrattaria al fuoco, che Augusto aveva fatto costruire per difendere il proprio foro dagli incendi che spesso scoppiavano nel popolare quartiere. Ma ciò che attira l'attenzione del chemiatra è una delle tante immagini mariane che costellano tutto il quartiere: in questo periodo, infatti, il culto mariano era particolarmente sfruttato dalla Chiesa cattolica contro i protestanti e il volto femminile del sacro affascina il medico.

La sfida tra angeli e demoni

L'atmosfera della Suburra è particolare, non solo perché vi si aggira il fantasma errante di Messalina, madre di Nerone, avida di incontri erotici, ma per la toponomastica delle vie, che allude allo scontro tra luce e ombra, angeli e demoni: percorrendo Via Baccina, la prima traversa a destra è Via del Garofano, la pianta che simboleggia la Passione di Cristo; poco più avanti, sulla sinistra, Via S. Agata dei Goti ricorda la chiesa esorcizzata dal demonio ad opera di Gregorio Magno e definitivamente consacrata al culto cattolico nel 539, dopo che dal V secolo era stata centro del culto ariano della comunità gotica di Roma. Borri perviene al centro sacro del quartiere, la piazza sulla quale si erge la chiesa della Madonna dei Monti, eretta da Giacomo della Porta nel 1580, per celebrare il ritrovamento di una miracolosa immagine della Vergine: frequenti si evidenziano le epifanie del sacro, nel medesimo luogo infestato, secondo l'immaginario medievale, dal demoniaco serpente: non a caso Via dei Serpenti incrocia trasversalmente Via Baccina all'altezza di Piazza della Madonna dei Monti. I papi del Cinquecento iniziarono l'urbanizzazione e la sistemazione viaria della zona, trasformando profondamente la sua natura agreste e isolata.

Al centro della Piazza della Madonna dei Monti la fontana di Giacomo della Porta, con vasca ottagonale, simbolo dell'infinito, fa *pendant* con la Chiesa della Madonna del Pascolo (oggi chiesa nazionale ucraina dei SS. Sergio e Bacco), eretta per un ulteriore prodigio mariano. Oltrepassata Via dei Serpenti, Borri si trova improvvisamente all'interno di un accampamento di zingari, che nella piazza omonima si esibiscono con rappresentazioni teatrali dette zingaresche. Esse animano la vita del quartiere, destando non pochi sospetti per le loro pratiche magico-divinatorie al limite dell'ortodossia.

A poca distanza da Piazza degli Zingari, Piazza della Suburra, devastata dalle costruzioni moderne, è sin dall'antichità uno dei nodi viari della zona, dal quale si dipartivano il *clivus Suburanus* (la moderna Via in Selci) e il *vicus Patricius* (l'attuale Via Urbana).

Borri riprende il cammino, dopo aver superato Piazza degli Zingari, inerpicandosi per la scalea di Via del Sambuco (pianta adoperata la notte del solstizio d'estate per tenere le streghe lontano dalle abitazioni) che continua con Via dei Ciancaleoni parallela a Via dei Capocci. La toponomastica di queste vie ricorda i nomi delle famiglie dell'aristocrazia feudale che eressero recinti fortificati intorno alle proprie torri (il rione risulta il più ricco di torri medievali). Da Via Panisperna, tracciata da Sisto V per collegare Piazza Venezia a S. Maria Maggiore, Borri si avvia verso la basilica dedicata alla Vergine, attorniata dalle sue «ancelle» Santa Prassede e Santa Pudenziana.

Il medico vuole raggiungere il più rapidamente possibile Villa Palombara ma è costretto a un percorso più lungo per paura di essere pedinato dagli agenti dell'Inquisizione, che ormai sono sulle sue tracce. Dalle parti di S. Maria Maggiore i rischi aumentano, perché il medico alchimista si era rifugiato in precedenza nel convento della basilica, presso padre Giovanni Antonio Solazzi, un esponente del quietismo, molto meno «pericoloso» del marchese Massimiliano Palombara.

Il giardino magico di Massimiliano Palombara

Villa Palombara si estendeva nell'area dell'odierna *Piazza Vittorio*, nel triangolo compreso fra lo slargo di S. Eusebio, Via S. Croce in Gerusalemme, Via Labicana e Via di S. Matteo. L'ingresso principale che conduceva ai diversi fabbricati si apriva all'inizio della Strada Felice, l'odierna Via di S. Croce in Gerusalemme.

Ma chi è in realtà il marchese Palombara?

Massimiliano Savelli Palombara, figlio di Oddo V, marchese di Pietraforte, nasce a Roma il 14 dicembre 1614. Fin dall'arrivo a Roma di Cristina di Svezia, condivide con lei la passione per l'alchimia e l'astrologia. L'incontro tra il Palombara e il Borri all'interno del gabinetto alchemico della villa è segretissimo: si sa che prima di scomparire improvvisamente egli ha lasciato al marchese dell'oro fuso e alcuni fogli con astrusi geroglifici ed enigmi che saranno incisi su una porta interna al complesso, la Porta ermetica, fatta erigere dal marchese nel 1680.

I Rosacroce nel centro della cristianità

La Porta alchemica di piazza Vittorio è un vero e proprio testo rosacrociano. Il primo documento attestante l'esistenza della Confraternita della Rosacroce è la *Fama Fraternitatis* pubblicata a Kassel nel 1614. Seguirono nel 1615 la *Confessio Fraternitatis* e, nel 1616, *Le nozze chimiche di Christian Rosenkreutz*, attribuite a Johan Valentin Andrete. Portavoce di un progetto di rinnovamento religioso e spirituale è Christian Rosenkreutz, mitico fondatore della confraternita e fautore di una rigenerazione spirituale della società, anche tramite l'apporto delle discipline scientifiche. Egli si reca in Oriente per apprendere la magia e la cabala, poi in Spagna, per rivelare ai dotti europei ciò che aveva appreso durante le sue peregrinazioni. Al ritorno in Germania si dedica allo studio della matematica insieme ai confratelli, dando origine a una confraternita che assiste i malati e si prodiga per la diffusione della conoscenza. Il simbolismo della Rosacroce si riferisce alla possibilità della rigenerazione a cui allude la *rosa*, attraverso la congiunzione degli opposti, ossia i bracci della croce. Nella simbologia alchemica la croce è affine al crogiolo, nel quale la materia prima muore per essere purificata e spiritualizzata.

Geroglifici e iscrizioni ermetiche sulla porta del mistero

La decifrazione delle iscrizioni della porta, a cominciare dall'architrave, sotto la scritta ebraica, costituiscono il testamento spirituale del Palombara e il compimento del suo itinerario iniziatico:

HORTI MAGICI INGRESSUM HESPERIUS / CUSTODIT DRACO ET / SINE ALCIDE COLCHIAS DELICIAS NON GUSTASSET IASON
(Il drago esperio custodisce l'ingresso del magico giardino e senza Ercole Giasone non avrebbe gustato le delizie della Colchide).

È esplicito il riferimento alla spedizione degli Argonauti per la conquista del vello d'oro; perciò gli *horti* della villa si trasformano nel giardino dove si custodisce la preziosa pelle.

Un'altra iscrizione perduta, un tempo sul portone della villa, così si esprimeva:

VILLAE IANUAM / TRANANDO / RECLUDENS IASON / OBTINET LOCUPLES / VELLUS MEDAE / 1680
(Oltrepassando la porta della villa, lo scopritore Giasone ottiene il ricco vello di Medea).

Il vello d'oro è la membrana che svela l'arte della fabbricazione dell'oro, ovvero la materia lavorata dagli alchimisti, destinata a diventare la pietra filosofale. Ercole e Giasone sono i mitici alchimisti con i quali si identifica il Palombara. Il drago o serpente con le ali che custodisce il magico giardino mette alla prova, insidia, sperimenta la virtù di colui che si accinge a compiere la prova iniziatica, tentando di respingerlo nelle cavità infere.

Ma le sorprese non sono finite qui, poiché l'acronimo dell'iscrizione successiva genera il vocabolo «VITRIOLUM»:

VISITA INTERIORA TERRAE RECTIFICANDO INVENIES OCCULTUM LAPIDEM VERAM MEDICINAM
(Visita le profondità della terra e rettificando troverai la pietra nascosta, vera medicina).

La massima ricorre di frequente nei testi rosacrociani e fa riferimento al *vitriolum*, la pietra filosofale che costituisce l'autentica medicina per l'umanità. Le profondità della terra alludono alla nostra interiorità, dalla quale dobbiamo trarre l'energia per la «seconda nascita».

Al di sopra dell'iscrizione troviamo, in posizione centrale, la scritta ebraica «RUACH ELOHIM», che indica lo Spirito di Dio o Soffio cosmico: è il *solve et coagula* degli alchimisti, corrispondente al processo di condensazione degli elementi da un lato e di scioglimento dall'altro. È l'illuminazione dello Spirito teofanico che permette l'interpretazione del fregio plastico che sormonta l'architrave, ormai privo delle volute originarie.

Il testo del quale il Palombara si serve per l'iconografia del fregio è il frontespizio dell'*Aureum Seculum Redivivum* di Henricus Madathanus, opera rosacrociana edita nel 1621. Esso è costituito da un medaglione al cui interno sono inscritti due triangoli equilateri, intersecantisi, con le punte rivolte l'una verso il basso e l'altra verso l'alto. Nel triangolo con il vertice in basso è inciso un cerchio più piccolo, sormontato da una croce, con un punto nel centro. Sia nel fregio della porta sia nel frontespizio del Madathanus ci sono le medesime scritte:

> TRIA SUNT MIRABILIA. DEUS ET HOMO MATER ET VIRGO TRINUS ET UNUS
> (Tre sono le meraviglie: Dio e uomo, la madre e la vergine, il trino e uno).

Nel circolo interno:

> CENTRUM IN TRIGONO CENTRI
> (Il centro è nel triangolo del centro).

La difficoltà interpretativa di queste enigmatiche formule può essere superata se ci rapportiamo al concetto dell'unità degli opposti o congiunzione dei contrari, una delle concezioni fondamentali della cultura esoterica, simboleggiata dall'immagine delle nozze mistiche. L'ordine logico-razionale è sconvolto da questi paradossi, poiché il principio di non contraddizione viene nullificato dalla visione «mistica» del mondo: ombra e luce, umano e divino, uno e trino, sono le facce di una stessa realtà, poiché nulla è pensabile senza il suo opposto.

I triangoli con i vertici verso l'alto (fuoco), e verso il basso (acqua) costituiscono la stella a sei punte o sigillo di Salomone. Essi richiamano il principio ermetico secondo il quale ciò che sta in alto sta in basso e viceversa. Non c'è più una distinzione tra alto e basso, cielo e inferi, maschio e femmina: tutte le distinzioni sono vanificate nell'unità degli opposti. Questo equivale a dire che per risolvere le opposizioni ci deve essere un medio che le armonizzi. Ma cosa significa «Il centro è nel triangolo del centro»? Il centro cosmico si coglie operando la congiunzione dei contrari: il centro del cerchio grande (macrocosmo) si trova sulla circonferenza del cerchio piccolo (microcosmo).

Sugli stipiti e sulla soglia sono incise *sette sillabe astrologico-alchemiche*, a ciascuna delle quali è abbinata una massima, iniziando dalla sommità dello stipite sinistro in alto, all'angolo con l'architrave, per poi proseguire secondo una sequenza bustrofedica (da sinistra verso destra e da destra verso sinistra):

QUANDO IN TUA DOMO / NIGRI CORVI PARTURIENT / ALBAS COLUMBAS / TUNC VOCABERIS SAPIENS

(Quando nella tua casa i neri corvi partoriranno bianche colombe, allora sarai chiamato sapiente).

Il cammino iniziatico è l'esito della discesa nell'ombra dell'essere, della *nigredo*, simboleggiata dall'immagine dei neri corvi. Qui avviene la prima purificazione o imbiancamento della materia, equivalente ai corvi che partoriranno bianche colombe.

La prima tappa sapienziale è la discesa agli inferi, laddove avviene la trasmutazione delle forze negative: Dante e Gesù ne sono i modelli.

DIAMETER SPHAERAE / THAU CIRCULI / CRUX ORBIS / NON ORBIS PROSUNT

(Il diametro della sfera, il tau della circonferenza, la croce del cerchio non giovano ai ciechi).

I simboli, cifre del dinamismo cosmico, mutano continuamente: la croce, il tau e il diametro inscritti in una circonferenza danno luogo rispettivamente al quadrato, al triangolo e al cerchio. Quest'ultimo allude all'essenza archetipica primordiale di cui è costituito il mondo, il quadrato ai quattro elementi (terra, aria, acqua, fuoco) e il triangolo all'anima-zolfo, allo spirito-mercurio e al corpo-sale, ossia i tre principi che costituiscono la materia prima. Dalla circonferenza si passa al triangolo e al quadrato per poi tornare al cerchio, dando luogo a un'immagine dove inizio e fine coincidono. Alla fine c'è l'ammonizione del Palombara nei riguardi di coloro che non sono ancora pronti al cammino iniziatico.

QUI SCIT COMBURERE AQUA / ET LAVARE IGNE / FACIT DE TERRA / CAELUM / ET DE CAELO TERRAM / PRETIOSAM

(Chi sa bruciare con l'acqua e lavare col fuoco fa della terra il cielo e dal cielo terra preziosa).

Ancora una volta, con un linguaggio volutamente ermetico, il Palombara conferma che la trasmutazione alchemica continua tramite la conciliazione degli opposti e l'armonica corrispondenza macrocosmo-microcosmo.

SI FECERIS VOLARE TERRAM / SUPER CAPUT TUUM / EIUS PENNIS / AQUAS TORRENTUM / CONVERTES IN PETRAM

(Se avrai fatto volare la terra sopra la tua testa con le sue penne convertirai in pietra le acque dei torrenti).

L'autore della Porta magica sta «giocando» sapientemente con le possibilità espressive del linguaggio ermetico, che svela una realtà multidimensionale. La trasmutazione della materia prima è resa con l'immagine della terra con le penne che vola e dell'acqua convertita in pietra. Volatilizzando lo zolfo, il mercurio e il sale, le loro penne, ossia i vapori, trasmuteranno i minerali in cristallo.

AZOT ET IGNIS / DEALBANDO / LATONAM VENIET / SINE VESTE DIANA

(Quando l'azoto e il fuoco imbiancano Latona, allora Diana viene senza veste).

Questa iscrizione è una delle più rilevanti, perché riassume il contenuto di una canzone del Palombara il cui titolo è un aforisma spesso citato dagli alchimisti: *Dealbate Latonam et frangite libros*. Per comprenderne il contesto dobbiamo ricordare il mito di Latona, di cui si invaghì Zeus seducendola: mentre Latona stava per diventare madre, Era, per l'ennesima volta tradita dal marito, decretò che la sventurata partorisse in un luogo dove non splendeva il sole e affidò al serpente Pitone il compito d'inseguirla ovunque. La fuga ebbe termine a Ortigia, dove Latona diede alla luce Artemide-Diana. La metafora dell'imbiancamento di Latona equivale alla trasmutazione dell'elemento oscuro mercuriale in zolfo bianco.

Latona è madre di Apollo (Sole) e di Diana (Luna), ossia dell'intelletto attivo e passivo che agiscono quando ogni «distrazione» è eliminata e la mente viene purificata; a questo punto arriva Diana senza veste.

FILIUS NOSTER / MORTUUS VIVIT / REX AB IGNE REDIT / ET CONIUGIO / GAUDET OCCULTO

(Nostro figlio morto vive, torna re dal fuoco e gode dell'occulto congiungimento).

Ne *La bugia* il Palombara descrive il tema del Fanciullo-

Re che risorge. Si tratta del Rebis (*res bis*: cosa due volte, due cose in una), l'Ermafrodito figlio di «sole-zolfo» e «luna-mercurio», equivalente alla pietra filosofale. Dopo «l'opera al nero» e l'imbiancamento, siamo giunti finalmente al rosso della *rubedo*, al momento conclusivo della Grande Opera: la *res-bina* è la denominazione attribuita dagli alchimisti alla materia prima, dopo la congiunzione del principio maschile e femminile.

EST OPUS OCCULTUM VERI SOPHI APERIRE TERRAM / UT GERMINET SALUTEM PRO POPULO
(È opera occulta del vero sapiente aprire la terra affinché generi salute per il popolo).

Siamo all'epilogo del complesso itinerario iniziatico, il momento nel quale viene indicato l'autentico compito del sapiente: egli deve attualizzare la massima «Visita interiora terrae» e compiere la discesa agli «inferi», che permette di ritrovare la condizione adamitica. La monade sintetizza le sillabe chimiche che combinano i sette pianeti (macrocosmo) con i metalli (microcosmo). Esse evocano magicamente le proprietà delle cose indicate, con la completezza dell'uno-tutto. Per «popolo» il Palombara intende gli iniziati i quali, da un lato, hanno il compito di proteggere le dottrine segrete dalla curiosità profana, dall'altro di esaltare le possibilità della pietra filosofale.

Sulla soglia della porta leggiamo un'iscrizione palindroma (letta in senso inverso mantiene il suo significato):

SI SEDES NON IS
(Se siedi non vai / se non siedi vai).

Necessario, anzi indispensabile, superare la soglia, varcare il limite che ci separa dall'intrasmutabile.

Una serie di ulteriori epigrafi, oggi scomparse, sono state indicate dall'abate Cancellieri in varie parti della villa. Esse sono importanti per completare la ricostruzione del contesto storico-alchemico della Porta magica. Indichiamo l'esatto sito delle iscrizioni secondo quanto afferma il Cancellieri stesso.

– Nel Muro fuori del Casino:

HOC IN RURE, CAELI RORE, FUSIS AEQUIS, PHYSIS AQUIS, / SOLUM FRACTUM, REDDIT FRUCTUM, DUM CUM SALE NI / TRI, AC SOLE, SURGUNT FUMI SPARSI FIMI, ISTUD NEMUS, / PARVUS NUMUS, TENET FORMA SEMPER FIRMA, DUM / SUNT ORTE SINE ARTE VITES, PYRA, ET POMA PURA. / HABENS LACUM, PROPE LUCUM, UBI LUPUS NON, SED LEPUS / SAEPE LUDIT; DUM NON LAEDIT MITES OVES, ATQUE AVES; / CANIS CUSTOS INTER CASTOS AGNOS FERAS MITTIT FO / RAS, ET EST AEGRI HUJUS AGRI AER SOLUS VERA SALUS, / REPLENS HERBIS VIAS URBIS. SULCI SATI DANT PRO SITI / SCHYPHOS VINI. INTRO VENI, VIR NON VANUS. EXTRA VENUS, / VOBIS, FURES, CLAUDO FORES. LABE LOTUS, BIBAS LAETUS / MERI MARE, BACCHI MORE. INTER UVAS, SI VIS, OVAS, ET / QUOD CUPIS, GRATIS CAPIS. TIBI PARO, CORDE PURO, / QUICQUID PUTAS, A ME PETAS. DANT HIC APES CLARAS OPES / DULCIS MELLIS, SEMPER MOLLIS. HIC IN SYLVAE UMBRA / SALVE TU, QUI LUGES. NUNC SI LEGES NOTAS ISTAS, STANS / HIC AESTAS, VERE MISTA; FRONTE MOESTA NUNQUAM FLE / RES; INTER FLORES SI MANERES, NEC MANARES INTER / FLETUS, DUM HIC FLATUS AURAE SPIRANT, UNDE SPERANT / MESTAE MENTES INTER MONTES, INTER COLLES, INTER / CALLES, ET IN VALLE HUJUS VILLAE, UBI VALLUS CLAUDIT / VELLUS. BONUM OMEN, SEMPER AMEN. ETIAM PETRAE DUM / A PUTRE SURGUNT PATRE, ITA NOTAS, HIC VIX NATAS, IN / HAC PORTA, LUTO PARTA, TEMPUS RIDET, BREVI RODET.

(In questa villa, rugiada del cielo, dai campi arati e dalle acque correnti, la terra dissodata dà frutto, mentre per il salnitro e per il sole s'alza il fumo dal letame sparso. Questo bosco, di poca entità, immutabile conserva sempre l'aspetto, mentre sono nati spontaneamente viti, peri e frutti schietti. E vi è un lago vicino al bosco, dove non il lupo, ma la lepre gioca spesso; e non lede le pecore miti e gli uccelli; il cane custode fra gli agnelli innocenti mette in fuga le fiere, e soltanto l'aria di questa campagna è mezzo di guarigione per il malato, e riempie di verdure le vie della città.

I solchi coltivati danno coppe di vini, per la sete. Entra, uomo sincero. Fuori (resti) Venere. A voi, ladri, chiudo le porte. Bevi lieto, a profusione, vino sincero, secondo il costume di Bacco. Tra le uve, se tu vuoi, esulta, e prendi liberamente tutto ciò che desideri. A te preparo, con cuore schietto, qualunque cosa tu voglia chiedermi. Qui le chiare api forniscono in abbondanza dolce miele, sempre morbido. Salve a te, che qui piangi nell'ombra della selva. Se leggi ora questi segni stando qui l'estate mista alla primavera; mai piangeresti con la fronte mesta, se restassi fra i fiori, né gronderesti di lacrime, mentre qui soffiano le brezze, donde le anime malinconiche sperano fra i monti, fra i colli, fra i sentieri, e nella valle di questa villa, dove una palizzata recinge le pecore. Ti faccio buon augurio, così sia per sempre. Ma tu, appena lo potrai, scrivi qui, su questa porta, generata dal fango perché le pietre nascono dalla putrefazione che il tempo sorride (amabilmente) ma in breve tempo distrugge ogni cosa).

Villa Palombara è l'immagine stessa della Grande Opera alchemica; viene definita «rugiada di cielo»: in questo naturale *atanòr* (fornace) inizia la decantazione della materia, «s'alza il fumo del letame sparso», mentre l'immutabilità del paesaggio boschivo e la mansuetudine degli animali feroci sono prefigurazione della riacquistata perfezione adamitica, ritorno all'età dell'oro: «soltanto l'aria di questa campagna è mezzo di guarigione per il malato».

Devono stare lontano dalla villa i profani, resi tali dall'avidità del potere e della ricchezza; viceversa, i luoghi protetti e nascosti della villa sono consolazione e conforto per tutti coloro che «nullificano» ogni esperienza mondana: soltanto con la mente e il cuore puri si può iniziare la Grande Opera.

– Sopra la Porta dell'ingresso nella Sala al Pian Terreno, entro un Disco sostenuto da due Genj alati:

AQUA / A QUA HORTI / IRRIGANTUR / NON EST AQUA / A QUA HORTI / ALUNTUR.

(L'acqua dalla quale gli orti sono irrigati non è l'acqua dalla quale sono alimentati).

L'eterno movimento delle cose è caratteristica essenziale dell'*opus alchemicum*, dove ogni elemento si trasmuta, all'interno di un universo concepito come organismo vivente in continuo divenire.

– Sopra la Porta laterale alla destra, di chi entra:

CUM SOLO / SALE ET / SOLE SILE

(Resta tranquillo con il solo sale e con il sole)

SOPHORUM LAPIS NON / DATUR / LUPIS
(La pietra filosofale non viene data ai lupi)

Assonanze e inversioni accentuano la natura paradossale dell'esperienza alchemica. La seconda iscrizione fa da corollario alla prima, ribadendo il divieto tassativo di coinvolgere nella metamorfosi interiore i «lupi», ossia coloro che si rapportano alla realtà in funzione del denaro, della vanità, del potere.

– Sopra l'altra Porta laterale alla sinistra:

QUI POTENTI / NATURAE ARCANA / REVELAT / MORTEM QUAERIT
(Colui che rivela gli arcani della natura al potente desidera la morte).

HODIE PECUNIA / EMITUR SPURIA / NOBILITAS SED / NON LEGITIMA / SAPIENTIA
(Oggi con il denaro si compra una nobiltà illegittima, ma non la legittima sapienza).

Le ultime due iscrizioni costituiscono il coronamento di un discorso che, come un «filo rosso», si snoda attraverso i luoghi magici della villa: rivelare al potente e all'insipiente i segreti della trasmutazione alchemica significa la morte. Il discorso sapienziale non può essere data in pasto ai «lupi», perché verrebbe utilizzata per fini utilitaristici. Esso smaschera i meccanismi biechi del potere e del conformismo, costituendo una minaccia continua per i «pedanti» di bruniana memoria.

Come il Palombara, anche noi siamo giunti all'epilogo del nostro difficile cammino attraverso i sette pianeti alla conquista della preziosa pelle aurea.

ARCHITETTURA E ALCHIMIA: L'ESOTERISMO MASSONICO DI FRANCESCO BORROMINI

L'arrivo a Roma di Borromini

Nell'ottobre 1649 Roma si prepara ad accogliere il flusso di pellegrini in occasione del giubileo dell'anno successivo. Per il papa Innocenzo X Pamphili è il momento della «riconciliazione», dopo la sanguinosa Guerra dei Trent'anni, conclusasi il 24 ottobre 1648 con la pace di Westfalia.

Dopo l'esperienza milanese, Francesco Castelli, nel 1615-16, all'età di diciassette anni, si trasferisce a Roma dalla natia Bissone, dopo l'apprendistato milanese. L'esistenza dell'artista è segnata da difficili rapporti con i committenti delle sue opere e soprattutto con Bernini. Proprio per questo egli cercherà una committenza selezionata in grado di comprendere la sua sensibilità: i Carpegna, i Falconieri, Paolo del Bufalo, Andrea Giustiniani, Virgilio Spada, che lo sosterranno fino alla fine. Per sua fortuna il giovane è sotto la protezione dello zio Carlo Maderno, grande estimatore del ticinese e architetto affermato a Roma[1]. Solo a partire dal 1619 Francesco muta significativamente l'originario cognome Castelli in Borromini, per distinguersi dagli altri numerosi Castelli presenti allora a Roma: era venuto il momento di rendersi autonomo dalla odiosa dipendenza berniniana e tentare di evocare nel nuovo nome la religiosità del cardinale Carlo Borromeo. Il 30 maggio 1629 Maderno muore, lasciando a Francesco un vuoto incolmabile dal punto di vista affettivo e professionale.

Una casa molto particolare presso Via Giulia

Il nostro itinerario inizia dall'abitazione dell'artista in Vicolo degli Orbitelli, a poca distanza dalla chiesa di S. Giovanni dei Fiorentini e da Via Giulia. Borromini, dal portoncino di casa entra in un corridoio ornato di iscrizioni e frammenti marmorei che dà accesso al primo piano. Qui si trova una vasta sala con le pareti coperte di quadri, dove Francesco cerca disperatamente il collaboratore Francesco Mazzoni, perché ha urgente bisogno di padre Virgilio Spada[2], amico e confidente sincero: è proprio questi a fare da tramite fra i papi e l'architetto, per far comprendere loro la sua innovativa concezione dello spazio.

Sedutosi nello studio, in mezzo a un disordine indescrivibile e sotto lo sguardo del ritratto di S. Carlo Borromeo, l'artista consulta nervosamente l'*Apocalisse* di Giovanni e il secondo tomo dell'*In Ezechielem explanationes*, monumentale commento a Ezechiele dei gesuiti Gerolamo Prado e Giovanni Battista Villalpando, nel quale è analizzata l'antica struttura del Tempio di Salomone. La Gerusalemme celeste dell'*Apocalisse* e l'antico tempio ebraico costituiscono i modelli ideologici e architettonici che Borromini vorrebbe realizzare alla Sapienza e a S. Giovanni in Laterano, i due cantieri che simultaneamente assorbono le maggiori energie dell'architetto.

Borromini fissa lo sguardo nel vuoto, in uno stato quasi catalettico: rivede l'amata Bissone immersa nel silenzio profondo e meditativo del lago di Lugano, in uno spazio nel quale ogni riflesso spiritualizza la materia più umile e modesta.

La sezione aurea

Come il gesuita Athanasius Kircher al Collegio romano, Borromini colleziona conchiglie, fiori, scarabei e pietre di ogni genere, nei quali scorge la cifra del Tutto: egli sa che in ogni manifestazione naturale si esprime la proporzione divina, fondata sul numero magico 1,618. Il numero deriva dalla sequenza di Fibonacci, importante non solo perché ciascun numero è pari alla somma dei due termini precedenti, ma perché il quoziente di due numeri adiacenti tende sempre al valore 1,618. La proporzione, o *sezione aurea,* costituisce una componente fondamentale di quell'antichissima arte del costruire, o arte massonica, tramandata da generazioni di scalpellini, tagliapietre e scultori, anonimi protagonisti dell'architettura e della scultura medievali.

Il matematico greco Euclide nel III secolo a.C. definì per primo la proporzione che corrisponde al numero suddetto, facendo notare che una retta divisa in due parti sta alla parte maggiore come la maggiore sta alla minore:

A________________________C ________B

$$AB:AC = AB:CB$$

Chi avrebbe mai immaginato che tale proporzione, definita da Luca Pacioli nel Cinquecento «divina», si sarebbe ritrovata nei petali della rosa, nella spirale delle conchiglie e nel corpo umano, dove la distanza dalla spalla alla punta delle dita divisa per la distanza dal gomito alla punta delle dita dà il numero magico 1,618 phi, come la distanza dal fianco al pavimento divisa per la distanza dal ginocchio al pavimento. Siamo di fronte a un miracolo della natura o all'intervento prodigioso del Grande Architetto dell'Universo?

Borromini si rivede a dieci anni, apprendista, nel cantiere del duomo milanese, allorché aveva scoperto con entusiasmo e timore i segreti dei maestri muratori, i quali lo avevano istruito intorno ai segreti dell'arte del costruire. Fu questo un momento fondamentale per la sua formazione, finalizzata da allora alla ricerca «disperata» e tenace della verità. L'apprendistato massonico a Milano non è l'unico punto di riferimento dell'«educazione» borrominiana, che risente profondamente anche della spiritualità borromaica della quale Francesco condivide lo spirito di sacrificio, l'operosità e la fede nella croce di Cristo. Ne sono riflesso non solo il mutamento del cognome ma anche l'austero stile di vita che lo accompagnerà fino alla fine dei suoi giorni: le stanze dell'abitazione sono poveramente mobiliate, scarse le suppellettili e modesti gli abiti. Niente di più contrastante con la vita scintillante e mondana condotta dal cavalier Bernini.

Il *flashback* sembra durare un'eternità; ora però Francesco deve tornare alla difficile realtà, avendo come esempio le vite di Seneca e Michelangelo, i cui busti sono gelosamente custoditi nel suo studio. La tenacia e la coerenza con le quali l'artista persegue la virtù e la verità, lontano da ogni allettamento della mondanità, si coniugano con la saggezza del filosofo stoico e con la tensione alla trascendenza insita nel Buonarroti.

Queste medesime problematiche risulteranno determinanti nelle ore estreme della sua vita.

S. Giovanni in Laterano centro sacro di iniziazione

Borromini nel 1646 è nominato dal papa Innocenzo X Pamphili architetto capocantiere della basilica lateranense sotto la supervisione di Virgilio Spada, con l'incarico di restaurare l'edificio ormai fatiscente. Non sono poche le difficoltà e le incomprensioni che l'architetto deve affrontare anche in questo frangente: dopo i contrasti con Bernini a S. Pietro e a Palazzo Barberini, anche a S. Giovanni il Borromini è costretto dal papa a rispettare la continuità fra le memorie medievali dell'antico Patriarchìo lateranense e la necessità del rinnovamento per la celebrazione imminente dell'anno santo del 1650.

Il progetto originario dell'architetto fu condizionato dal rispetto del pavimento centrale a tasselli marmorei realizzato da Martino V (1417-1431), del soffitto ligneo a cassettoni di Daniele da Volterra (sesto decennio del Cinquecento) e della struttura del transetto restaurato già sotto Clemente VIII. Pertanto l'intervento borrominiano si concentrò sul rifacimento delle cinque navate costantiniane, con un'ansia progettuale non indifferente e una notevole amarezza per un caso giudiziario[3] che provocò, dopo l'anno santo, il temporaneo allontanamento dell'architetto dalla basilica. Vi ritornò nel 1655, per poi abbandonare definitivamente il cantiere nel gennaio 1659 a causa dei problematici rapporti con Alessandro VII. Tuttavia Borromini riuscì a realizzare il progetto, profondamente influenzato dalla tradizione massonica-cristiana, motivo ispiratore di tutta la sua opera.

La basilica di S. Giovanni diviene per Borromini l'archetipo della Chiesa di Roma, Tempio di Salomone e prefigurazione della Gerusalemme celeste. Al primo modello fanno riferimento, lungo la navata centrale, le melagrane sui capitelli, le palme e i cherubini, mentre il ricordo dei candelieri del Tempio di Salomone si percepisce nei bracieri ardenti del fregio della navata. Alla *Gerusalemme celeste* alludono le dodici nicchie originariamente vuote abbinate a pilastri scanalati, poi destinate a contenere la statue di Padri e Dottori della Chiesa o degli apostoli realizzate nel secolo successivo[4]. Esse erano destinate a rimanere vuote, poiché nella Gerusalemme celeste «Le porte non saranno mai chiuse di giorno, perché la notte là non sarà più (*Ap.*, 21, 25).

Il chiarore che inonda la chiesa, riflesso della luce divina che attraversa i finestroni, si diffonde nell'edificio. Il sole, anima del mondo, è il punto di riferimento dell'indagine borrominiana.

I guardiani delle porte solstiziali

La complessa macchina luministica che Borromini realizza a S. Giovanni è connessa non solo all'«eterno giorno» della Gerusalemme celeste ma al simbolismo delle *porte solstiziali* e all'itinerario iniziatico che da esse ha origine. Nelle religioni antiche i solstizi estivo e invernale sono denominati rispettivamente «porta degli uomini» e «porta degli dei». La prima porta, volta a nord (perché il sole si trova durante il solstizio estivo a nord dell'equatore celeste), equivale alla discesa degli uomini verso le ombre e le difficoltà della «selva oscura», la seconda, volta a sud, costituisce il cammino degli iniziati.

A Roma il dio che presiedeva alle porte era Giano bifronte, sostituito poi dai due San Giovanni, il Battista precursore di Cristo, che guida alla via penitenziale, e l'Evangelista, il quale apre le porte del cielo. La notte tra il 23 e il 24 giugno, quando inizia la progressiva diminuzione della luce, si verifica un vero e proprio sconvolgimento cosmico, sentito dagli antichi come vittoria delle tenebre sulla luce. Di qui la necessità di tutta una serie di rituali connessi alla protezione della vita e della fecondità, dei quali oggi si è smarrito il significato.

Nell'originario progetto borrominiano erano previste infatti *due colonne* ai lati della porta principale, intitolate a S. Giovanni Battista e S. Giovanni Evangelista, patroni cristiani delle porte solstiziali. Queste anticamente erano custodite da Giano Bifronte, il dio romano degli inizi, e definivano i limiti entro i quali si attuava il percorso iniziatico all'interno del tempio-cosmo cristiano in analogia col movimento solare. Dalla colonna di sinistra, che allude alla Porta degli uomini del solstizio d'estate, comincia il percorso iniziatico che prevede la circuambulazione de Tempio: essa si svolge da sinistra verso destra, sotto la guida di S. Giovanni Battista.

La prima parte del viaggio ha un carattere discendente, analogamente alla luce solare che, a partire dal solstizio d'estate, decresce progressivamente.

Il Battista è colui che introduce alla caverna cosmica, al labirinto infero, la selva oscura di Dante dove avviene la seconda nascita dell'iniziato, dalla quale solo a pochi è concesso il viaggio di ritorno, di ascesa, attraverso la Porta degli dei o di S. Giovanni Evangelista. Essa corrisponde astronomicamente al solstizio d'inverno (21 dicembre) ed è simboleggiata dalla colonna di destra della chiesa. Giovanni Evangelista è il viaggiatore celeste che guida l'iniziato verso la realizzazione spirituale, la deificazione, quando il Sole comincia il suo cammino trionfale. Ora l'occhio dell'iniziato ha acquisito la stessa capacità dell'aquila, simbolo di S. Giovanni Evangelista, di fissare direttamente il Cristo-Sole. Un ulteriore riferimento alla cultura massonica di Borromini è ravvisabile nella tipologia pavimentale delle navate laterali, composta da piastrelle alternate bianche e nere, disposte a raffigurare gradini di una scala o figure geometriche variabili secondo il punto di osservazione. La giustapposizione del bianco e del nero allude naturalmente alla luce e alle tenebre, al giorno e alla notte e a tutte le coppie di opposti, che l'iniziato riesce a vedere complementari.

Sant'Ivo alla Sapienza: la spirale cosmica

Contemporaneamente al restauro della basilica lateranense, nel 1632 Borromini è nominato da papa Urbano VIII Barberini «architetto dello studio» della Sapienza[5]. Dal patriarchìo lateranense ci spostiamo nel quartiere della Sapienza, la zona che comprende gli attuali rioni Pigna e S. Eustachio, laddove misteri pagani e cristiani si confondono intorno a centri rituali di grande importanza. Borromini terminò il palazzo dell'università romana e costruì la chiesa universitaria di S. Ivo in un arco di tempo molto lungo tra il 1632 e il 1660, durante il quale si avvicendarono sul soglio pontificio Urbano VIII Barberini, Innocenzo X Pamphili e Alessandro

VII Chigi. Tra il marzo 1659 e il novembre 1660 Borromini innalzò, sul lato nord-ovest dell'Università, per incarico di Alessandro VII Chigi, la Biblioteca Alessandrina, mentre nel 1660 fu consacrata la cappella universitaria. Sfortunatamente l'architetto morirà, dopo aver ottenuto l'incarico a trentatre anni, senza avere avuto la soddisfazione di vedere il completamento della Biblioteca e della facciata verso S. Eustachio.

Alla Sapienza Borromini dovette affrontare altre difficoltà, inserendosi in una situazione architettonica già avviata e dovendo risolvere problemi statici non indifferenti. Il progetto prevedeva il completamento del palazzo dell'università e la costruzione della cappella universitaria, la quale allude a un preciso disegno sapienziale: il portale d'ingresso della chiesa introduce a una dimensione segnata dall'iscrizione soprastante tratta dai *Proverbi* (9, 1): «Sapientia aedificavit sibi domum» (La Sapienza edificò la propria casa).

La porta, anche alla Sapienza, è un elemento fondamentale dell'iconografia borrominiana, non solo dal punto di vista architettonico ma soprattutto esoterico, e ricorre nell'edificio altre due volte: al piano nobile del palazzo e lungo la facciata posteriore su Via del Teatro Valle. Il primo è un portale gemino nel quale, al di sotto del timpano spezzato, Borromini scolpisce le cifre fondamentali della spiritualità massonico-cristiana: osserviamo infatti l'unione di un triangolo con un semicerchio, attributo della Sapienza. All'interno della circonferenza si trova uno scudo romboidale con la Medusa, simbolo della Sapienza profana, alla sinistra del quale un libro con il pentacolo (stella a cinque punte) allude al raggiungimento della perfezione da parte dell'iniziato; al di sopra del pentacolo la scure è simbolo dell'atto supremo della presa di Coscienza. Alla destra della Medusa la raffigurazione del quadrato magico è costituito da cinque parole di cinque lettere, che possono essere lette indifferentemente nelle quattro direzioni dei lati del quadrato stesso. Fin dal Medioevo al quadrato magico si attribuiva un significato apotropaico-esorcistico[6].

I quattro cavalieri dell'Apocalisse

Ancora più criptica è la decorazione dell'altro portale: nei tre spazi fra le mensole che sostengono il balcone Borromini rappresenta da sinistra verso destra un libro accanto a una bilancia e a una spada, una corona d'alloro affiancata da due ali, un serpente che si avvita e si riflette in uno specchio, con una smorfia che accentua la sua mostruosità. Il riferimento apocalittico che riconduce il portale al contesto simbolico di tutta la chiesa è confermato dalla descrizione dei quattro cavalieri dell'Apocalisse[7]: al primo di questi, su un cavallo bianco viene consegnata una corona (il potere militare); al secondo su un cavallo rosso fuoco viene data un'enorme spada (la guerra sanguinaria); segue un cavaliere su un cavallo nero che regge in mano una bilancia (la carestia e la fame); infine il quarto cavaliere su un cavallo verdastro si chiama Morte e Ade, assimilabile al serpente che riflette la propria immagine nello specchio.

La geometria sacra

La pianta della chiesa, il tabernacolo e l'insolita cupola fanno riferimento a uno studiato disegno sapienziale. La prima, originata dalla intersezione di due triangoli equilateri, riproduce la stella a sei punte, o *sigillo di Salomone*, simbolo della sapienza teologica. Non è tuttavia da escludere l'allusione al monogramma cristologico sintetizzato da una stella a sei punte o da una croce a sei braccia. Il monogramma ritorna all'interno di una corona d'alloro nei medaglioni sopra le finestre laterali del tiburio, mentre la stella esagonale, alternata all'ottagonale, fa parte del simbolismo decorativo. All'interno dell'edificio si contrappongono l'asse orizzontale, che fa perno sull'altare, e l'asse verticale, che conduce lo sguardo dello spettatore al cerchio della lanterna, dove si placa la forte tensione che «deforma» le superfici concave e convesse.

Il tabernacolo è impiantato all'interno di un'esedra con sette candelabri, in parallelismo con le rappresentazioni del Tempio di Salomone, dove appare un tabernacolo con sette colonne. Come fa rilevare lo storico dell'architettura Marcello Fagiolo:

> Il 7 serve a collegare più precisamente la chiesa a una simbologia biblica (apocalittica, in particolare) e serve pure a contestare, diremmo quasi a esorcizzare, il significato negativo del numero 6, dominante nella geometria dell'edificio. Infatti, secondo la tradizione biblica, il 6 è il numero dell'empietà, la bestia dell'«Apocalisse», empia in grado supremo, ha il numero 666; mentre il 7 corrisponde alla perfezione terrena (e l'8 alla perfezione divina, essendo 888 il numero di Cristo).[8]

Due bassorilievi nel tamburo della chiesa con la rappresentazione della Colomba dello Spirito Santo e l'Agnello sopra un libro dal quale pendono sette sigilli, svelano la connessione tra Divina Sapienza e Apocalisse[9]. Solo l'Agnello pasquale è in grado di accedere alla Sapienza divina, svelando i segreti del libro che contiene i giudizi occulti.

I richiami apocalittici ricorrono anche nella decorazione interna della cupola nella quale, solo apparentemente, l'emblematica chigiana (monti e stelle) è finalizzata alla celebrazione di Alessandro VII, il papa della Sapienza: intorno al lanternino si contano dodici stelle equivalenti alle dodici che compongono la corona intorno al capo della donna apocalittica[10], mentre i filari di stelle a fianco dei costoloni sono costituiti da sette astri più un'ottava stella sottesa alla croce, con riferimento al passo dell'*Apocalisse*[11] che evidenzia Cristo con sette stelle nella mano destra. Inoltre i monti chigiani avvolti da tre corone, simboli della montagna celeste, alludono al Trismegisto.

Infine, la cupola con la lanterna a spirale è il punto culminante dell'itinerario iniziatico, la cui decorazione interna sviluppa tre esedre e produce l'intersezione di un triangolo equilatero con tre cerchi, generando così il simbolo trinitario e quello della scienza massonica che con esso s'identifica.

Al di sopra dei dodici gradini della cupola, sul tempietto delimitato da dodici colonne binate, Borromini imposta il moto della spirale, che dal perimetro si avvolge fino al centro della corona fiammeggiante. Il moto elicoidale che avvita l'insolita cupola verso l'alto esprime un processo di crescita temporale e spaziale, il cui impulso è dato dal tiburio della cupola, simile a un gigantesco *atanòr*.

Per Via Giulia in compagnia di Horus

Nel 1660 Borromini assiste alla consacrazione della cappella universitaria di S. Ivo, ma il palazzo è ancora incompleto, come non sarà mai appagata la ricerca sapienziale dell'autore, il quale, tra il 1646 e il 1656, aveva lavorato all'ampliamento di Palazzo Falconieri, nell'area alle spalle di Palazzo Farnese compresa tra Via Giulia, la Chiesa dell'Orazione e Morte e il Tevere.

In occasione dell'ampliamento del palazzo, forse su indicazione degli stessi Falconieri, egli mette in atto un significativo repertorio simbolico ermetico-massonico, non solo per la decorazione dei soffitti delle stanze ma anche all'esterno dell'edificio.

Il prospetto cinquecentesco su Via Giulia fu completato con l'aggiunta di tre finestre e con un portale a bugne nella cui rosta si osservano una conchiglia, un sole, un'ala raggiante e un artiglio. Sono simboli della nascita, della luce e del volo verso il sole, mentre i falconi angolari fanno riferimento certamente ai committenti, ma in Borromini nulla è senza significato: il falco, come Horus nell'antico Egitto, è solare e indica superiorità e vittoria. Le erme hanno seni femminili che ne svelano la natura androgina, tanto più che il seno di destra è simbolo del Sole, quello di destra della Luna. Nel centro del soffitto della prima stanza attigua a Via Giulia, all'interno di una cornice circolare, campeggiano tre corone circolari, al centro delle quali si evidenzia un sole, i cui raggi si allungano fino ai sei punti d'intersezione delle tre corone. Il numero potrebbe riferirsi all'*Hexaemeron* (opera di sei giorni) della creazione del mondo, in quanto il settimo giorno fu benedetto da Dio come giorno del riposo e della manifestazione del principio divino. Quindi il sei alluderebbe alla mediazione tra il Principio e la Manifestazione del divino.

Nella sala successiva, il soffitto ha al centro un ovale, nella parte bassa del quale troviamo un globo alato, dal quale si diparte uno scettro che lo congiunge al sole, nel quale è inscritto un occhio. Un serpente che si morde la coda (Uroboros) dà luogo a un cerchio che congiunge il globo alato con lo scettro, mentre dei festoni legati da nastri sono esterni allo scettro.

Proviamo a interpretare la complessa simbologia massonica secondo quanto afferma lo scrittore e saggista Leros Pittoni:

> L'uroboros rappresenta la perpetua trasmutazione della vita nella morte e della morte nella vita. Rappresenta anche l'unione del mondo ctonio raffigurato dal Serpente e del mondo celeste rappresentato dal Cerchio [...] L'Eterno Spirito, manifesto nella perpetua trasmutazione della Vita, è il Grande Architetto dell'Universo [...] L'occhio è il simbolo, sul piano fisico, del Sole visibile da cui emanano la Vita e la Luce; sul piano intermedio astrale del Verbo, del Logos, del Principio Creatore; sul piano divino del Grande Creatore dell'Universo.[12]

Borromini-Hiram

Luglio 1667. Le condizioni di salute di Francesco Borromini peggiorano rapidamente: da dieci giorni non esce più di casa se non per andare a S. Giovanni a ricevere il giubileo. L'ossessione della morte incombe su di lui, provocandogli un'insostenibile lacerazione tra il suo credo religioso e gli insegnamenti morali del prediletto Seneca:

Ed ecco che comincia ad apparire il termine comune del genere umano. Noi uomini, nella nostra grande demenza, lo consideriamo uno scoglio. In realtà è un porto che si deve talvolta desiderare, mai rifiutare [...] La vita, come sai, non sempre merita di essere conservata. Non è un bene il vivere, ma il vivere bene. Perciò il sapiente vivrà tutto il tempo che ha il dovere di vivere, non tutto il tempo che può vivere. Vedrà lui dove dovrà vivere, in quale società, in quali condizioni e in quali attività.[13]

La vita, per Borromini, è contraddizione; la morte deve ricongiungere ciò che la nascita ha separato, ritrovando nell'Assoluto il superamento di tutte le antitesi.

Il distacco dalla vita assume per l'architetto un profondo valore simbolico come tutta la sua arte: all'alba del 2 agosto 1667, dopo una notte insonne, in preda a una disperata angoscia, l'artista si trafigge a filo di spada, dopo aver distrutto i suoi disegni, e con essi i segreti dell'arte muratoria, come il mitico architetto Hiram di fronte ai suoi carnefici aveva fatto con i misteriosi progetti del tempio di Salomone.

Note

[1] A Roma l'inserimento del giovane apprendista nel cantiere di S. Pietro è facilitato da Carlo Maderno (1556-1629), per mezzo del quale Borromini approfondisce le conoscenze di matematica, prospettiva e geometria, prendendo parte alle esecuzioni di varie opere all'interno della basilica vaticana.

[2] L'oratoriano padre Virgilio Spada (1596-1662), apostolo dell'insegnamento di S. Filippo Neri, era appassionato di architettura e geometria, collaborando con il Borromini in tutte le opere più impegnative. Egli si occupava anche di ricerche naturalistiche e alchemiche nella sua abitazione a S. Maria in Vallicella.

[3] Il 5 dicembre 1649 un certo Marco Antonio Bussone, armato di una grossa pietra, si era scagliato sulle decorazioni della basilica, recando seri danni e provocando la reazione del Borromini che ordinò di dargli una severa lezione. Tuttavia il Bussone fu addirittura ucciso, implicando l'architetto in un caso giudiziario che gli costò l'allontanamento dal cantiere. Non si seppe mai chi avesse mandato quell'uomo.

[4] La Gerusalemme celeste: «Aveva un grande muro e alto munito di dodici porte, presso le quali erano dodici angeli; e dei nomi vi erano scritti, che sono quelli delle dodici tribù dei figli di Israele. A oriente aveva tre porte, a settentrione tre porte, a mezzogiorno tre porte, a occidente tre porte. Il muro della città ha dodici fondamenta e sopra di esse dodici nomi, quelli dei dodici apostoli dell'agnello» (*Apocalisse*, 21, 12-14).

[5] La prima Università romana fu istituita da Bonifacio VIII e restaurata da Alessandro VI alla fine del XV secolo. Pio IV Medici ricostruì l'edificio nel 1560 e i lavori si protrassero sotto il pontificato di Gregorio XIII e di Sisto V, quando la direzione dell'opera fu assunta da Giacomo della Porta, fino all'arrivo del Borromini.

[6] Per ulteriori approfondimenti sul quadrato magico è da tener presente: R. Camilleri, *Il quadrato magico*, Milano, Rizzoli, 1999.

[7] *Apocalisse*, 6, 1-8.

[8] M. Fagiolo, *S.Ivo*, «*Domus Sapientiae*», in *Studi sul Borromini*, Roma, De Luca, 1967, vol. II, p. 153.

[9] *Apocalisse*, 6, 12-13.

[10] Ivi, 12, 1.

[11] Ivi, 1, 16.

[12] L. Pittoni, *Francesco Borromini. L'Iniziato*, Roma, De Luca, 1995, p. 75.

[13] L.A. Seneca, *Lettere a Lucilio*, Milano, Rizzoli, 1974, pp. 196-97.

L'INIZIAZIONE DI GIACOMO CASANOVA: EROS E MAGIA TRA RITI ESOTERICI E LIBERTINISMO

L'incontro con l'occulto

Giacomo Casanova ha diciotto anni quando, nel 1743, percorrendo l'ultimo polveroso tratto della Via Appia, arriva a Roma per la prima volta. Il caldo, l'emozione e la speranza in un futuro migliore gli evocano improvvisamente la giornata afosa di undici anni prima, quando da piccolo, in compagnia della nonna Marzia, stava per intraprendere la sua prima discesa agli inferi: nell'abitazione di una guaritrice, ultima speranza di guarigione dopo i fallimenti della medicina ufficiale, dalle violente epistassi che minacciavano la sua giovane vita.

L'esorcismo avvenne in una misera catapecchia buia, nella quale la guaritrice urlò incomprensibili formule magiche nei riguardi del bambino rinchiuso in una cassa; infine l'ordine perentorio di non rivelare a nessuno il segreto, pena la morte. La notte successiva, a Giacomo apparve in sogno una figura femminile imponente, seduta sul suo letto, che s'intrattenne con lui per lungo tempo. L'apparizione concluse il cerimoniale magico e dischiuse al bambino la via della guarigione.

L'incontro con l'occulto ha un significato molto importante per l'esistenza di Casanova, per il quale la vita cominciò da quel momento, con la rimozione dell'infanzia e quindi della malattia e del difficile rapporto con i genitori[1].

L'episodio è significativo anche per la riflessione casanoviana riguardo i limiti di un razionalismo che escluda l'apertura all'imponderabile e alla superstizione. Da questo punto di vista anche le streghe sono necessarie per «esorcizzare» tutte quelle paure e angosce ineliminabili, che fanno parte integrante dei sonni della ragione.

È un'intuizione profonda, che dimostra l'interesse di Casanova per l'irrazionale, per le «ragioni del cuore», in costante dialettica con i lumi della ragione: i riti magici, le stregonerie, le pratiche esoteriche non servono solo a guadagnare favori, prestigio o denaro, ma sono una componente essenziale della nostra psiche.

Il quartiere di Piazza di Spagna

A Roma Casanova arriva dopo un viaggio «significativo», durante il quale incontra le sorelle Lucrezia e Angelica, nei cui confronti applica la tecnica della «seduzione simultanea». La prima è sposata, la seconda è prossima alle nozze, ma nulla frena l'audacia del giovane veneziano, che si prepara alle mondanità del clima romano.

Provenendo dalla Via Appia, l'impatto con il volto religioso della città, espresso dalla sequela di chiese e conventi, prolunga psicologicamente l'atmosfera dell'infausto tentativo di carriera religiosa dissoltosi in Calabria. L'ingresso in città gli procura una grandissima emozione che cancella ogni dubbio, tanto più se ad accoglierlo è il quartiere cosmopolita, libertino e massone di Piazza di Spagna. Al palazzo omonimo (dove oggi è l'ambasciata spagnola), Giacomo deve incontrare il cardinale Troiano Acquaviva, al quale era stato raccomandato. A poca distanza dal palazzo si trova Via dei Condotti, una delle più amate da Casanova, per i «caffè», la nuova istituzione settecentesca, dove:

l'uomo, partendo dal nulla, poteva arrivare a tutto [...] L'uomo chiamato a far fortuna in quella antica capitale del mondo deve essere un camaleonte, capace di riflettere tutti i colori dell'atmosfera che lo circonda, un Proteo pronto a rivestire tutte le forme. Deve essere pieghevole, insinuante, simulatore, impenetrabile, spesso umile, perfidamente sincero, far sempre le viste di saper meno di quello che sa, sempre con ugual tono di voce, paziente, padrone della propria fisionomia, freddo come il ghiaccio, quando un altro al suo posto sarebbe tutto fuoco; e se ha la disgrazia di non aver la religione nel cuore, cosa abituale in quello stato d'animo, deve averla nello spirito, soffrendo in pace, se è un uomo onesto, la mortificazione di vedersi costretto a riconoscersi ipocrita. Se aborre questa condotta, deve lasciare Roma e andare a cercar fortuna altrove.[2]

Il caffè, bevanda del diavolo

Il Caffè Greco, al n. 86 di Via dei Condotti, è un centro di mondanità e occasione di incontri importanti per Casanova. Il locale, fondato nel 1760 da un levantino, è uno dei più antichi non solo di Roma ma d'Europa. In esso si consuma una bevanda particolarissima proveniente dalla lontana Etiopia e importata dai turchi in Europa. Le proprietà del nuovo prodotto sono «diaboliche», perché in grado di vincere il sonno e di eccitare un individuo a tal punto da farlo apparire in preda a forze sovrannaturali. Nel locale, Casanova ascolta:

un giovane abbate raccontare ad alta voce un fatto vero, o inventato, in cui è attaccata direttamente la giustizia del Santo Padre; ma senza asprezza. Un altro, interrogato perché aveva lasciato il servizio del cardinale B. risponde: perché l'eminenza pretendeva di non essere obbligato a pagarlo, a parte certi servizi straordinari che esigeva in berretto da notte. La risata è generale [...] Un altro lesse un sonetto incendiario contro il governo, di cui molti presero copia. Tutti ridono, e lui fa eco.

Il caffè diventa luogo di incontro e di elaborazione di arte e cultura in alternativa alle accademie, ma anche di «corruzione» e «perdizione». Ora però il giovane Casanova deve affrontare problemi economici pressanti e cercare un'occupazione. Si presenta al potente cardinale Acquaviva, mecenate e uomo di società a Palazzo di Spagna già Monaldeschi, sede dal 1647 dell'ambasciata di Spagna presso lo Stato pontificio. Il palazzo prospiciente l'attuale Piazza Mignanelli, allora dava il nome solo al settore della piazza davanti la residenza dell'ambasciatore, mentre l'area verso Via del Babuino era denominata Piazza di Francia. Entrambe erano zone franche, sottratte alla giurisdizione pontificia. Il diciottenne Casanova viene assunto dal cardinale Acquaviva fra il personale di segreteria. Egli, tuttavia, deve imparare al più presto il francese e si reca per questo presso l'avvocato Dell'Acqua, che abita al secondo piano di Palazzo Bellucci, sul lato opposto di Palazzo di Spagna, corrispondente all'odierno numero civico 31 della piazza.

Piazza di Spagna o la metamorfosi dell'anima

La bella favola romana, che sembra iniziata sotto i migliori auspici, non durerà molto per Casanova, che invece intravede la possibilità di una rapida carriera. La sua insaziabile curiosità lo conduce verso la dimensione misteriosa della realtà e della psiche: a quest'ultima allude la *forma a farfalla* di Piazza di Spagna, costituita dai due spazi triangolari ai lati della Barcaccia berniniana, aventi il vertice in comune. Farfalla, in greco *psychè*, traduce anche il termine anima: come l'animale che si trasforma da bruco in larva e infine in farfalla, così l'anima deve tendere alla sua metamorfosi, alla leggerezza dell'essere. Non a caso la *Scalinata di Trinità dei Monti*, realizzata nel 1723-26 da Francesco De Sanctis per supplire al forte dislivello fra la piazza e la chiesa della SS. Trinità, costituisce l'asse di un percorso simbolico che si eleva dalle acque del sottosuolo che alimentano la Barcaccia fino all'archetipo celeste della chiesa della Trinità.

Il simbolismo iniziatico della piazza più famosa del mondo fu completato nel 1806 dalla collocazione dell'obelisco sallustiano[3] davanti alla chiesa della Trinità e dall'erezione della colonna dell'Immacolata Concezione (1856) al centro del triangolo sud-orientale della piazza. La *colonna* e l'*obelisco* sono ambedue icone del rapporto fra terra e cielo, e la valenza solare dell'obelisco accentua l'ascesa iniziatica verso la luce.

L'esperienza romana di Casanova purtroppo è sul punto di interrompersi bruscamente per uno spiacevole quanto inatteso incidente: una notte, nelle vesti di abate, si introduce nella sua camera Barbaruccia, figlia dell'insegnante di francese: è incinta, e lo prega di ospitarla mentre la polizia, avvertita dal padre, arresta il fidanzato che avrebbe dovuto rapirla e condurla a Napoli. Giacomo aiuta la ragazza, nascondendola nel suo stanzino, ma pretende che scriva una lettera di chiarimento per l'Acquaviva, in modo da tutelare il suo operato e giustificare la propria posizione. Il cardinale però sospetta fortemente Casanova di corruzione di minore, teme lo scandalo e lo invita a lasciare subito la città.

Massoneria, carcere e psiche femminile

La patria di Casanova diventa l'Europa: nel 1745 si reca a Costantinopoli, poi la decisiva affiliazione alla Massoneria di Lione nel 1750 con il grado di apprendista, mentre i gradi superiori di compagno e maestro li otterrà più tardi a Parigi, acquisendo notevoli possibilità finanziarie e politiche.

Nel 1760, dopo sedici anni, durante i quali vive la prigionia ai Piombi e la rocambolesca fuga[4], Casanova è di nuovo a Roma. Il ritorno nella città eterna per il seduttore trentacinquenne significa riannodare i fili con il passato, in particolar modo la relazione con Lucrezia, dalla quale era nata quindici anni prima Leonilde. Tanti pensieri e sensazioni si affollano nella sua mente, mentre bussa a notte fonda alla porta de La Scalinata, una delle migliore locande di Piazza di Spagna, situata nei pressi della scalea della Trinità: quei minuti di attesa gli sembrano un'eternità, perché rivive in pochi secondi le speranze e le delusioni di diciotto anni prima. Finalmente una domestica, illuminando con una lanterna il buio della notte, lo fa entrare in un ambiente al pianterreno, in attesa della stanza che andrà a preparare.

Rimasto quasi nell'oscurità completa, il veneziano si rende conto con stupore che nella stanza sono sparsi indumenti femminili. All'improvviso una giovane voce femminile lo invita a sedersi sul letto al centro della stanza: è Teresa, la seconda delle tre figlie di Carlo Rolland, proprietario della locanda; un'altra improvvisa passione avvampa nel suo cuore, ma ecco il sopraggiungere della cameriera. L'avventura appena iniziata sembra già conclusa; ancora una volta il labirinto della psiche femminile rimane insondabile.

Nella Roma del veneziano Clemente XIII Rezzonico, Casanova ha contatti con gli ambienti scientifici e artistici internazionali tramite il fratello Giovanni, pittore e allievo prediletto di Raffaele Mengs, che opera a stretto contatto con il Winckelmann, massimo teorico del neoclassicismo. Il cardinale De Bernis, ambasciatore francese a Roma e complice delle sue avventure erotiche, lo mette in corrispondenza epistolare con i Minimi di Trinità dei Monti, nel convento dei quali si custodiscono autentici prodigi scientifici.

È lì che ci dirigiamo insieme a Casanova.

Una visita a Trinità dei Monti tra realtà e sogno

La chiesa e il convento, iniziati nel 1502 da Luigi XII e terminati nel 1585 da Sisto V, fra Seicento e Settecento divennero un centro non solo di devozione religiosa ma anche di studi di ottica e fisica. Risultato eclatante di queste ricerche sono i due orologi posti in alto sui due campanili della chiesa e un altro all'interno del convento.

L'orologio, una delle cifre più ricorrenti dell'età barocca, è anche l'oggetto che meglio rispecchia la duplicità problematica di Casanova: la macchina segnatempo, nei cui movimenti di ruote e lancette si scorgono le grandi rotazioni del cielo, riducendo l'universo-macchina alla misura del nostro occhio, corrode il nostro stato vitale. Per Casanova l'orologio diventa metafora visibile dell'invisibile che segna tragicamente il destino umano: tutto è vanità, tutto trascorre. Come rivitalizzare ciò che è trascorso irrimediabilmente? In compagnia di queste riflessioni, Casanova visita la *meridiana o orologio solare*, dipinta nel 1687 da padre Emanuel Maignan sulla volta e sulla parete del braccio nord del chiostro, al primo piano: la meridiana rendeva possibile calcolare l'ora nelle principali città del mondo di allora, quando a Roma era mezzogiorno. L'orologio è composto da una rete labirintica di linee di vari colori, lungo le quali sono posizionati i nomi di città, pianeti e costellazioni.

All'ingegno di Maignan dobbiamo anche il particolare affresco dipinto secondo la tecnica prospettica dell'anamorfosi[5]. L'affresco, situato nel corridoio del braccio est del chiostro, raffigura, secondo il punto di vista dell'osservatore, due soggetti diversi: frontalmente un paesaggio, di scorcio S. Francesco di Paola eremita in Calabria in atteggiamento di preghiera. Padre François Niceron (1613-1646), allievo di Maignan, dipinse nel corridoio ovest l'altra grande anamorfosi (oggi perduta), rappresentante S. Giovanni nell'Isola di Patmos. Per i minimi l'anamorfosi serve a evidenziare il nascosto ordine spirituale della creazione divina, che all'occhio distratto appare solo come un insieme confuso di forme disparate; per Casanova, invece, queste prospettive irregolari significano la scoperta della dimensione relativistica della realtà, dipendente dal punto di vista dello spettatore. Egli, appassionato di geometria e fisica, intuisce nell'orologio solare la diversità del tempo in relazione allo spazio. Quanto più si approfondiscono le conoscenze scientifiche tanto più si allarga la dimensione del mistero.

Nel palazzo delle meraviglie

Dal convento della Trinità Casanova arriva a Via Sistina, nome attuale dell'allora Strada Felice, ideata da Sisto V per congiungere la Trinità con S. Croce in Gerusalemme. Egli raggiunge l'abitazione di Winckelmann a Palazzetto Zuccari, dove spesso si reca anche il fratello Giovanni. L'edificio si trova a destra della chiesa della Trinità e occupa la testata tra Via Sistina e Gregoriana: fu progettato nel 1592 da Federico Zuccari come propria abitazione e fu destinato a ospitare un'accademia di pittura. Il palazzo, che ha un'inconsueta pianta triangolare, presenta sul fianco un'«anomalia»: una serie di finestre e un portale d'ingresso forgiati come mascheroni con le bocche spalancate, ingressi agli inferi, in analogia con i mostri di Bomarzo. A Casanova i «capricci» dell'arte manierista evocano il mistero delle cose, delle pietre, delle piante e il percorso labirintico che introduce a una dimensione parallela a quella della nostra vita, dove il confine fra realtà e sogno è inesistente.

Il mascherone del portone d'ingresso attira e allontana il libertino; egli rivive improvvisamente l'esperienza esoterica della strega di Murano.

Entrare nel «Palazzo dei mostri» significa confrontarsi con l'illusionismo spazio-temporale dell'arte manieristica, che può giungere al confine con l'allucinazione. L'incontro con Winckelmann, che nello stesso periodo è consulente artistico del cardinale Alessandro Albani per l'allestimento della splendida villa omonima fuori da Porta Salaria, è di estremo interesse per Casanova. Infatti Giacomo è affascinato straordinariamente dai numeri e particolarmente interessato a un problema allora sentito dagli ambienti ecclesiastici: quello della misurazione dell'anno e della riforma del calendario gregoriano[6] da adottare in tutti gli Stati.

I prodigi della scienza

A questo proposito Casanova viene a conoscenza della *meridiana* che lo zio del cardinale Albani, il papa Clemente XI, aveva fatto disegnare nel 1702 da Francesco Bianchini e Giacomo Maraldi nella basilica di S. Maria degli Angeli. La curiosità del veneziano è incontenibile e chiede al fratello Giovanni di accompagnarlo a vederla. Da Trinità dei Monti, i due percorrono in carrozza la Strada Felice (odierna Via Sistina, Quattro Fontane, De Pretis), un unico rettifilo che congiunge la chiesa della Trinità a S. Croce in Gerusalemme. Dalla Trinità all'incrocio delle Quattro Fontane, la strada è fiancheggiata da case. All'altezza delle Quattro Fontane, la carrozza imbocca a sinistra la Via Pia (attuali Via XX Settembre e Via del Quirinale), che collega la porta omonima progettata da Michelangelo con il Palazzo papale del Quirinale. Allora la strada che Pio IV nel sesto decennio del Cinquecento aveva tracciato su un antico percorso romano era un luogo elegante, adatto al passeggio; i visitatori stranieri la descrivono come un salotto all'aperto, dal quale la corte papale al Quirinale ammirava il panorama della città sottostante, un belvedere alto e aperto in mezzo alle ville cardinalizie. Pio IV, dal cui nome derivano quelli della porta e della strada, aveva curato la sistemazione anche dei resti delle Terme di Diocleziano, che il papa decise di trasformare nella imponente basilica di S. Maria degli Angeli, affidando l'incarico al novantenne Michelangelo nel 1563, un anno prima della sua morte.

Giunti all'area di Piazza di Termine (attuale Stazione Termini), così detta dalle vicine terme romane, Casanova è colpito dai ruderi semisepolti delle antiche Terme di Diocleziano, all'interno delle quali fu realizzata la basilica. La successiva trasformazione ebbe luogo nel 1700, quando intervenne il Vanvitelli per l'Anno Santo del 1750, il quale conferì all'interno l'aspetto attuale. La meridiana, posta a un'altezza di venti metri sulla parete di fondo del transetto destro, fu voluta da Clemente XI per determinare, secondo un parametro standardizzato, la data del giorno di Pasqua: la prima domenica dopo il plenilunio che segue l'equinozio di primavera. Fu inaugurata nel 1703 ed è costituita da un grande stemma della famiglia del papa con un foro nella parte inferiore. A mezzogiorno un raggio di luce passa per il foro, raggiungendo un preciso sistema di linee e tacche sul pavimento. La linea principale (linea clementina) indica il punto dove arriva ogni giorno dell'anno il raggio luminoso. Mediante calcoli matematici è possibile determinare anche la data del giorno, mentre altre linee indicano il *Terminus Pascae* (limiti fissati per il giorno di Pasqua). A Casanova interessano soprattutto i complessi meccanismi fisico-matematici che permettono di controllare il tempo e lo spazio, il volto prometeico della scienza settecentesca, che dischiude possibilità enormi ma anche illusioni impensabili rispetto al passato. Modernità e antichità classiche si fondono davanti al suo sguardo, che ammira l'immensa Villa Peretti, che occupava l'area compresa fra Via del Viminale e Porta S. Lorenzo, da Via Marsala a Via Depretis. Fra S. Maria degli Angeli e la Strada Pia vennero costruiti nel 1764 il deposito dell'olio e i magazzini del grano, uno dei più importanti centri annonari della città, utilizzato fino al 1870. I volti di Roma sono molteplici, proteiformi, come la vita stessa nella quale si mescolano sacro e profano, razionalità e mistero.

L'elisir di lunga vita

Nel 1757, per la fama conquistata durante il primo soggiorno parigino, la marchesa d'Urfè aveva voluto Casanova accanto a sé nel Castello di Chambord, dove il libertino poteva disporre anche di un laboratorio alchemico.

La marchesa, ingannata da diversi millantatori, confidava nelle arti rigeneratrici di Casanova, che avrebbero dovuto restituirle la giovinezza, trasferendo la sua anima nel corpo di un'adolescente.

La relazione fra i due si protrasse per sette anni, fruttando a Casanova lauti guadagni e la consapevolezza di quanto il mito della rigenerazione fisica e spirituale alimentasse il sogno di onnipotenza dell'uomo, che nel Settecento coltiva l'utopia degli automi e il tentativo di creare un antropoide dalla materia inerte. Ormai il progresso tecnico-scientifico permette la realizzazione di androidi che riproducono perfettamente il corpo umano. Il pubblico è attratto dai movimenti e dalle «parvenze di vita» di queste macchine. Da secoli nell'immaginario collettivo, il mito dell'automa, oltre ad attrarre come miracolo della tecnica, è legato al fascino del magico e del misterioso, all'illusione che l'uomo possa replicare l'atto creativo di Dio con una materia diversa, più perfetta di quella umana. Il delirio illuminista dell'uomo-macchina esalta l'utopia dell'uomo-dio autore del processo creativo, gestito e conosciuto nei minimi particolari. Se l'uomo è mistero a se stesso, può acquisire l'onniscenza divina quando progetta e costruisce?

Un golem a Palazzo Boccapaduli

A Roma Casanova ha sentito parlare di qualcosa di sensazionale nascosto in un palazzo aristocratico nei dintorni del ghetto ebraico. Prima di ripartire dalla città, la curiosità del libertino emerge con la stessa intensità necessaria in un rapporto erotico-sentimentale: ora deve andare immediatamente verso il quartiere ebraico per bruciare un'ennesima esperienza. Al fratello Giovanni, che chiede insistentemente dove fossero diretti, Casanova non risponde per non privarlo del piacere dell'attesa, nel quale consiste la massima felicità. Il percorso si snoda da Piazza di Spagna per Via dei Condotti, così da incrociare la Strada del Corso, che la carrozza percorre fino a

Palazzo Venezia, strutturato in maniera diversa dall'attuale, per poi imboccare l'attuale Via del Plebiscito fino alla Chiesa del Gesù. Giunti finalmente dinanzi a Palazzo Boccapaduli l'incantesimo s'interrompe bruscamente, perché ai due viene negato l'accesso al palazzo, ma il prodigio della scrittura svela l'arcano: Casanova legge al fratello la descrizione epistolare, di cui era venuto in possesso, dell'incredibile automa custodito in una stanza dell'edificio:

> Ho veduto anni or sono in Roma una statua di grandezza naturale rappresentante una ragazza, che suonava il cembalo, col moto delle dita come se fosse viva.
>
> Il suo artefice, vedendo dal mio discorso ch'era iniziato, mi condusse in un angolo della stanza, alzò un mattone e mi fece vedere il condotto magnetico, a cui accostando qualunque ferro, la macchina incominciava ad agire e levandolo cessava. In principio di esso condotto magnetico vi è posta in bilancia una sottilissima sfera sensibilissima alla minima attrazione ed essa comunica l'attrazione ed il moto ad altre pure poste in bilancia e sensibilissime. L'ultima di esse movendosi per esempio esce dai denti di una ruota che riteneva, e l'orologio della macchina agisce, come, levando da una mostra una tenuissima spilla conficcati nei denti di una ruota, la mostra camminerebbe.[7]

Dai progressi della tecnica settecentesca nasce la sindrome di Prometeo, la speranza che si possa creare la vita plasmando la materia: ancora una volta Casanova vede nei miti, nelle illusioni, nei sogni la forza sotterranea che muove l'umanità e la guarisce, come lui era stato guarito dalle parole incomprensibili della strega di Murano.

Alla fine del dicembre 1761 Casanova riparte alla volta di Parigi, per profittare dei desideri insani della vecchia amica d'Urfé, ma ormai il gioco è scoperto dai nipoti della donna, che aspirano al suo immenso patrimonio. Nel settembre 1774 rientra a Venezia dopo il lungo esilio al quale era stato condannato in seguito alla celebre fuga dai Piombi, ma tutti i suoi protettori veneziani non ci sono più, mentre sempre più incombente è lo spettro del passare del tempo, della solitudine e delle ristrettezze economiche.

Tra rimpianti e seconda nascita

Nel 1786 il conte Waldstein gli offre di occuparsi della sua biblioteca nel Castello di Dux, in Boemia. Non avendo altra scelta il libertino accetta. Ormai la scrittura è la sua vera esistenza: attraverso essa egli guarda il mondo: l'*Histoire de ma vie*, composta a Dux nel corso del 1789, s'interrompe al 1772, poiché «dopo i cinquant'anni non posso raccontare che cose tristi, e questo mi rende triste». A questo punto della sua vita Casanova cerca disperatamente un antidoto al trascorrere del tempo con il rito della scrittura, che diventa operazione magica: allontana l'angoscia della solitudine e duplica nelle pagine dell'autobiografia la sua esperienza esistenziale. Un rito magico-esoterico inaugura la «seconda nascita» di Casanova, e uno la chiude il 4 giugno 1798.

Note

[1] Poco dopo la nascita, i genitori abbandonarono Giacomo alle cure della nonna Marzia Farussi per dedicarsi alla carriera teatrale. Il dubbio che assillò sempre Casanova è che la madre lo avesse concepito da una relazione adulterina col nobile Michele Grimani, il cui fratello Alvise sarà tutore severo di Casanova.

[2] G. Casanova, *Storia della mia vita*, Milano, Dall'Oglio, 1981, vol. I, p. 240.

[3] L'obelisco era collocato negli *Horti sallustiani* tra Porta Salaria e Porta Pinciana, presso l'attuale chiesa luterana di Via Sicilia. Nel 1912 durante gli scavi per la costruzione dell'edificio comparve la base del monolite. Nel 1589 l'obelisco, forse crollato durante il saccheggio di Alarico, giaceva ancora al suo posto. Nel 1733 Clemente XII lo fece trasportare presso la Scala Santa in Piazza S. Giovanni, dove restò al suolo fino al 1788 quando Pio VI lo fece restaurare e innalzare sulla gradinata di Trinità dei Monti.

[4] La mattina del 26 luglio 1755 Casanova è arrestato dall'Inquisizione di Stato senza conoscere il capo d'imputazione e rinchiuso ai Piombi, la prigione del Palazzo Ducale. Sembra che a determinare l'arresto fosse stata la relazione con la badessa del convento di Murano. Il primo novembre Casanova evade ingegnosamente attraverso il tetto della prigione, forse con l'aiuto di qualche suo protettore veneziano.

[5] L'anamorfosi è una tecnica pittorica particolare che deforma l'immagine tramite dei complessi calcoli prospettici. La forma reale della raffigurazione, nascosta dalla prospettiva ingannevole, può essere riconosciuta soltanto se lo spettatore si pone in un determinato luogo.

[6] Il calendario gregoriano fu introdotto nel 1582 da Gregorio XIII per regolare la celebrazione della Pasqua in corrispondenza della domenica successiva all'equinozio di primavera. In seguito alle variazioni astronomiche causate dal precedente calendario giuliano, la data della Pasqua si era progressivamente allontanata dall'equinozio.

[7] La descrizione dell'automa è ricavata dal carteggio fra Alessandro e Pietro Verri, nel quale il primo scrivendo al fratello da Roma il 4 dicembre 1776 ricorda di aver veduto qualche anno prima il prodigioso automa. Cfr. Pietro e Alessandro Verri, *Carteggio*, Milano, L.F. Cogliati, 1923, vol. I, p. 223.

SUL COLLE DEI TEMPLARI: GIOVAN BATTISTA PIRANESI FRA ARCHEOLOGIA, EGITTOFILIA E NEOTEMPLARISMO

Da Venezia a Roma

Nel 1742 Giovan Battista Piranesi si trasferisce da Venezia a Roma al seguito di Francesco Venier, nuovo ambasciatore della Repubblica Veneta. Partecipa alla spedizione diplomatica in qualità di disegnatore, dopo l'apprendistato architettonico presso lo zio materno e la frequentazione della bottega di Giovan Battista Tiepolo.

Non poche sono le sollecitazioni creative che la città eterna offre all'artista emergente, tra le quali l'elezione del nuovo papa Benedetto XIV Lambertini, grande organizzatore dello Stato della Chiesa, mecenate e protettore delle antichità. I resti di Roma antica costituiscono il polo d'attrazione di Piranesi, poiché l'artista vede nella storia e nella grandezza dei Romani il luogo privilegiato della tradizione esoterica che dall'Egitto confluisce nella moderna massoneria.

Piranesi trascorre il primo periodo romano a Palazzo Venezia, sede della delegazione diplomatica veneta a Roma, insieme ad Antonio Corradini, scultore settantenne, noto appassionato di archeologia. Dalla sua abitazione ha la possibilità di osservare e poi visitare il Campidoglio e i resti del Carcere Tulliano (nel Medioevo denominato Mamertino) con le rovine del *Tabularium* (l'antico archivio dello Stato Romano), che egli trasfigurerà nelle *Carceri*, celebre raccolta di incisioni pubblicata a Roma nel 1743.

Le metamorfosi dell'abisso

Seguendo le indicazioni degli autori antichi, Piranesi scende negli inferi del Carcere Tulliano, ancora oggi esistente ai piedi del Campidoglio, sotto la chiesa di S. Giuseppe dei Falegnami. Qui furono detenuti e strangolati Giugurta, Vercingetorige e tanti altri, tra i quali la leggenda medievale pone anche Pietro e Paolo. L'edificio che il giovane artista esplora costituisce solo una parte dell'antico carcere, la più interna, denominata *Tullianum* per l'attribuzione a Servio Tullio o secondo altri autori ad Anco Marcio.

La realtà che gli si presenta agli occhi comprende quattro ambienti, il più basso con la volta schiacciata e quello superiore di altezza doppia e con una volta più curva, costituiscono la parte più interna e segreta del carcere; i due ambienti di pietra comunicano ora tramite una scala. Sui due locali posti in profondità si sovrappose nel 1540 la Chiesa di San Giuseppe del Carcere, sotto la quale nel 1833 fu ricavata la Cappella del Crocifisso. Questa, all'epoca di Piranesi, era un ambiente buio e solitario, in comunicazione con quello superiore tramite una botola tuttora esistente. Nella zona più profonda del carcere, l'immaginazione piranesiana crea uno spazio dilatato: tramite l'*oculus* della cella superiore e attraverso la botola che da questa si apre sull'attuale Cappella del Crocifisso, Piranesi vede tre ambienti sovrapposti che nella sua fantasia si moltiplicano a dismisura, collegando la parte più in superficie del carcere con le gigantesche costruzioni del Campidoglio e le arcate dell'antico archivio romano (*Tabularium*). In effetti, come si può osservare ancora oggi, il Carcere Tulliano si trova alla base del gigantesco complesso, quasi costituendone un blocco unico. La discesa dell'artista nelle profondità dell'edificio equivale alla ricerca delle origini della grandezza romana: il Tulliano, uno dei «grandi frantumi» della città antica, diviene la metafora della giustizia e dell'ordine giuridico, dei quali Roma era stata guida esemplare.

Il mondo unificato dal diritto romano era stato in precedenza «purificato» dalla tradizione misterica egizia, confluita a Roma tramite gli Etruschi. Iside e Osiride sono presenti sul Campidoglio, il colle che Piranesi trasfigura in un frammento di Egitto. Il visitatore di oggi che si accinge a percorrere la scalea michelangiolesca, pur facendo uno sforzo non indifferente, può ricostruire con la fantasia i monumenti immaginari che l'artista colloca sul colle, per esprimere il senso profondo, esoterico, del luogo d'incontro della religiosità romana ed egizia. Nella veduta del Campidoglio antico Piranesi trasfigura la veduta, ponendo non solo i leoni egizi ma due obelischi ai cui piedi ci sono dei prigionieri. Due figure allegoriche in primo piano simboleggiano a sinistra la giustizia, a destra la pace. In lontananza vediamo anche degli obelischi e un arco trionfale, forse quello di Nerone. La fantasia si mescola con la realtà: sotto il Palazzo Senatorio, accanto a una Minerva divenuta Dea Roma, sono poste due statue di fiumi, che rappresentano il Nilo, evidenziato dalla sfinge, e il Tevere con i corni dell'abbondanza.

Arte incisoria e trasmutazione alchemica

L'arte incisoria appresa alla scuola di Giuseppe Vasi[1], con il quale l'artista non ha rapporti idilliaci, significa il dominio sulla natura, la sua purificazione, infine la «trasmutazione alchemica». Fra il 1744 e il 1746 Piranesi apre una bottega a Via del Corso, nei pressi di Piazza Venezia, di fronte all'Accademia di Francia, situata allora in Palazzo Mancini, poi Salviati e ora del Banco di Sicilia (nn. 270-272 dell'attuale Via del Corso).

Il palazzo, costruito nel 1662 su progetto di Carlo Rinaldi e terminato nel 1690 per il duca di Nevers, dal 1725 al 1803 Accademia di Francia, fu luogo di incontro cosmopolita e massonico e contribuì notevolmente all'adesione di Piranesi al nuovo credo che dall'Inghilterra, in epoca napoleonica, si stava diffondendo in Francia.

Nella bottega del Corso l'artista incide e dà alle stampe quattro *Capricci* molto particolari, allusivi alla ciclicità della morte e della vita con una chiara simbologia massonica. I *Capricci*, pubblicati per la prima volta nel 1745, sono scherzi stravaganti che permettono all'autore rappresentazioni di fantasia. Essi hanno una fondamentale importanza per evidenziare il contesto ermetico-massonico in cui opera l'artista. Le quattro incisioni sono una rappresentazione simbolica della ciclicità vita-morte. Piranesi pone in stretta relazione i quattro elementi naturali che alludono alle stagioni e le età della vita con le quattro fasi del processo alchemico: la *nigredo*, o putrefazione della materia, come suggerisce lo scheletro in primo piano, mentre un cadavere è posto sul grande vaso antico. Nel secondo *Capriccio*, corrispondente alla purificazione della materia o imbiancamento, prevale l'elemento acqueo, lunare, che si scorge sul fondo dell'arco trionfale, dove un fiume scorre e un'anfora getta acqua.

Molto rilevante il terzo *Capriccio*, sulla cui parte alta un sarcofago è decorato da fasci littori allusivi agli ideali massoni di fratellanza e filantropismo. Su di esso un bollo con due mani che si stringono è simbolo dell'amore, che consente il superamento degli opposti. Nella parte inferiore dell'incisione alcuni serpenti allacciati e il Caduceo ermetico sono metafora dell'unione in senso politico e spirituale, mentre la nuvola che avanza in primo piano e il delfino mercuriale che salta indicano la leggerezza dell'aria e la vittoria sulla pesantezza della materia. L'ultimo *Capriccio* evidenzia l'elemento igneo (il fuoco alchemico), visibile nella fiamma che nasce dal braciere e sale verso l'alto, sul lato destro della composizione: dal fuoco si materializza una specie di torello alato equivalente alla spiritualizzazione della materia.

Il Ghetto degli Inglesi

Nel 1744 Piranesi va a Napoli insieme allo scultore Corradini, il quale qualche anno dopo curerà l'allestimento della cappella gentilizia, vero tempio massonico di Raimondo di Sangro principe di Sansevero: Venezia, Roma e Napoli costituiscono luoghi privilegiati per l'affermazione dell'Illuminismo massonico, che nella capitale pontificia gravita intorno al Ghetto degli Inglesi, il quartiere cosmopolita di Piazza di Spagna. Non a caso nel 1761 Piranesi trasferisce la sua residenza a Palazzo Tomati nella Strada Felice (oggi Via Sistina), presso Trinità de' Monti.

La zona è un porto franco, autonomo dalla giurisdizione pontificia e per questo frequentato da massoni. La prima loggia massonica fu attiva a Roma fra il 1735 e il 1737, mentre altre si svilupparono intorno al 1742, in concomitanza con l'arrivo di Piranesi.

All'angolo fra Piazza di Spagna e Via delle Carrozze sorgeva il Caffè degli Inglesi, distrutto nell'Ottocento, la cui decorazione pittorica era opera dell'artista veneziano, il quale si cimentò con il repertorio iconografico egizio: delle pitture ci rimangono due preziose incisioni nelle quali si evidenzia la rielaborazione ermetico-massonica della tradizione egittizzante, che dal Rinascimento si era diffusa in Occidente, particolarmente apprezzata dall'esoterismo massonico[2].

Il caffè è la nuova istituzione del Settecento, punto d'incontro di artisti, viaggiatori e letterati, che si riuniscono all'insegna della mondanità, della cultura, della politica, rifiutando gli ambienti ufficiali.

Egittofilia ed egittomania

Come si desume dalle incisioni, la pittura raffigurava in alto il *Pavone solare*, che distende la coda in orbita sui dodici settori dello zodiaco e il Nomos pitico, amuleto gnostico con capo di serpente e testa di leone, provvisto di criniera a dodici raggi. Essi alludono alla luce solare fonte di energia e origine di tutte le cose, centro cultuale della religione egizia, alchemicamente connesso al Fuoco. Al Sole corrisponde, in basso, la *Terra*, ossia il deserto egizio costellato di piramidi e obelischi disseminati sulle sponde del Nilo, punto di fuga prospettica all'orizzonte. L'*Aria*, il quarto elemento, è facilmente individuabile negli uccelli e nelle nuvole che fanno da sfondo alla composizione. Piranesi massone è consapevole della valenza alchemica della metamorfosi degli elementi: dalla «nigredo», o putrefazione della materia, alla «leucosi», o imbiancamento della materia operata dall'Acqua, alla «xantosi», l'ingiallimento o affermazione della luce dell'Aria, che culmina nella «iosi» o «rubedo», corrispondente al Fuoco o spiritualizzazione della materia. L'accesso al mitico scenario è concesso solo all'iniziato ai misteri di Iside, attraverso il triplice ingresso al tempio: la dea rappresentata in alto tra due sfingi, rende possibile la visione della «totalità», simboleggiata dai quattro elementi, unicamente a colui che possiede, come la sfinge, l'intelligenza dell'uomo e la forza del leone.

Sopra il Nilo si trova un'iscrizione con lo scarabeo sacro, animale essenziale nel culto egizio per l'allusione al concetto di autogenerazione per la omofonia del segno «CHEPRE», con la quale la scrittura egizia lo indica, e del verbo «CHEPRE», che significa venire al mondo assumendo una data forma. Secondo quanto afferma Plutarco, questa specie è composta solo di esemplari maschi, i quali depongono il loro seme in un materiale al quale danno la forma di una palla, dopo averla arrotolata con le zampe posteriori. Da qui la valenza solare del dio Khepri, generatore della terra o autogenerato.

Lo spazio centrale verso il quale converge la processione sacra dalle architravi laterali sintetizza una molteplicità di riferimenti al culto solare. La scenografica quinta architettonica è una reinterpretazione massonica dell'antica iconografia nilotica, dove gli elementi geometrici e architettonici fanno riferimento a divinità salvifiche: il pavone sul ripiano dell'ingresso principale e lo scarabeo solare sormontato da Sekhmet, dea leonina «potentissima» del male ma anche della salute.

Nella seconda incisione appaiono tre aperture sormontate da divinità zoomorfe: da sinistra la dea Sekhmet, il dio coccodrillo Sobek, il bue Api Amon-Ra, il grillo e il dio Horus, con le sembianze di falco e la corona.

Il mondo delle divinità celesti è il punto di riferimento per la storia e la natura che fanno da sfondo alle aperture laterali: ci troviamo al cospetto di un paesaggio solo apparentemente sepolcrale, poiché la piramide è il simbolo supremo dell'iniziazione massonica, dell'edificazione spirituale, secondo il disegno del Grande Architetto dell'universo. Essa è l'immagine dell'uomo nel processo di autoedificazione, mentre, sul piano scientifico-filosofico, il triangolo allude all'universo in espansione, dove Dio, come ordine naturale, si rispecchia nella molteplicità delle cose.

Al centro il Nilo del Basso e dell'Alto Egitto annodano le piante del papiro e del loto al geroglifico «riunire»: il concetto sacro della fertilità si connette a quello altrettanto sacro dell'unità politica.

Lungo il basamento del tempio sono rappresentati esseri demoniaci e la barca sacra per il viaggio nell'aldilà. Il complesso apparato simbolico sembra qui alludere alle tre dimensioni della morte, dell'esistenza e della resurrezione dopo la morte. Il viaggio dalle tenebre alla luce è l'essenza dell'Arte Reale massonica, la quale, analogamente all'alchimia, restituisce l'uomo alla condizione adamitica.

La Fontana di Trevi e l'ineffabile divenire cosmico

Nel 1758 viene eletto al soglio pontificio il cardinale veneziano Carlo Della Torre Rezzonico con il nome di Clemente XIII. Sono gli anni della piena affermazione dell'incisore veneziano, che vedono la pubblicazione delle opere più celebri, dedicate ai monumenti antichi di Roma. Piranesi scende la scalinata di Trinità de' Monti per dirigersi verso l'antico Campo Marzio, alla ricerca degli spunti tematici e immaginativi per le sue creazioni. Egli non sottovaluta alcun aspetto dell'antica grandezza di Roma; in primo luogo l'acqua, elemento fondamentale per la nascita della città, che deve a questa la sua stessa esistenza.

A poca distanza da Trinità de' Monti Benedetto XIV aveva inaugurato nel 1744 la Fontana di Trevi, ideata da Nicola Salvi. Lo scenografico trionfo dell'acqua nelle sue metamorfosi naturalistiche è sentito da Piranesi come elemento fondamentale della vita cosmica. L'esistenza dell'artista è segnata dall'acqua: la nascita a Venezia, città lagunare per eccellenza, lo zio di Giambattista ingegnere delle acque e infine Roma, sua seconda patria, nata dal Tevere. La laguna veneta, il Tevere, la fecondità del Nilo simboleggiano una tradizione sapienziale che fa dell'acqua l'elemento fondamentale della nascita, della fertilità, della rigenerazione psichica. Il *carro di Oceano* trascinato da cavalli marini guidati da tritoni affascina l'artista: l'acqua si diffonde e dà alimento alla natura per poi ritornare ad essa, realizzando una osmosi continua fra gli elementi. L'umido pervade tutto, in un perenne movimento, moltiplicando all'infinito le trasformazioni di Oceano. Nella destra del dio lo scettro del comando, nella sinistra un lembo del mantello svolazzante per effetto dell'aria, in perenne contatto con l'acqua e la terra. La trasmutazione magica degli elementi cosmici si realizza in modo spettacolare davanti allo sguardo del Piranesi, il quale ha intrapreso l'ultima parte del suo percorso spirituale che lo condurrà a S. Maria del Priorato, unica opera architettonica e culmine della ricerca iniziatica.

Da Piazza di Spagna all'Aventino: Templari, Cavalieri di Malta e simbolismo massonico

Nel 1764 il cardinale Giambattista Rezzonico, nipote del papa Clemente XIII e Gran priore dei Cavalieri di Malta, affida all'artista l'incarico di riprogettare l'antico complesso templare di S. Maria in Aventino, sull'estremità occidentale del colle omonimo.

In quest'area prospiciente il Tevere fu costruita tra il VII e l'VIII secolo una cappella dedicata alla Vergine, dove si custodiva una sua immagine, forse pervenuta dal mare.

Il piccolo edificio fu ingrandito successivamente, assumendo il nome di Santa Maria de Aventino: nei suoi pressi Oddone di Cluny fondò un monastero benedettino, mentre tutto il colle divenne insediamento fortificato di papi, imperatori e signori feudali. Alla metà del XII secolo con la crisi generale della città e l'abbandono dell'insediamento benedettino, le aree intorno a Testaccio e quelle adiacenti a S. Maria de Aventino passarono ai Cavalieri del Tempio di Gerusalemme. La presenza sul colle e nella pianura sottostante dell'Ordine non si limitò al solo controllo del territorio e degli approdi fluviali ma ebbe una valenza simbolica[3] decisiva per il futuro del luogo.

Della presenza dei Templari sull'Aventino è ancora visibile nei giardini del priorato un pozzo sul cui bordo si legge la data del 1244 e l'iscrizione: «Frater Petrus Ianuensis Magister Domorum Milite Templi». Dopo la distruzione dell'Ordine (1312) presero possesso della proprietà i Cavalieri di San Giovanni in Gerusalemme (Cavalieri di Rodi e poi di Malta), la cui residenza era al Foro di Augusto. Nella seconda metà del Cinquecento Pio V Ghislieri volle trasferire il priorato di Malta sull'Aventino, con la nuova denominazione della chiesa che da allora fu indicata come Santa Maria del Priorato dedicata anche a S. Giovanni Battista e S. Basilio.

I Templari si erano insediati su un colle costellato di memorie sacre ed esoteriche: il carattere sepolcrale e misteriosofico dell'Aventino era connesso alla sepoltura di Remo, il quale dal colle osservò e interpretò nel volo degli uccelli sul Tevere il tragico destino che lo attendeva.

Memorie dell'antico

Alla connotazione religiosa si aggiunse quella militare, data la presenza dell'*Armilustrium*, localizzato in prossimità dell'attuale Piazza dei Cavalieri di Malta, al termine dell'antico *Vicus Armilustri* (Via di Santa Sabina). L'*Armilustrium* era uno spazio dove, il 19 ottobre, alla fine delle guerre, i Salii, sacerdoti di Marte, purificavano (*lustrium*) le armi, sotto la protezione del dio, al suono delle trombe. Al contesto militare e sacrale del colle si aggiunse l'efficacia terapeutica del culto della *Bona Dea Subsaxana*, la quale, in un antro roccioso prospiciente il Circo Massimo sul Piccolo Aventino (S. Saba), guariva tramite erbe e pozioni magiche. Si spiega così anche l'appellativo di *Mons Serpentarius* dato all'Aventino, dovuto sia alla presenza di rettili tra i suoi anfratti, sia alle caratteristiche cultuali della dea: essa in origine era la «signora dei serpenti», il cui veleno era utilizzato come antidoto per diverse malattie.

Nel Medioevo due fenomeni segnarono ulteriormente il destino cultuale del colle: lo stanziamento delle prime basiliche cristiane e la fondazione delle comunità cenobitiche cristiane, tra le quali i basiliani e i benedettini, che influenzarono notevolmente la tradizione spirituale templare e giovannita.

Piranesi comprende che è giunto il momento di rappresentare architettonicamente e simbolicamente i miti di fondazione della massoneria nella sede dell'Ordine di Malta, che probabilmente aveva ereditato non solo le ricchezze ma anche i segreti sapienziali dei Templari. È la sua grande e irripetibile occasione per portare a compimento il cammino iniziatico romano. Egli, come archeologo e antiquario, conosceva bene i problemi della topografia del luogo: innanzitutto «fare ordine» in uno spazio irregolare delimitato a sud da S. Sabina, a nord da numerosi vigneti, orti e giardini che si estendevano fino al Circo Massimo, alle Terme di Caracalla, a Porta S. Paolo. Non meno difficile risultava l'accesso alla chiesa cinquecentesca di S. Maria del Priorato, collocata al confine di un parco e raggiungibile attraverso un tortuoso itinerario.

Al di là dello spazio e del tempo

Piranesi regolarizzò e recinse con un muro lo slargo triangolare in prossimità dell'ingresso alla villa. Plasmò il muro perimetrale dell'attuale Piazza dei Cavalieri di Malta, creando una netta separazione fra l'esterno e lo spazio-tempo della «diversità» all'interno del complesso, posti in comunicazione da una porta «magica» sotto la protezione di Giano, il dio degli inizi. L'aspetto surreale del luogo è finalizzato a creare un effetto di estraniazione: la percezione di uno spazio anomalo deve spaesare, porre l'adepto in una condizione di *impasse*, fare *tabula rasa* delle sue certezze, introdurre progressivamente al «vuoto» della condizione iniziatica: i riferimenti funerari, primo fra tutti il gelido recinto murario, segnato da obelischi, urne, stele, contrastano con il prorompente apparato decorativo che celebra i trionfi bellici e spirituali dei Cavalieri di Malta.

Lo scontro tra morte e vita, o meglio il passaggio dalla prima alla seconda, è il significato profondo del luogo, dove cipressi e palme spuntano d'incanto dal giardino dell'adiacente Chiesa di S. Anselmo[4].

Il percorso verso il portale della villa inizia dalla parete sud-ovest del piazzale, opposta all'entrata, dove tre stele con una complessa stratificazione simbolica sottolineano il carattere apparentemente militare e celebrativo dell'opera piranesiana. Nella stele centrale campeggia il *Tridente di Nettuno*, allusivo ai tre elementi essenziali dell'*opus alchemicum*: mercurio, sale e zolfo. Ad esso sono legate le catene d'ormeggio navali, mentre faretre, spade e stendardi sono avvolti a due ancili sacri[5]. Al centro del bassorilievo campeggia la croce greca, che ritorna in tutto il recinto, alternandosi a quella templare a otto punte; sotto, due serpenti affiancati alludono alle energie salutifere che provengono dalle profondità del luogo. Nella parte inferiore della stele un bassorilievo pone in primo piano ancili, faretre e sciabole in guaine ornamentali, allusive metaforicamente al combattimento contro il male.

L'assolutamente altro

Tra gli scudi campeggia la *Torre Rezzonico*, sulla quale si staglia la *testa della Medusa*, con l'esplicita valenza terrifica nei confronti dell'«avversario» ma allusiva anche alla dimensione dell'assoluta alterità con la quale l'iniziato deve cimentarsi. Le *stele laterali gemelle* sono inquadrate da due obelischi, simbolo della luce sapienziale, sormontati da sfere. Il riquadro centrale delle stele è sormontato dal volto di Giano Bifronte, in asse con la croce templare posta su un capitello romano, fiancheggiato da siringhe arcadiche. Giano, dio delle iniziazioni, guarda al passato della tradizione sapienziale egizio-etrusco-romana e al futuro rappresentato dalla tradizione templare-rosacrociano-massonica. Al simbolismo celebrativo delle armi e della gloria dell'Ordine di Malta segue l'evocazione dei committenti in due piccoli cammei sospesi, incisi con la torre fortificata dei Rezzonico a sinistra e l'aquila bicipite a destra.

All'interno del timpano si configura al centro la torre Rezzonico, collocata su una base a forma di chiglia navale, delimitata da rose e melograne. Sul timpano due sfere fiancheggiano un'urna etruschizzante dalla valenza sepolcrale.

Sul lato sud della piazza l'iscrizione dedicatoria da parte di G.B. Rezzonico, Gran Priore dell'Ordine di Malta, allo zio, il papa Clemente XIII:

> IOANNES BAPTISTA / REZZONICO / SS. DOMINI NOSTRI / CLEMENTIS PP XIII / FRATRIS FILIUS / AC MAGNUS PRIOR / UT LOCI MAIESTATEM / AUGERET / AREAM HANC / LAXANDAM CURAVIT / A.P.C.N. / MDCCLXV
>
> (Giovanni Battista Rezzonico, nipote di nostra Santità Clemente XIII e Gran Priore dell'Ordine di Malta, per accrescere la bellezza del luogo fece ristrutturare l'area nell'anno 1765).

Il muro di cinta che sostiene le stele è scandito da bassorilievi rettangolari che fanno da base anche agli obelischi, secondo una progressione che va dall'angolo con la chiesa di S. Anselmo fino all'estremità sulla via d'accesso alla villa.

Dalle glorie dell'Ordine di Malta alla conquista della Sapienza

L'iconografia dell'ingresso principale alla Villa del Priorato accentua il simbolismo massonico-templare, perché ci avviciniamo all'«imbarco» sulla nave dell'ultima parte del viaggio iniziatico: sulla destra del portale due finestre cieche, simmetriche alle due a sinistra, accentuano il senso di confine del muro di cinta che rimanda al mistero. Tra le croci che decorano il fastigio delle finestre e la sommità del muro sulla quale svettano con simmetrica alternanza sfere e urne, una fascia rettangolare in bassorilievo riproduce una successione di scudi sacri a Marte (*ancilia*), sui quali si delinea un *aplustres* (estremità a forma di ventaglio della poppa di nave da guerra con sperone a forma di corno); due mani sostengono trombe trionfali a lato della corona di foglie di quercia, all'interno della quale assume rilievo particolare l'aquila bicipite rezzonico. A sinistra della corona, due ali, simbolo della Fama, si sovrappongono al volume delle gesta della casata del papa, a un cannone e a corone d'edera. Il repertorio iconografico termina con un *cheniscus* (motivo ornamentale della prua di una nave antica con testa di cigno).

Alla sinistra del portale d'ingresso vediamo raffigurati al centro l'aquila bicipite dei Rezzonico, a destra della quale ricorrono l'ancora, le frecce e un trofeo, sovrapposti a uno scudo rituale e a una corona d'edera, delimitati dalla prua della nave; a destra dello stemma araldico dei Rezzonico una faretra è avvolta dal solito repertorio figurativo militare entro il quale si distingue significativamente il *serpente* allusivo al *Mons Serpentarius* e alla *Bona Dea*. Tutta la facciata è scandita da lesene con la croce patente dei Templari e dell'Ordine di Malta: essa fa riferimento al simbolismo dell'otto[6], che nella meditazione dei Padri della Chiesa allude alla perfezione, in quanto somma dei sette giorni della Creazione e dell'«ottavo giorno», quello della Resurrezione. Questo, annullando gli effetti del peccato originale, che aveva compromesso la perfezione dell'opera divina, diventa giorno essenziale del progetto divino. Anche l'aquila bicipite ha una valenza simbolica, poiché il trentesimo grado della massoneria scozzese ha come simbolo la doppia aquila coronata. Quest'ultima rinvia al doppio potere spirituale e papale detenuto dai Templari quali custodi della Terra Santa. Nella parte centrale il portone d'ingresso attira i turisti per il piccolo occhio-spia centrato sulla prospettiva della cupola di S. Pietro, a sottolineare che i Templari dovevano obbedienza esclusivamente al pontefice. Tuttavia per Piranesi è una prospettiva illusoria, perché l'autentico punto di riferimento non è l'ortodossia cattolica, ma la chiesa di S. Maria del Priorato, che attraverso il percorso labirintico dei giardini, allusivi al sartiame della nave templare, l'adepto deve raggiungere.

La vocazione marittimo-militare dell'Ordine di Malta si trasforma in metafora interpretativa di tutta la struttura del complesso del priorato, tanto più che sopra il portone c'è l'immagine di una nave contornata dalle glorie militari dell'Ordine di Malta, sulla quale si profila Atena seduta all'interno di un elmo decorato con la raffigurazione di Pegaso, simboli della sapienza e della lotta vittoriosa contro le forze del male.

Verso il centro nascosto

Attualmente non si accede alla villa dall'ingresso principale ma dal portone situato in fondo alla via che oltrepassa Piazza dei Cavalieri di Malta. Questo percorso conduce direttamente a Santa Maria del Priorato, ma non si percorrono i labirintici viali del giardino che nascondono e sviano dal Centro nascosto, rappresentato dalla chiesa stessa.

Giunti davanti alla facciata osserviamo subito un particolare non trascurabile: la mancanza totale del fastigio piranesiano, distrutto nel 1849 dalle cannonate francesi. La perdita non è stata di poco conto, poiché oltre alla distruzione dei rilievi simbolici si è perduta la funzione di «vedetta» e di «guardiana» che la chiesa svolgeva sulla parte estrema del colle rivolta verso il mare. La decorazione della facciata evidenzia il progetto dell'autore di far trasparire dal contesto cattolico della chiesa i simboli dell'esoterismo templare-massonico. Nel timpano triangolare sormontato dalla croce di Malta è raffigurato l'apparato celebrativo delle glorie dell'Ordine: al centro, due armature dell'Ordine fiancheggiano lo stemma araldico di Pio V Ghislieri, sotto il quale la croce patente sormonta un globo su cui sono disegnati il Mediterraneo e l'isola di Malta. Sopra le armature si dipana la stola degli ambasciatori pontifici di Malta con l'effigie dei Misteri della Passione di Cristo, dietro la quale si vede l'apparato celebrativo delle vittorie della flotta dell'Ordine sui Turchi. Sotto il timpano si delinea la sagoma di un *sarcofago* «egizio», nel quale è inscritto un *oculus* fiancheggiato da due serpenti che fungono da maniglie: essi alludono al caduceo ermetico, il cui bastone (asse del mondo), è sostituito in questo caso dal Cerchio-Mondo, con riferimento alla funzione ospedaliera dell'Ordine di Malta ma anche alla simbologia ermetico-massonica. La fascia nuda al di sopra dell'*oculus* allude alla simbologia funebre: si ripropone il dualismo tra vita e morte, già preannunciato all'esterno della villa.

Sia il sarcofago che l'occhio sono due elementi significativi nel contesto massonico-egizio: il primo costituisce il simbolo stesso del dio Osiride, della sua morte e resurrezione nell'aldilà ad opera della moglie-sorella Iside; per mezzo dell'occhio che in esso si innesta, si può acquisire la capacità di conoscere l'oltretomba.

Ai lati del sarcofago quattro paraste strigilate sono sormontate da capitelli ionici all'interno dei quali la Torre Rezzonico è inserita fra piccole sfingi, mentre i capitelli sono raccordati da una greca di ispirazione etrusca. Sulle paraste due coppie di foderi di spade ornamentali alludono all'eroismo dell'Ordine di Malta nella lotta contro l'Islam, ma sottintendono la riflessione di S. Bernardo, ispiratore della regola templare. Egli, nel trattato *De laude novae militiae,* parla delle due spade che i Templari dovevano usare per sconfiggere i nemici del Cristianesimo e il demonio, ossia la *fortitudo* (la forza) e la *monachi mansuetudo* (la mitezza del monaco).

Le due candelabre ai lati della porta di accesso sono scandite, partendo dal basso, dal falcetto massonico, dall'acronimo «FERT» (Fortitudo Eius Rhodum Tenuit)[7], dalla immagine della Fortuna alata sormontata dal monogramma PX (Pax Christi), dalle mezze lune incatenate, dalla torre e dalla croce greca. Completano la successione due mezzelune incatenate, la Torre Rezzonico e la Croce di Malta. Come fa notare M. Bizzarri:

> La presenza della Dea Fortuna (spesso raffigurata dietro alcune monete templari), unitamente ai simboli della doppia spada, della Nave (o Arca) e degli utensili da Libero Muratore elementi tutti completamente estranei alla tradizione dell'ordine di Malta, suggeriscono con chiarezza come il Piranesi abbia voluto espressamente riferirsi all'esoterismo templare e massonico.[8]

La Chiesa di Santa Maria del Priorato, cappella funeraria dell'Ordine gerosolimitano e non solo

L'intervento piranesiano all'interno della chiesa cinquecentesca costituita da un'unica navata e scandita da quattro nicchioni per parte, provocò lo spostamento in avanti dei gradini di accesso al presbiterio, fino a comprendervi la prima coppia di cappelle della navata. La vittoria reale e metaforica sulle forze del male implica la «morte», il sacrificio, al quale fa riferimento il simbolismo dei *monumenti funebri* inglobati nelle cappelle laterali.

Alla staticità della facciata si sostituisce la dinamicità degli spazi e dei contrasti luminosi, che attirano l'iniziato verso l'altare maggiore e l'abside.

L'organizzazione dello spazio spinge «inarrestabilmente» verso l'altare con un ritmo rallentato dal bassorilievo che domina la parte centrale del soffitto, all'interno del quale continua l'inserimento di elementi ermetici: il bassorilievo è costituito dal *labaro celebrativo dell'ordine gerosolimitano*, contornato da un cordone di foglie di alloro intrecciate alle estremità con gli emblemi della *Pax Christi*. Al centro del rettangolo si nota un'asta alla quale è appeso il triangolo della Trinità, avente nel suo campo la croce con due serafini che adorano i misteri del Cristianesimo. Il triangolo è contornato da una corona di cherubini e da scudi, investiti da un effluvio di raggi, che nascono dalla Trinità vittoriosa. Il triangolo ha per sostegno due navi rostrate, sotto le quali è effigiato *S. Giovanni Battista con l'Agnello* e con l'iscrizione «Sanctus Ioannes Protector». Sopra il vertice superiore del triangolo, in cima all'asta, sono appesi la tunica crociata dei cavalieri, coronata dal triregno e dalle chiavi pontificie. Le ciocche di rose che fanno da contorno richiamano l'isola di Rodi, antica sede dei cavalieri di Malta, ma ancor più significativamente alludono a Iside, alla quale erano consacrate nonché alla simbologia rosacrociana. La vela dell'imbarcazione che reca la croce è un triangolo equilatero con la punta verso l'alto, figura primaria del contesto massonico, simboleggiante il fuoco, la potenza divina, la perfezione spirituale. S. Giovanni Battista presiede al viaggio iniziatico tramite la nave di Iside, per approdare, con l'aiuto della croce, simbolo cosmico per eccellenza, ai misteri Minori e Maggiori simboleggiati dalle chiavi.

Il cammino verso il centro del mondo

L'iniziato si avvicina gradualmente e sempre con maggiore consapevolezza all'*altare*, fulcro del tempio. La sua complessa struttura, sia per l'effetto drammatico della fonte luminosa che «misteriosamente» illumina la parte retrostante della struttura, sia per i due sarcofaghi sovrapposti che lo costituiscono, catalizza il percorso dell'adepto.

Il primo sarcofago, in basso, in corrispondenza all'*oculus* sulla facciata, presenta l'ellisse del pannello aperto per mostrare attraverso una griglia reticolata le reliquie di numerosi martiri trovate durante la ristrutturazione della chiesa. S. Giovannino, la Vergine e Gesù bambino sono raffigurati nel clipeo ottagonale che fa da raccordo fra il sarcofago inferiore e quello superiore.

Il rilievo è decorato da piccoli serpenti e teste di putti, all'interno di un groviglio di cornucopie. Il sarcofago-nave superiore con lunetta-mensa decorata a ghirlande, sostiene una sfera-globo, davanti alla quale su un cuscino è posto l'*Agnus Dei*. Infine la parte terminale dell'altare è occupata dall'*Apoteosi di S. Basilio* di Cappadocia in gloria tra angeli. Dall'altare lo sguardo del visitatore, seguendo lo slancio del santo, si porta verso la lanterna che illumina la colomba dello Spirito Santo, dipinta sul soffitto. Intorno all'occhio della lanterna una modanatura quadrilobata circoscrive *otto scene della vita di S. Giovanni Battista*. La forma piramidale dell'altare pone in rilievo la dinamica ascensionale che culmina nell'apoteosi di S. Basilio, proteso verso lo Spirito Santo. Le fasi dell'ascesa sono scandite dai sarcofagi che collegano l'oltretomba pagano-orientale alla sfera cosmica del Cristo-Agnello del Signore, il quale libera dalle tenebre e pone le premesse per l'apoteosi del santo. Il mediatore che rende possibile il cammino del templare, del cavaliere dell'Ordine di Malta e del massone è S. Giovanni Battista, più volte rappresentato nell'edificio non solo perché patrono dei due Ordini ma anche della Massoneria.

S. Giovanni Battista è il santo del solstizio d'estate (24 giugno), uno dei momenti più significativi del ciclo stagionale, allorché le tenebre cominciano a prendere il sopravvento sulla luce e inizia il viaggio negli «inferi». Egli accompagna l'iniziato e preannuncia la rinascita della luce, che avverrà sotto la protezione di S. Giovanni Evangelista. La luce-verità proveniente dall'Oriente prende corpo nei simboli pagani di guarigione e abbondanza (serpenti e cornucopie) del rilievo con la Madonna, per confluire, tramite la mediazione del Battista, nella Sfera-Cristo. La *sfera-globo* allude alla divinità, all'eternità, rispetto alle quali le tenebre non prevarranno. Essa, illuminata «misteriosamente» sul retro, invita l'adepto a un percorso avvolgente che culmina con l'assenza totale di decorazioni nella parte posteriore, laddove trionfa l'assolutezza del globo, il vuoto, lo zero da cui tutto ha origine.

Borromini e Piranesi

La fine del tutto, il ritorno al caos originario è evocato dalle cappelle funerarie che Piranesi crea, come Borromini a S. Giovanni in Laterano, inglobando le tombe preesistenti dei notabili dell'Ordine di Malta. L'influsso del Borromini è presente non solo in questa soluzione ma anche nei *medaglioni con i dodici apostoli* distribuiti dall'abside per tutta la navata sopra la cornice delle pareti, non essendo possibile inserirli, secondo il modello borrominiano del Laterano, nelle cappelle già occupate dai monumenti funebri. Sia Borromini che Piranesi vogliono trasformare i rispettivi edifici in prefigurazioni terrene della Gerusalemme Celeste. Infatti si legge nell'*Apocalisse*: «Il muro della città ha dodici fondamenta e sopra di esse dodici nomi, quelle dei dodici apostoli dell'agnello»[9].

Come nelle navate laterali di S. Giovanni in Laterano e a S. Ivo alla Sapienza, un filo senza soluzione di continuità lega la ricerca iniziatica di Borromini e Piranesi, che ripropone anche a S. Maria del Priorato il simbolo massonico del pavimento a mosaico bianco e nero. Esso è formato da piastrelle bianche e nere, disposte come le caselle di una scacchiera. L'accostamento del bianco e nero allude naturalmente alla luce e alle tenebre, al giorno e alla notte, gli opposti che si completano in una superiore unità.

La dualità morte-vita

Il viaggio attraverso il labirinto dell'iniziazione massonico-templare ha il suo epilogo nel *monumento funebre di Piranesi*, sepolto a S. Maria del Priorato per volontà di Giovanni Battista Rezzonico[10]. La tomba dell'artista (seconda a destra entrando) è sormontata dalla statua del medesimo, commissionata dalla famiglia allo scultore Giuseppe Angelini ma originariamente sormontata da un candelabro monumentale, realizzato appositamente dall'artista per il proprio monumento funebre. Il candelabro, che dal 1810 entrò a far parte della collezione del Louvre, sembra sia stato realizzato mettendo insieme frammenti di antichi altari, tripodi e candelabri. Il candelabro è l'albero della luce, che si sviluppa nella sua massima fioritura, in modo da risplendere fino a Dio.

Netto allora doveva risultare il contrasto con il bassorilievo che occupa la parete di fondo della cappella sepolcrale, dove un fregio è fiancheggiato da due fiaccole rovesciate; al centro due teschi bifronti guardano in direzioni opposte, sopra un serpente attorcigliato a una decorazione a U. Sotto il fregio è visibile una croce greca al centro di una *tabula ansata* antichizzante. La dualità morte-vita è ancora il tema centrale dell'ideazione piranesiana, che nella tecnica incisoria ha realizzato gli stessi contrasti tra luce e ombra. Apparentemente il dualismo sembra essere il fulcro di una realtà doppia dai caratteri inconciliabili, ma è proprio la statua del Piranesi, che dopo il 1786 sostituì il candelabro, a divenire la metafora della sapienza iniziatica che sintetizza gli opposti in un'armonia superiore. Angelini ritrae Piranesi stante, vestito di un'ampia tunica romana, con il braccio destro appoggiato a un'erma con i simboli massonici dell'arte del costruire e l'indice della mano accostato alla tempia.

L'equilibrio alla composizione è dato proprio dall'erma massonica, verso la quale Piranesi si appoggia e avvicina la tavoletta con la pianta di un edificio che allude alla realizzazione massonica del tempio, mentre il suo sguardo è ormai perduto nella dimensione dell'eternità: il silenzio e la tenebra della morte sono ormai vinti dalla luce della Verità massonica che Piranesi aveva progettato di eternare nello stupendo candelabro, unico segnacolo per la propria tomba.

Note

[1] Si tramanda da parte di L. Bianconi la notizia del tutto priva di fondamento dell'omicidio del Vasi perpetrato da Piranesi.

[2] Le incisioni che riproducono le pitture del Caffè degli Inglesi sono tratte dall'opera piranesiana le *Diverse maniere d'adornare i camini ed ogni altra parte degli edifizi*, edita a Roma nel 1769.

[3] Il primo è protettore dei Templari e dei Giovanniti, il secondo era il santo al quale era dedicata la primitiva chiesa dell'Ordine di Malta ai Pantani, nelle vicinanze del Foro di Augusto.

[4] La palma, simbolo di resurrezione nel mondo cristiano, era detta in greco *phoinix*, equivalente a «fenice», l'uccello che rinasce dalle sue ceneri, ed a «rosso» il colore corrispondente all'ultima fase del processo alchemico. Il cipresso fa riferimento alla morte, in posizione dialettica con la palma.

[5] Secondo la leggenda Giove, alle pendici dell'Aventino, fece cadere dal cielo uno scudo (*ancile*) come dono a Numa Pompilio per la sua saggezza e segno del suo favore. Numa, perché non fosse rubato ne fece altri undici e li consegnò ai Salii (sacerdoti di Marte). L'episodio sancisce l'alleanza tra la divinità e l'uomo nel luogo dove le opposizioni vengono superate.

[6] L'otto è ricorrente nella Villa del Priorato: la croce templare, le cappelle funerarie della chiesa, i bassorilievi con le storie del Battista. La decifrazione archetipica dell'otto fa riferimento al valore cosmico della rosa dei venti, al cammino ottuplice di Budda, ai petali del fiore di loto, ai fonti battesimali cristiani.

[7] L'acronimo (La fortezza sua ha conservato Rodi) fa riferimento alla difesa di Rodi da parte dell'Ordine di Malta ma anche il motto di Casa Savoia, preso da Amedeo V, Conte di Savoia nel 1310, allorché accorse a liberare l'isola assediata dai Turchi.

[8] M. Bizzarri, *La Nave dei Templari e S. Maria dell'Aventino*, Sydaco, Roma, 1997, p. 18.

[9] *Apocalisse*, 21,14.

[10] Piranesi, morto il 9 novembre 1778, avrebbe voluto essere sepolto a Santa Maria degli Angeli, ma fu inumato nella sua chiesa parrocchiale di Sant'Andrea delle Fratte. Poco tempo dopo, per volontà del gran priore Giovanni Battista Rezzonico, la salma fu traslata a Santa Maria del Priorato.

IL MISTERO DI UNA METAMORFOSI: UN COMPLOTTO INTERNAZIONALE CONTRO CAGLIOSTRO

Il soggiorno romano di Giuseppe Balsamo nei dintorni di Piazza Farnese

Anno di grazia 1768, a Vicolo delle Grotte[1] (odierno n. 20-22), a poca distanza da Campo de' Fiori, alcune persone agghindate a festa per una cerimonia nuziale stanno uscendo da una porticina sormontata dal motto «INTRA FORTUNAM MANENDUM» (accontentati della tua condizione), che ben si addice all'umile condizione dei futuri sposi: Lorenza Feliciani e Giuseppe Balsamo. L'aria tersa di aprile favorisce l'ilarità della comitiva che si dirige verso Via Capo di Ferro, attraversa Piazza della Trinità dei Pellegrini e prosegue per S. Paolo alla Regola, raggiungendo Piazza di San Salvatore in Campo, nascosta da un reticolo di vie. Qui si trova l'omonima chiesa, meta del gruppo, che emerge da un quartiere brulicante di attività artigianali, costellato da palazzi aristocratici e lussuose locande che si alternano a povere case e botteghe. Lungo il percorso molti spettegolano sulla professione di Balsamo, abile «riproduttore» di stampe, quadri, perfino biglietti, di origine palermitana, con un passato alle spalle non proprio ineccepibile.

La Chiesa di S. Salvatore in Campo era sorta nel XII secolo sull'area del futuro Palazzo del Monte di Pietà, tra Via dell'Arco del Monte e Piazza della Trinità dei Pellegrini. Nel

Cinquecento fu utilizzata come base di assistenza per i pellegrini da San Filippo Neri. Nel 1638 Urbano VIII volendo ampliare il Monte di Pietà, demolì la chiesa, facendola ricostruire nella posizione attuale, secondo il progetto dell'architetto Francesco Peparelli.

L'apprendistato di Balsamo nell'isola degli eredi dei Templari

Uno di fronte all'altro, davanti all'altare si trovano due figure completamente diverse. Il venticinquenne Giuseppe Balsamo, con un'adolescenza turbolenta alle spalle, aveva incontrato a Messina il misterioso Althotas, suo mentore, che lo condusse a Malta nel 1766. Molti Balsamo erano appartenuti all'Ordine Ospedaliero e un prozio materno di Giuseppe dal nome emblematico di Giuseppe Balsamo, governatore del principe di Villafranca, aveva rivestito la croce patente dell'Ordine. A Malta, sotto la protezione del Gran Maestro Manoel Pinto de Fonseca, Balsamo apprende l'alchimia, la farmacopea e la botanica, e viene a conoscenza del sapere esoterico templare confluito nell'Ordine Ospedaliero. Balsamo ha da due anni intrapreso un viaggio iniziatico che contrasta con il «materialismo» di Lorenza e con l'atteggiamento ostile della famiglia della ragazza: come afferma Philippe Brunet: «i due si amavano ed erano convinti di non poter vivere l'uno senza l'altra. Perché non supporre dunque che tra loro vi fosse un accordo per cui la bella Lorenza avrebbe avuto briglia sciolta purché garantisse Giuseppe della fedeltà del cuore e dello spirito?»[2].

Dal centro della cristianità all'Europa

Da Roma comincia il pellegrinaggio della coppia, alla ricerca di una sistemazione economica ma anche di una possibile, difficile trasformazione. Il 12 aprile 1777, dopo numerose vicissitudini, incomincia la vera esistenza di Balsamo con l'adesione alla loggia massonica londinese «L'Espérance», aderente al rito della Stretta Osservanza Templare: insieme ai gradi massonici, Balsamo assume il nome iniziatico di Alessandro Cagliostro e Lorenza diviene Serafina. Nel nome è scritto il destino delle persone, come aveva insegnato Altotas: «Serafina e Alessandro Cagliostro, un angelo che vegliava su un conquistatore»[3].

Per Philippe Brunet la fortuna sia materiale che iniziatica di Balsamo-Cagliostro è determinata dal Gran Maestro dell'Ordine di Malta Emmanuel de Rohan, che «affidò a Giuseppe la missione di mostrarsi al mondo come vivente risultato dell'attività dei cavalieri di Malta»[4], finalizzata a contrastare il materialismo e il razionalismo settecentesco.

La leggenda Cagliostro

Il mito Cagliostro sta per affermarsi nelle maggiori corti europee, dove la coppia sarà accolta trionfalmente da sovrani e gente comune esterrefatti dalle prodigiose guarigioni portate a termine gratuitamente; la medicina ufficiale è in subbuglio per l'affronto subito da un illustre sconosciuto che padroneggia magistralmente le pratiche ipnotiche e pranoterapeutiche, unite a elisir di giovinezza o di lunga vita.

«In Verbis, in Erbis, in Lapidibus» è il motto che riassume il sapere esoterico di Cagliostro, fondato sulla potenza della parola che trasforma gli elementi naturali, facendone dei potenti catalizzatori di energie positive, sulla efficacia della farmacopea per realizzare guarigioni insperate e sull'alchimia. Il progetto di Cagliostro è finalizzato a ricondurre la massoneria alla spiritualità originaria della fase operativa, riportando in auge la tradizione magica egizia. A tale scopo, fonda a Lione nell'ottobre 1784 La *Saggezza Trionfante*, loggia massonica di rito egizio di cui Cagliostro stesso si proclama Gran

Cofto[5]. La massoneria operativa è quella antica e medievale, costituita da maestri muratori che tramandavano segretamente l'arte di edificare templi, chiese e altri edifici con una sapienza costruttiva che la tradizione affermava discendere dalle piramidi egizie e dal Tempio di Salomone. Nel 1717 a Londra quattro logge massoniche danno origine alla *Grande Loggia di Londra*, punto di arrivo e svolta nella storia della massoneria, che si trasforma progressivamente da operativa in speculativa, accogliendo aristocratici e borghesi legati al mondo politico, economico e scientifico. La massoneria speculativa viene così denominata perché rielabora tutto il patrimonio simbolico-tradizionale, nel quale si innesta il templarismo e il rosacrocianesimo. André-Michel de Ramsay, trasferitosi dalla Scozia in Francia nel 1737, tentò di ricondurre la massoneria alla purezza della tradizione originaria degli ordini cavallereschi che operarono in Terrasanta all'epoca delle crociate. La Massoneria scozzese di Ramsay fu denominata «templare» o «cavalleresca», perché si diceva che in Scozia si fossero rifugiati i templari scampati alla persecuzione del 1314. Essa era di impronta cristiana e spiritualista: la sua nobiltà si manifestava nell'istituzione di alti gradi che rispecchiavano la natura elevata dei suoi membri.

Il 1785 segna l'apoteosi e l'inizio della fine per Cagliostro: coinvolto nello scandalo della collana di Maria Antonietta[6], processato insieme alla moglie e assolto in modo trionfale, è tuttavia costretto ad abbandonare la Francia. Da Londra Cagliostro invia la *Lettera al popolo francese*, nella quale prevede la caduta della monarchia se non si fosse trasformata in governo costituzionale: il Conte è divenuto un personaggio estremamente scomodo per gli ambienti medici internazionali, per i re di Francia e per una parte della massoneria politica ed economica posta in difficoltà dall'*escalation* del Gran Cofto.

La discesa agli inferi: il ritorno a Roma

Dal lontano 1768 i coniugi Cagliostro non avevano più rivisto Roma, che rimaneva, sebbene inconsciamente, la meta finale del loro errare. La «seconda nascita» per Cagliostro si era realizzata, ora il processo alchemico di crescita interiore doveva completarsi.

Se in Lorenza cresceva il desiderio di rivedere i propri cari, che avevano assunto un atteggiamento sempre più ostile nei confronti del mago, considerato ateo e privo di principi morali, Cagliostro da tempo nutriva l'utopia di un dialogo fra la massoneria spiritualistica e la Chiesa, con l'appoggio di personalità influenti quali il cardinale Emmanuel De Rohan, Gran Maestro dell'ordine di Malta, e monsignor Pietro Vigilio Thun, vescovo di Trento. Quest'ultimo, ammiratore del rituale egiziano, aveva scritto al cardinale Boncompagni per facilitare l'ingresso a Roma del suo protetto. Questa volta però la città eterna si trasformerà per il taumaturgo in un simbolico *atanòr*, una *Via Crucis* di sofferenza e purificazione.

È il maggio del 1789, Cagliostro rifiuta l'ospitalità dei suoceri prendendo alloggio alla lussuosa «Scalinata» di Piazza di Spagna, volendo dimostrare agiatezza e vantando rapporti con le personalità influenti del quartiere massonico.

Lorenza si allontana dal marito in preda a crisi depressive di carattere religioso: nel novembre 1789 frequenta assiduamente don Giuseppe Tosi, che l'Inquisizione ha deciso di utilizzare segretamente come padre spirituale della donna, per estorcerle confessioni utilizzabili per l'incriminazione del marito. Luogo d'incontro è la chiesetta di S. Caterina della Rota, situata nella piazza omonima, a poca distanza da Palazzo Farnese, su Via di Monserrato. L'edificio, di origine medievale, è dedicata alla santa martire di Alessandria d'Egitto, decapitata, dopo aver superato indenne la tortura della ruota. Lorenza ha un timore reverenziale nei confronti della santa, che era stata molto abile nella conversione dei pagani; ciò che a lei non era riuscito nei confronti di Cagliostro: per la psiche malata della donna è un altro colpo che accentua la sua angoscia.

Lorenza percorre in fretta la navata centrale della chiesa settecentesca, sulla quale si innesta l'inconsueto coro a tre absidi, che richiama l'aspetto di un trifoglio, simbolo della Trinità sempre negata da Cagliostro. La confessione-deposizione di Lorenza risulta un attacco molto violento contro il marito, e una prova fondamentale per gli inquirenti. L'ateismo, la stregoneria, l'eresia sono le accuse più gravi alle quali si aggiungono i reati comuni e persino la colpa di averla indotta a prostituirsi per avvicinare acquirenti interessati alle «opere d'arte» del marito.

La deposizione di Lorenza va ad aggiungersi a quelle dei parenti e di Filippo Conti, il fabbriciere parente dei Feliciani che aveva ospitato la coppia in Piazza Farnese, data l'impossibilità per Cagliostro di sostenere la lussuosa vita d'albergo: il Conti è scandalizzato dal comportamento dell'ospite, che elimina dalla camera da letto tutte le immagini devote e fa del vicino oratorio un gabinetto. Da settembre sono giunte a Roma le notizie terribili degli eccidi parigini dei quali la massoneria sarebbe la causa principale: svanisce per il mago il sogno di un dialogo con il papa o con i suoi dignitari. Ormai Cagliostro deve giocare la partita decisiva, utilizzando le ultime risolutive carte.

Ipnosi collettiva a Villa Malta: verso l'abisso

Egli cerca in ogni modo di affascinare e catalizzare intorno a sé il favore dell'aristocrazia romana, frastornata dagli avvenimenti politici francesi e avida di assistere ai prodigi del paranormale, di cui Cagliostro era diventato simbolo. Un'ultima *performance* è offerta da Cagliostro in una riunione notturna a Villa Malta, situata fra Via Ludovisi e Via di Porta Pinciana, acquistata nel 1774 dal Balì de Breteuil, ambasciatore dell'Ordine di Malta, per farne la sua residenza estiva. All'interno dell'edificio si svolge una festa della nobiltà romana, interrotta in piena notte dall'arrivo di Cagliostro, che conduce una bambina in una sala decorata da disegni ed emblemi massonici. Improvvisamente le ordina di guardare dentro una caraffa di cristallo colma d'acqua. La «pupilla», chinatasi sulla brocca, afferma di vedere chiaramente una strada percorsa da una folla scalmanata che marcia gridando: «Abbasso il re, a Versailles... la monarchia sarà distrutta... la Bastiglia rasa al suolo, al potere assoluto seguirà la libertà».

L'impressione fra i presenti è enorme, soprattutto per l'ambasciatore di Francia cardinale de Bernis.

I giochi sono fatti, il limite è superato. Pio VI fa trascorrere a Cagliostro l'ultimo Natale in libertà, poi, il 27 dicembre 1789, festa di S. Giovanni Evangelista protettore della massoneria, l'arresto in Piazza Farnese. Cagliostro non oppone resistenza e viene condotto a Castel Sant'Angelo, mentre i testi e gli strumenti massonici sono sequestrati dopo una perquisizione che dura più di tre ore. Il recluso è in un'orrida cella, sovrapposta esattamente alla Loggia di Paolo III, che sarà proprio per questo denominata «La Cagliostra». È guardato a vista per impedirgli il suicidio. Tra le sue carte si dice fosse stata trovata la profezia annunciante Pio VI ultimo pontefice di una Chiesa ormai sull'orlo della distruzione. L'ombra degli Illuminati di Baviera, la violenta setta massonica anticlericale e anarchica, aleggia anche su Roma e Cagliostro ne appare l'emissario.

Il processo si protrae dall'inizio di maggio 1790 al 7 aprile 1791 ma tutto è deciso fin dall'inizio: l'Inquisizione sottopone il mago a quarantatre interrogatori per distruggere la sua volontà e portarlo alla confessione. Il verdetto condanna l'imputato alla pena capitale per pratiche magiche ed eretiche. La pena di morte gli può venire commutata nel carcere a vita dopo l'umiliante abiura pubblica. L'oscenità del potere vuole spersonalizzare e ridicolizzare pubblicamente il «reo confesso», dando luogo all'ultima tragica farsa.

Il 20 aprile 1791, nel tratto compreso tra Castel Sant'Angelo e la Chiesa di Santa Maria sopra Minerva, ha luogo la cerimonia dell'autodafé (atto di fede, confessione): Cagliostro a piedi nudi, in abito penitenziale, col cilicio in mano, percorre Via di S. Celso, Via del Governo Vecchio, Piazza di Pasquino e Piazza Navona tra due file di monaci fino alla Minerva. Qui si inginocchia davanti all'altare e domanda perdono a Dio e alla Chiesa ammettendo i suoi errori. Sulla piazza, nei pressi dell'obelisco sapienziale, vengono bruciati i manoscritti, gli appunti e gli strumenti massonici in mezzo al popolo festante.

La farsa sta per concludersi, mentre si profila in lontananza la Fortezza di S. Leo, nel Montefeltro, dove Cagliostro sarà gettato nell'orrido «pozzetto», una cella alla quale si poteva accedere solo da una botola posta sul soffitto. Qui la distruzione psicofisica del prigioniero viene completata con quattro anni di reclusione, fino a che, il 25 agosto 1795, un colpo apoplettico non metterà fine alle sue sofferenze.

Il suo corpo verrà fatto immediatamente scomparire. La stessa sorte toccherà a Lorenza, nel Convento di S. Apollonia in Trastevere.

Note

[1] Il Vicolo delle Grotte odierno, un tempo Vicolo delle Cripte, deve il toponimo ai resti dei grottini, antiche fondamenta del Teatro di Pompeo, che ancora nel Medioevo caratterizzavano la zona, rendendola particolarmente tenebrosa.

[2] Ph. Brunet, *Cagliostro*, Milano, Rusconi, 1994, p. 26.

[3] Ivi, p. 53.

[4] Ivi, p. 39.

[5] Cagliostro avrebbe acquistato il manoscritto di un certo G. Cofto che parlava di massoneria egizia.

[6] Lo scandalo o meglio truffa ai danni dei monarchi fu ordita da Madame de La Motte, che fingendo un interesse sentimentale da parte di Maria Antonietta per il Cardinale de Rohan, suo spasimante, organizzò un incontro tra i due tramite una sosia della regina. Il pegno da pagare dal cardinale erano le rate per l'acquisto di una collana che contava 540 diamanti, un capolavoro che sarebbe costato la bancarotta per la monarchia. La collana non arrivò mai a Maria Antonietta ma prese la via di Madame de la Motte e dei suoi complici. Per i particolari della vicenda cfr. Ph. Wilkin, *Cagliostro ciarlatano o superuomo*, Milano, Armenia, 2000, pp. 25-36.

SPIRITISMO, IPNOTISMO E SCIENZA NELLA ROMA DI FINE OTTOCENTO

Cultura e spiritismo tra Piazza del Popolo e Fontana di Trevi: Luigi Capuana

Nell'ultimo ventennio del XIX secolo la cultura europea attraversa un momento di forte interesse per la sperimentazione magnetica e ipnotica legate alla diffusione e agli studi sullo spiritismo. Già alla fine del Settecento il medico austriaco Franz Anton Mesmer riteneva che il fluido emanato dagli animali potesse essere utilizzato a scopi terapeutici per le patologie mentali. Il magnetizzatore utilizzava i pazienti (soprattutto donne) per provocare fenomeni di lettura del pensiero e chiaroveggenza, ponendo le premesse per la dimensione del paranormale. La caratteristica essenziale del magnetismo ottocentesco fu l'incontro-scontro con la scienza ufficiale, che tentava di dimostrare sperimentalmente le potenzialità fino allora nascoste nella mente umana e dar vita a una nuova religione dell'umanità, dalla quale il mistero era bandito.

In Italia lo spiritismo, importato a Roma dalla corte sabauda, laica e in gran parte massonica, appassiona non solo scienziati, giornalisti e occultisti ma coinvolge larghi strati dell'opinione pubblica. Poeti e scrittori insospettabili si interrogano sulla metapsichica (moderna parapsicologia). Tra questi Luigi Capuana, teorico del naturalismo, per la seconda volta a Roma nel 1888, dove soggiornerà fino al 1901.

Nell'attesa di un importante incontro con Émile Zola, lo scrittore siciliano si aggira lentamente a Piazza del Popolo nei pressi di Via Ripetta. La piazza enfatizza la porta, l'obelisco e il tridente, tre simboli di evoluzione iniziatica immersi in un'atmosfera carica di profumi, colori e suoni lontani che improvvisamente fanno rivivere al Capuana gli scenari catanesi. Egli porta gelosamente con sé *Spiritismo?*, il testo pubblicato nel 1884, incentrato su alcune delle esperienze più stupefacenti che avevano coinvolto l'autore in prima persona nel paranormale. Sono trascorsi dieci anni ma l'interesse per l'occulto che attraversa tutta l'esistenza di Capuana è sempre vivo: ecco profilarsi nella memoria la nativa Mineo, laddove all'età di cinque o sei anni i suoi sogni erano stati segnati da una fata bionda che lo prendeva nudo fra le braccia. L'esperienza del sonnambulismo caratterizza in modo indelebile il soggiorno fiorentino del 1864. Nel capoluogo toscano Capuana tentò in ogni modo di provocare, mediante esperimenti di sonnambulismo indotto, il contatto fra la giovane Beppina Poggi, malata di nevrosi isterica, e lo spirito di Ugo Foscolo, del quale Capuana voleva scrivere una biografia nuova con dati sensazionali. Questi esperimenti risultarono disastrosi per la giovane ma anche per lo scrittore: non solo Foscolo, materializzatosi dopo enormi fatiche, rifiutò ogni collaborazione, ma Beppina fu traumatizzata dall'inquietante presenza del poeta che cercò di sedurla. In questa occasione Capuana si rese conto della difficoltà di razionalizzare o strumentalizzare fenomeni che esulavano dai parametri della verificabilità scientifica e che la scienza ufficiale declassava a volgari fenomeni da baraccone.

Ancora più inquietante è l'altra esperienza narrata in *Spiritismo?*, ricordo indelebile del primo soggiorno romano. Lo scrittore, che abitava allora in Via di Ripetta, percorreva la strada in direzione del Mausoleo d'Augusto e di Via del Corso per raggiungere la pinacoteca dell'Accademia di S. Luca nella piazza omonima, sul lato destro della Fontana di Trevi. Nella prima sala dell'Accademia all'interno di Palazzo Carpegna, era esposto il *Ritratto d'ignota* di Van Dick:

Una bella testa dalla fronte liscia, dagli occhi vivissimi, dalla carnagione bianca e fina, dalle labbra sottili e semi aperte a un sorriso. Incastrata in un gran collare di merletto, ha l'apparenza di una testa staccata dal busto messa in un vassoio di argento finissimo cesellato. Gli scuri capelli tirati in su troneggiano sulla fronte circondati da un piccolo diadema di pietre preziose legate in oro; quattro file di perle, fermate da una borchia d'oro con un ciondolo, le pendono sul seno.

Tra lo scrittore e la pallida dama s'instaurava uno strano rapporto ipnotico, perché

quegli sguardi che si fissavano così intensamente nei miei così intimamente nei miei, quasi animantisi a poco a poco, per interni fulgori prodotti dalla simpatica insistenza con cui la guardavo; ma quel mezzo sorriso, di una mitezza triste, che si accordava così bene con l'aria un po' fredda dell'aspetto; tutto, tutto mi faceva intravvedere, attraverso la nebbia di due secoli, una pietosa storia di intime sofferenze, eroicamente sopportate nella glaciale solitudine del suo palazzo o del suo castello; la storia d'una passione repressa, non sapevo se per volontaria fierezza della propria condizione o per contrasti di famiglia. E mi sentivo commosso da un compatimento grande verso quella bella figura di donna che mi pareva quasi sdegnata di vedersi lì, in mostra: offesa ogni giorno dalla sbadata curiosità di visitatori, ed ora impressionata dall'insolita compassione con cui uno sconosciuto si sforzava di carpirle il più intimo segreto della sua vita.[1]

Si tratta probabilmente della sindrome di Stendhal, che costringe lo spettatore a rimanere immobile davanti all'opera d'arte in uno stato ipnotico profondo.

Capuana è «risvegliato» dal custode al momento della chiusura del museo. La giornata, tuttavia, gli avrebbe riservato altre sorprese: a mezzanotte, rientrando a casa, percepì alle spalle una presenza inquietante e nello stesso tempo piacevole.

Quella notte risultò indimenticabile per lo scrittore,

costantemente affascinato dalla dama pallida, che avrebbe voluto amare e alla quale tentò disperatamente di dare consistenza. Non riuscì neppure a inverarla nella scrittura di una prosa o di un racconto, poiché troppo coinvolto in un amore irreale, evocatore di incubi infantili.

L'incontro con Zola, che Capuana aveva conosciuto nell'ottobre 1894 al Grand Hotel in Via Emanuele Orlando, coinvolge i due in un'appassionata discussione sul rapporto tra scienza e metapsichica ma soprattutto sulle sensazionali *performance* spiritiche di una medium che sta catalizzando la curiosità degli scienziati e di vasti settori dell'opinione pubblica: Eusapia Paladino.

La straordinaria storia di Eusapia non finisce di stupire giornalisti, appassionati e scettici, i quali tentano disperatamente di smascherare i suoi abilissimi «trucchi». La vicenda della medium è emblematica di una realtà al limite dell'incredibile.

Nata in Puglia intorno al 1850 da una famiglia molto povera, a otto anni assiste all'assassinio del padre durante una rapina, soffrendo da allora di allucinazioni. Senza istruzione, analfabeta, la sua esistenza muta radicalmente quando si trasferisce a servizio presso una famiglia napoletana. Una delle tante e strane «coincidenze» che influiscono sulla vita in modo determinante la mette in contatto con Giovanni Damiani, spiritista e fotografo di fantasmi, amico dei padroni di casa. Il Damiani aveva partecipato a Londra a varie sedute medianiche, durante le quali si materializzava lo spirito di John King, che affermava di essere Sir Henry Morgan, famoso pirata seicentesco governatore della Giamaica. Durante una *trance* Morgan comunicò a Damiani che nella città partenopea viveva un'importante medium, reincarnazione di sua figlia. Allorché Damiani invitò Eusapia a formare la catena spiritica in sostituzione di una persona assente, gli effetti furono strabilianti: immediatamente si registrarono colpi alle pareti, spostamenti di oggetti, materializzazioni. Da allora John King appare regolarmente durante le sedute spiritiche di Eusapia, assistendola come spirito guida e provocando anche fenomeni di vampirismo medianico (sottrazione spiritica di energie vitali trasferite all'occorrenza da una persona all'altra).

La medium pugliese in pochi anni si impone in Italia e in Europa: Eusapia provoca fenomeni di levitazione, impronte di mani sull'argilla, materializza ectoplasmi.

Zola riferisce ancora a Capuana l'avvenimento straordinario che l'anno precedente si era verificato alla sede della Stampa Romana in Palazzo Marignoli[2] a Via del Corso 184, alla presenza di circa millecinquecento persone. Il noto giornalista Luigi Vassallo aveva organizzato un dibattito sullo spiritismo per far conoscere il nostro destino nell'aldilà. Egli esalta la Paladino, che gli ha permesso di rivedere il figlio morto Nandino. Quest'ultimo, durante una seduta spiritica di Eusapia, si era avvicinato al padre dicendogli il terzo nome di battesimo, sconosciuto a tutti, lo aveva accarezzato e gli aveva fatto sentire il contatto del proprio corpo, dopo averlo sollevato per le ascelle. Nandino si era espresso in dialetto genovese, che la medium non conosceva, con lo stesso timbro di voce che aveva da vivo.

Capuana riporta a Zola i resoconti di alcuni episodi verificatisi all'interno di due ville romane che in quel periodo erano alla ribalta delle cronache del mistero: Villa Elika a Porta Metronia e Villa Stuart al numero 5592 di Via Trionfale.

Nella prima, divenuta abitazione di Luigi Garvanin, noto medium della capitale, si era scatenata la danza di oscure badesse che sbattevano violentemente le porte e trascorrevano il tempo ad appannare col fiato i vetri delle finestre, per poi tracciarvi sopra disegni osceni.

Maggiormente caratterizzata da tinte oscure è Villa Stuart, acquistata da Emmeline Stuart alla fine del secolo XVIII. La signora pratica con assiduità lo spiritismo, spesso in compagnia dell'amante, lord Allen. Frequenti allucinazioni erano il risultato di questa attività, tanto che a Emmeline si manifesta spesso una sorella morta venti anni prima, mentre il lord si intrattiene con ogni genere di spiriti e demoni che infestano la dimora. Ancora più sorprendente è la fine di lord Allen: il cui corpo sparisce misteriosamente. Dopo molti anni Emmeline confessa a un amico che ogni notte metteva la mano in una cavità del muro della cantina e sentiva le dita dell'amante che stringevano le sue. Quando venne abbattuta la parete, si trovò il cadavere del lord inglese ormai putrefatto.

Se Zola resta alquanto scettico sulla veridicità di questi fatti e sull'onestà della Paladino, Capuana ritiene fondamentale il superamento del contrasto tra i sostenitori dei fenomeni paranormali e gli scienziati. Dopo dieci anni dalla pubblicazione di *Spiritismo?* lo scrittore si accinge a pubblicare *Mondo occulto* (1896), nel quale l'atteggiamento timoroso nei confronti della cultura accademica, fortemente critica verso l'occulto, è sostituito dalla certezza che ciò che un tempo era ritenuto illusorio e frutto di inganno sarebbe divenuto realtà grazie agli studi delle enormi possibilità della mente.

La lunga passeggiata, che da Via Ripetta percorre Via del Corso tra palazzi patrizi e alberghi umbertini, termina all'abitazione di Capuana in Via Arcione 88, al terzo piano di una vecchia casa romana, a poca distanza dalla Fontana di Trevi.

Luigi Pirandello e la teosofia

L'eco dell'occulto e del paranormale coinvolge anche Luigi Pirandello, il quale, stabilitosi a Roma dal 1891, ha frequenti contatti con Capuana. Questi ricordava a Pirandello le sedute medianiche cui avevano partecipato insieme nei salotti della nobiltà romana:

Io non ho dimenticato la seduta del medium Politi a cui assistemmo insieme, in casa di quel principe romano del quale in questo momento mi sfugge il nome. Vedemmo cose da far strabiliare: globi fosforescenti che erravano sotto la volta dello stanzone dove si facevano gli esperimenti; croci luminose che apparivano, sparivano, tornavano ad apparire sui muri; il profilo di un fantasma su l'alto della tenda dietro cui stava il Politi in trance, mentre la tenda veniva spinta fin su le nostre teste quasi gonfiata da forte vento [...]. D'allora in poi che cosa è avvenuto, caro Pirandello, da rendervi uggiosi gli spiriti?[3]

Il Capuana rimprovera a Pirandello di essere scettico nei confronti degli spiriti: attento fin dalla giovinezza alle credenze popolari, il drammaturgo siciliano si interessò indirettamente e con senso critico al mondo della magia e dell'irrazionale. Nello stesso tempo le alterazioni della personalità e le patologie psichiche che avevano colpito la moglie lo indussero a una critica sempre più corrosiva verso lo scientismo positivista.

Nella biblioteca del signor Anselmo Paleari, personaggio del *Fu Mattia Pascal* (1904), figurano importanti testi di teosofia (conoscenza di Dio) editi a Parigi a fine secolo. La Società Teosofica fu fondata nel 1875 a New York da M.me Blavatsky e si diffuse rapidamente in Occidente e Oriente, sostenendo una sorta di sincretismo tra Cristianesimo, Induismo e la rivelazione della Verità da parte di Maestri invisibili che permettevano esperienze di veggenza nei mondi soprasensibili. Per questo la teosofia fu spesso confusa con lo spiritismo. La Blavatsky incoraggia lo studio comparato delle religioni, delle filosofie e delle scienze, che, unite ai concetti di reincarnazione e karma, permettono l'evoluzione della mente umana. Uno degli scopi fondamentali della Blavatsky è la riconciliazione di tutte le religioni, sette o popoli in base a un'etica comune, fondata su verità eterne.

Spiritismo, teosofia e occultismo si intrecciano nella cultura esoterica degli inizi del Novecento. Pirandello si accosta a questa «nebulosa» esoterica con la consueta distanza critica, trasformando gli spiriti e le entità pseudoumane in pensieri prodotti, consapevolmente o meno, dall'energia psichica dell'individuo. Queste forze che provengono da un altro mondo o dall'inconscio tormentano lo scrittore, assumendo l'aspetto di desideri e pulsioni alle quali non si può sfuggire.

Egli ambienta il capitolo romano del *Fu Mattia Pascal* a Via di Ripetta, a ridosso di Via del Corso, dove ventenne era stato ospitato dallo zio. Adriano Meis, il *Fu Mattia* pirandelliano, vaga nella Roma umbertina, dal Caffè Aragno a Ponte Margherita, meditando un finto suicidio, alla ricerca di una «forma» in una città che ne è priva: al di là di Ponte Margherita stava sorgendo il quartiere Prati, senza ancora un'identità come Adriano Meis: «alla fine, senza volerlo, quasi guidato dal sentimento oscuro che mi aveva invaso tutto [...] mi ritrovai sul Ponte Margherita [...] Chi stavo per uccidere? Un morto [...] Sospettai che di là, sul Lungotevere, ci potesse essere qualcuno, qualche guardia [...] Volli accertarmene: andai, guardai prima nella Piazza della Libertà, poi per il Lungotevere dei Mellini [...]»[4].

L'itinerario di Adriano Meis alla ricerca di un'identità ripropone le passeggiate del giovane Pirandello studente, attratto dall'esoterismo teosofico in polemica con la scienza positivista, che voleva dare una forma, una maschera a ogni realtà. Le energie della mente, gli stati alterati della coscienza sono strumenti che permettono di accedere a una realtà «altra». Scienza e occultismo conducono alla stessa meta?

Le presenze spiritiche nella drammaturgia pirandelliana si trasformeranno in personaggi che dispongono di una forza autonoma rispetto alla volontà dell'autore. Analogamente a quanto avviene per gli spiriti, siamo circondati e assillati continuamente da «esseri» che dimorano dentro di noi fin quando non ricevano soddisfazione ai loro desideri:

> L'operazione che affronterà Pirandello, sarà quella di sostituire la «forza psichica» con la Fantasia, non più strega ma servetta, e il medium con quella servetta. Già s'intravvede l'idea del personaggio che dispone di una forza autonoma, e insieme la sopraffazione del personaggio sulla stessa volontà dell'autore [...] Lo spazio teatrale diverrà il luogo di un magico rito.[5]

Tra la fine del XIX e l'inizio del XX secolo la ricerca dell'invisibile domina la cultura letteraria e scientifica stranamente unite dal fascino dell'infinito o quarta dimensione.

L'immaginifico e lo spiritismo: la Roma dannunziana

La corrispondenza fra Capuana e D'Annunzio nel febbraio-marzo 1884 testimonia la partecipazione del poeta a questa atmosfera entusiastica per l'occulto: D'Annunzio, pur assiduo frequentatore di sedute spiritiche, è scettico riguardo la possibilità di tradurre in versi un poema dettato da un'entità spiritica. Egli è attratto dalle atmosfere esoteriche della Roma barocca, dove il poeta giunse a diciotto anni nel 1881. I percorsi della città si trasformano nelle fasi di un itinerario immaginifico segnato dalle pietre «preziose» degli edifici, dai riflessi luministici, dalle atmosfere sognanti o di disfacimento: al n. 12 di Via Borgognona, la strada che congiunge Via del Corso con Piazza di Spagna, D'Annunzio alloggia in una piccola camera dell'ultimo piano. Comincia a frequentare gli ambienti delle riviste romane e il mondo femminile, che presto egli identifica con la bellezza e l'ambiguità della città. La via, da secoli sede di case di tolleranza, rimarrà il luogo degli incontri clandestini fra il poeta e l'amante Barbara Leoni anche dopo il matrimonio del poeta. La scoperta della città procede di pari passo con quella della psiche e della fisicità femminile: i palazzi della via come quelli della città sono pietre preziose, gioielli, che al tramonto assumono le sembianze cangianti dell'oro filosofale.

Su questo sfondo si staglia la donna amata dal poeta coperta di tessuti iridescenti come la città.

Da Via Borgognona a Piazza di Spagna il tragitto è breve, nel silenzio funereo interrotto solo dai cavalli e dai venditori ambulanti: alla fine del percorso l'incanto dell'invisibile si svela, quando la vista, l'udito e l'olfatto si fondono sinesteticamente nella visione di Trinità dei Monti, col sottofondo sinfonico della Barcaccia e il profumo delle azalee sulla scalinata. La natura e l'arte diventano un dio bifronte come le erme di Villa Medici, sul Pincio. Lo sguardo di D'Annunzio corre velocemente sulla sommità della scalinata; un volo estatico che trasferisce la sua anima nelle stanze di *Palazzo Zuccari*, dal quale si vede tutta la città. In esso si aggira Andrea Sperelli, protagonista del *Piacere* (1888), *alter ego* del poeta che nel 1897, nove anni dopo la pubblicazione del romanzo, abiterà a Via Gregoriana 25, proprio di fronte a Palazzo Zuccari.

I sensi permettono la «conoscenza» dei mille volti della realtà e ad essi si affida l'esteta Andrea Sperelli, che percepisce la relazione con Elena Muti come un'antica ierogamia (unione sacra con una dea) divina: tra le cose più preziose possedute dallo Sperelli c'è una coperta di seta di colore azzurro, intorno alla quale ruotano i segni dello zodiaco. Avvolta da questo lembo di cielo appare Elena Muti in un'acquaforte esposta in Via del Babuino, pochi giorni prima della pubblicazione del romanzo. Con la donna celeste si unisce Sperelli, per celebrare la fusione fra cielo e terra: l'alto levriero bianco che nell'acquaforte tende il collo verso la Muti è l'animale sciamanico per eccellenza, che accompagna il veggente nell'aldilà. In questi attimi «Il giovane, disteso all'ombra o addossato a un tronco seduto su una pietra, credeva sentire in sé medesimo scorrere il fiume del tempo; con una specie di tranquillità catalettica, credeva sentir vivere nel suo petto l'intero mondo; con una specie di religiosa ebrietà, credeva posseder l'infinito»[6]. Ma l'apparizione della donna celeste sarà fugace, perché la sua natura è ambigua come quella della Chimera, e Sperelli-D'Annunzio ricomincia il pellegrinaggio nel barocco labirinto romano: per il giovane Andrea era necessario mettere da parte la Roma classica per godere la cultura dell'effimero.

Da Palazzo Zuccari egli contempla l'obelisco di Pio VI, centro cosmico pervaso dal sole declinante, quando la città intera diventa d'oro fino al verde pendio di Monte Mario: la sacralità dell'obelisco si amplia a tutto il paesaggio, prima che il nero dell'ombra, del caos primordiale sopraggiunga. Sperelli esce dalla sua abitazione al tramonto e si avvia per Via Sistina a Piazza Barberini, dove la Fontana del Tritone è priva di acqua, mentre «intorno alla piazza i fanali già ardevano, con fiammelle pallidissime, come ceri intorno a un feretro»[7]. È una discesa agli inferi non solo cromatica ma sonora:

> Alcuni [operai], allacciati per le braccia, si dondolavano cantando a squarciagola una canzone impudica [...] Notò che un carrettiere aveva una mano fasciata e le fasce macchiate di sangue. Anche, notò un altro carrettiere in ginocchio sul carro, che aveva la faccia livida, le occhiaie cave, la bocca contratta, come un uomo attossicato».[8]

Piazza Barberini è l'epicentro della trasmutazione di Sperelli in tre sequenze del romanzo dove il paesaggio è cifra del mutamento interiore: se il nero predomina nella prima scena, nella seconda epifania del Tritone berniniano:

> L'aria pareva impregnata come d'un *latte immateriale* [...] La neve copriva tutte le verghe dei cancelli, nascondeva il ferro componeva un'opera di ricamo più leggera e più gracile d'una filigrana, che i colossi ammantati di *bianco* sostenevano [...] Il giardino fioriva a similitudine d'una selva immobile di *gigli* enormi e difformi, congelato, era un orto posseduto da una incantazione *lunatica*, un esanime paradiso di *Selene*.[9]

La catarsi di Sperelli corrisponde al bianco lunare, all'argenteo labirinto interiore che sta faticosamente percorrendo. Finalmente la fontana del Bernini brilla «singolarmente al sole, come se i delfini, la conchiglia e il Tritone fosser divenuti d'una materia più diafana, non pietra e non ancor cristallo, per una metamorfosi interrotta»[10]. Tuttavia l'esteta non può identificarsi con la purezza del cristallo che pesa insopportabilmente sulla sua anima. La sua, come quella degli occultisti a lui contemporanei, è un'evoluzione bloccata dal culto luciferino del proprio ego: la controiniziazione[11].

Futurismo esoterico

A distanza di circa un decennio dalle esperienze del simbolismo magico che accomunano gli esponenti della cultura letteraria in epoca umbertina, nel febbraio 1909 esce a Parigi il *Primo Manifesto del Futurismo* ad opera di Filippo Tommaso Marinetti. Nei primi anni del Novecento Parigi è la culla della cultura esoterica, dello spiritismo e dell'alchimia: le opere di Eliphas Levi e Allan Kardec, i grandi «santoni» dell'occultismo ottocentesco, influenzano profondamente anche Marinetti, attratto dalle enormi potenzialità che magia e scienza possono liberare nell'individuo.

La rivoluzione futurista è fondata sul culto della modernità, al servizio dell'Uomo-Dio che Marinetti definisce «Uomo moltiplicato». Nel 1910 si trasferisce da Parigi a Milano e successivamente a Roma. Qui, fra il 9 e il 21 febbraio 1913 accade l'irreparabile, quando il gruppo futurista romano che si riunisce al Caffè Aragno di Via del Corso, organizza il proprio debutto al Teatro Costanzi (oggi Teatro dell'Opera), durante due serate destinate a denunciare l'arretratezza e il passatismo della cultura romana. Alla fine della seconda serata scoppia una violenta rissa intorno al teatro con la folla che insegue i futuristi fino al Caffè Aragno. La polemica violenta contro il passato, le biblioteche e il «chiaro di luna» che bisogna distruggere suscita scandalo e violente proteste.

All'indomani dell'insuccesso delle serate futuriste, Marinetti si reca da Giacomo Balla. La casa del pittore è ricavata all'interno di un antico convento[12] di colore rossastro a Via Parioli 6 (attuale Via Paisiello), all'angolo di Via Nicolò Porpora, nei pressi di Villa Borghese. All'antico casale immerso ancora nel verde, che evoca atmosfere d'altri tempi, Marinetti accede da una passerella di ferro che dalla strada conduce al balcone, all'altezza del secondo piano, dove si entra direttamente nello studio dell'artista. È un momento molto particolare per Balla, che nel febbraio 1910 aveva firmato il

Manifesto dei pittori futuristi, decidendo di mettere all'asta le opere appartenenti al periodo «passatista». La frequentazione di antroposofi e spiritisti, oltre all'interesse per il fotodinamismo[13] di Anton Giulio Bragaglia, hanno convinto il pittore ad aderire al futurismo, la «porta dell'invisibile». Marinetti, approfittando di un momento di tranquillità della casa spesso invasa da galleristi, critici d'arte e giovani allievi del pittore, si sofferma su alcuni quadri che meglio mostrano il passaggio dal divisionismo al futurismo, i cui principi, da lui dettati quattro anni prima, avevano sovvertito ogni regola artistica e letteraria.

Il caso vuole che l'abitazione dia direttamente sul parco di Villa Borghese, dove a ogni ora del giorno il pittore si reca per osservare i giochi di luce-ombra che insieme al movimento costituiscono gli elementi essenziali della sua sperimentazione. Marinetti pone l'attenzione su *Villa Borghese, parco dei daini* (1910), un trittico che ritrae la villa non secondo la prospettiva rinascimentale, considerata ormai un'astrazione, ma da diversi punti di vista, secondo la tecnica del montaggio fotografico nel quale «domina l'idea di tempo come sequenza, successione di momenti e di zone, che il pittore ha il compito di descrivere e di analizzare singolarmente per poi proporne una sintesi»[14]. Le mutazioni di luce e colore caratterizzano l'etere, fluido universale e materia prima, sul quale opera la volontà degli occultisti e degli spiritisti, nonché la discussione degli scienziati.

L'astronomia e l'osservazione dei movimenti astrali sono l'altra passione di Balla, che il 7 novembre 1914 dal ballatoio del Convento si accinge a osservare l'eclisse parziale del sole, mentre la figlia Elica guarda i minuziosi preparativi del padre che esamina il vetrino affumicato per osservare col cannocchiale il passaggio del pianeta davanti al sole.

Balla rappresenterà l'evento in una serie di opere intitolate *Mercurio passa davanti al sole*: Mercurio è avvolto da una spirale di luce; i colori tendenti al rosso si diffondono ovunque sotto forma di triangoli e cerchi che si intersecano, in opposizione all'alone scuro prodotto dal pianeta. È la realizzazione della congiunzione alchemica degli elementi e della progressiva smaterializzazione della materia. Dall'osservazione della natura e dal rapporto con la luce, Balla giunge a una sintesi surreale, nella quale il cosmo si muta in un infinito campo di energie che interagiscono fra loro.

Negli *Studi per Compenetrazioni iridescenti* (1912-1914), l'artista misura e analizza la luce per mezzo della geometria, attraverso molteplici forme riassunte poi nel triangolo, simbolo della luce per eccellenza; le compenetrazioni iridescenti rimandano all'*opus magnum* dell'alchimia, simboleggiato dai colori dell'iride analoghi a quelli della coda di pavone; le forme circolari raffigurate nel quadro alludono alla circolarità del tempo e dello spazio, fondamento dell'armonia cosmica.

Lo sperimentalismo di Balla trova un termine di confronto e di riflessione nella frequentazione del Gruppo teosofico che si riunisce a Via del Campo Marzio n. 48, intorno alla rivista «Ultra». I teorici riuniti nella redazione della rivista evidenziano come la ricerca teosofica sia essenziale anche per le avanguardie, poiché offre la possibilità di liberarsi dai dogmi del Cristianesimo e dal materialismo per ripristinare il contatto con le antiche fonti della sapienza ermetica.

L'adesione di Balla al futurismo esoterico-teosofico è ispirata anche dalla profonda amicizia con Anton Giulio Bragaglia: i due si ritrovano spesso presso la Casa d'Arte Bragaglia, fondata nel 1918 in Via Condotti 21 e successivamente trasferitasi nel '22 a Via degli Avignonesi 8, nei sotterranei di Palazzo Tittoni, insieme al Teatro degli Indipendenti. Nel 1911 Bragaglia ha pubblicato *Fotodinamismo*, un'opera rivoluzionaria che trasforma la fotografia secondo i dettami del *Manifesto Tecnico dei Pittori Futuristi*.

Gli incontri futuristi a Via dei Condotti sono occasione di dibattiti e vivaci discussioni.

Bragaglia si rivolge a Balla in tono perentorio:

Bisogna liberare la fotografia dal realismo, poiché la tecnica fotografica deve evidenziare le variazioni che la luce, il colore e il movimento imprimono alla materia. Il dinamismo e la velocità distruggono la densità materiale dei corpi, li smaterializzano come ectoplasmi.

Balla segue l'allestimento nei locali della Casa d'arte della sua esposizione, trovandosi pienamente in sintonia con Bragaglia:

Fin dal trittico di Villa Borghese il paesaggio e la natura è stato il motivo ispiratore della mia ricerca; ho analizzato la natura scientificamente in tutte le sue componenti, per osservarne le metamorfosi che subisce attraverso il tempo e lo spazio. I singoli fotogrammi rimangono impressionati sulla retina e costituiscono le istantanee e i segmenti di un continuo divenire. La fotografia e la pittura realizzano un'impresa eccezionale: la fotografia dell'invisibile.

Alcuni dei quadri di Balla esposti nella mostra hanno come titolo *Trasformazione Forma Spiriti*: raffigurano forme eteree ascensionali, triangoli e fasci luminosi che alludono alla leggerezza dell'essere. La vita spirituale si proietta verso l'alto come il vertice del triangolo.

Anche Marinetti frequenta il laboratorio artistico di Bragaglia, affascinato dalla sperimentazione fotodinamica: il dinamismo è considerato non solo come velocità ma come possibilità di percepire le molteplici dimensioni dell'essere. L'arte futurista fonde tempo e spazio, tentando di realizzare figurativamente quella quarta dimensione[15] che in quegli anni Einstein elaborava con la concezione relativistica del tempo e dello spazio.

Roma segna il destino di Marinetti anche dal punto di vista affettivo. Quando arriva nella capitale soggiorna all'Hotel Flora, nelle vicinanze di Via Paisiello, il quartiere degli amici e conoscenti che spesso incontra al Convento: qui gli viene presentata Benedetta Cappa, la ragazza che diventerà sua moglie.

Il 1919 è un anno cruciale per il poeta, non solo per le

vicende politiche legate alla questione fiumana ma per le visite sempre più frequenti alla casa dei Cappa per intrattenersi con la diciannovenne Benedetta, di ventitre anni più giovane di lui.

Nel 1923 il matrimonio alla periferia di Milano e il trasferimento a Roma, prima in un palazzo sulla Via Salaria, poi nel 1926 nella grande casa di Piazza Adriana n. 11, con i balconi che si affacciano su Castel S. Angelo. La casa sarà allietata dalla nascita di Vittoria, Ala e Luce, l'ultima nel 1932, quando l'aviazione sta vivendo un momento mitico con le trasvolate atlantiche del regime. Oltre il motivo celebrativo e propagandistico, l'esaltazione dell'aeroplano si svolge parallela alla sfida che il futurismo lancia all'impossibile e all'ignoto, in uno slancio disperato per valicare i limiti che lo separano da Dio:

> Il tempo e lo spazio vengono polverizzati dalla fulminea constatazione che la terra corre velocissima sotto l'aeroplano immobile [...] Il Colosseo visto a 3000 metri da un aviatore, che plana a spirale, muta di forma e di dimensione ad ogni istante e ingrossa successivamente tutte le facce del suo volume nel mostrarle.[16]

Di questa aspirazione al superamento dell'umano è figura simbolica il *Centauro*, l'uomo dalla doppia natura e dalle potenzialità infinite, destinato a «concludere la creazione», come Marinetti aveva sentito da Rudolf Steiner[17]. Il poeta, affacciandosi alle finestre della sua abitazione, osserva la mole del Castello dominata dalla sagoma dell'arcangelo Michele a proposito del quale aveva scritto: «nella carne dell'uomo dormono delle ali [...] presto vedremo volare i primi angeli»[18].

Ormai l'uomo marinettiano è un nuovo Prometeo che ha, come angelo-centauro, la possibilità di rubare definitivamente il fuoco agli dei. La Controiniziazione continua la sua illusoria avanzata nel secolo della pantomima dell'Uomo-Dio, essere immortale con la morte sulle braccia.

Note

[1] L. Capuana, *Mondo occulto*, Edizioni del Prisma,1996, p. 122.

[2] Fu costruito per il marchese F. Marignoli fra il 1878 e il 1883 nell'area compresa fra Piazza S. Silvestro e le Vie delle Convertite e di S. Claudio. All'angolo con Via delle Convertite si collocò il celebre Caffè Aragno, trasformato nel 1955 in Alemagna.

[3] L. Capuana, cit., pp. 240-41.

[4] L. Pirandello, *Il fu Mattia Pascal*, Milano, Mondadori, 1984, p. 225.

[5] G. Macchia, *Pirandello o la stanza della tortura*, Milano, Mondadori, 1988, p. 58.

[6] G. D'Annunzio, *Il Piacere*, Milano, Mondadori, 1990, p. 131.

[7] Ivi, p. 80.

[8] *Ibidem*.

[9] Ivi, p. 289 (corsivo nostro).

[10] Ivi, p. 255.

[11] Si tratta del processo involutivo che utilizza le scienze esoteriche per far precipitare l'individuo nel caos demoniaco, con l'illusione di potersi sostituire a Dio. A tutto ciò corrisponde un capovolgimento dei simboli e degli archetipi esoterici in chiave luciferina.

[12] Giacomo Balla (1876-1958) abitò al Convento fino al 1926, poiché l'ingegnere A. Sebastiani aveva deciso di lottizzare i terreni dei Parioli. Dopo la demolizione dell'edificio nel 1928, i Balla furono ospitati da amici in un'abitazione a Valle Giulia e nel 1929 si trasferirono a Via Oslavia 39b, nel quartiere Della Vittoria, dove il pittore rimase fino alla morte.

[13] Nel 1910 i fratelli Bragaglia sperimentano una nuova tecnica fotografica destinata a influenzare profondamente la pittura e il cinema futurista: ricorrendo a lunghe esposizioni fotografiche, intendono non più fotografare la realtà ma riprodurre ciò che non è percepito dall'occhio. Le vibrazioni e l'essenza dei gesti, evidenziati tramite esposizioni multiple, deformazione dei soggetti e fotomontaggi, provocano nello spettatore un forte coinvolgimento emotivo.

[14] M. Calvesi, *Dinamismo e simultaneità nella poetica futurista*, in *L'Arte moderna*, Milano, Fabbri, 1977, vol. V, p. 105.

[15] La fisica classica euclidea è fondata sullo spazio a tre dimensioni; nel Novecento, in seguito alla teoria della relatività di Einstein e al progresso matematico-scientifico, si va profilando l'iperspazio o quarta dimensione, ossia l'identificazione dell'oggetto con l'oggetto del tempo e dello spazio, della materia e dell'energia. Saranno soprattutto gli artisti delle avanguardie a esemplificare questa rivoluzione che coinvolge arte, scienza, psicologia e parapsicologia nella ricerca e valorizzazione di una dimensione superiore dove non valgono le leggi ordinarie dello spazio e del tempo.

[16] *Il Manifesto dell'Aeropittura futurista*, in «La Gazzetta del Popolo», Torino, 22 settembre 1929.

[17] Rudolf Steiner (1861-1925) è il fondatore dell'antroposofia, scienza dello spirito destinata a coniugare «lo spirituale che è nell'uomo con lo spirituale dell'universo». Steiner fra il 1910 e il 1913 si separa dalla Società Teosofica, sostenendo rispetto alla Blavatsky l'importanza della tradizione esoterica occidentale. Steiner pone al centro della sua riflessione la figura di Cristo, l'uomo-dio che impresse all'uomo e al cosmo uno straordinario impulso verso il Bene, a differenza dei teosofi per i quali Cristo era solo un grande Maestro.

[18] F.T. Marinetti, *L'uomo moltiplicato e il Regno della macchina*, Firenze, Spes Salimbeni, 1980.

BIBLIOGRAFIA

Alchimia. La chiave dell'immortalità, a cura di V. Zecchini, Colognola ai Colli, Demetra, 2000.
Alchimia. La tradizione in Occidente secondo le fonti manoscritte e a stampa, a cura di M. Gabriele, Venezia, La Biennale di Venezia, 1986.
Baltrusaitis J., *Aberrazioni. Saggio sulla leggenda delle forme*, Milano, Adelphi, 1983.
Id., *La ricerca di Iside. Saggio sulla leggenda di un mito*, Milano, Adelphi, 1985.
Id., *Lo specchio*, Milano, Adelphi, 1981.
Barzini L., *Nel mondo dei misteri con Eusapia Paladino*, Milano, Longanesi, 1907.
Beatrice Cenci. La storia il mito, a cura di M. Bevilacqua e E. Mori, Roma, Fondazione Besso Viella, 1999.
Bellonci M., *Lucrezia Borgia*, Milano, Mondadori, 1983.
Bianchi L., *Ad limina Petri*, Roma, Donzelli, 1999.
Biedermann H., *Enciclopedia dei simboli*, Milano, Garzanti, 1991.
Bizzarri M., *La chiesa dei SS. Quattro Coronati e la loggia dei Maestri Comacini*, Roma, Syndaco, 1997.
Id., *Il chiostro della Basilica di San Paolo fuori le mura e il percorso iniziatico*, Roma, Syndaco, 1997.
Id., *Il labirinto e la chiesa di S. Maria in Trastevere*, Roma, Syndaco, 1997.
Id., *La Nave dei Templari e S. Maria dell'Aventino*, Roma, Syndaco, 1997.
Id., *S. Giovanni in Laterano: la Basilica di Roma e del Mondo*, Roma, Syndaco, 1997.

Id., *La santità della Chiesa di S. Pietro*, Roma, Syndaco, 1997.
Id., *S. Ivo alla Sapienza: i sette gradini del cammino sapienziale*, Roma, Syndaco, 1998.
Boll F., *Interpretazione degli astri. Storia e carattere dell'astrologia*, Livorno, Sillabe, 1999.
Bolzoni L., *La stanza della memoria. Modelli letterari e iconografici della stampa*, Torino, Einaudi, 1995.
Bril J., *La traversata mitica*, Genova, ECIG, 1993.
Brousse F., *Le comte de Saint Germain*, Clamart, la Licorne Ailée, 1990.
Burckhardt T., *Alchimia, significato e visione del mondo*, Parma, Guanda, 1986.
Id., *Introduzione alle dottrine esoteriche dell'Islam*, Roma, Mediterranee, 1979.
Id., *Scienza moderna e saggezza tradizionale,* Torino, Borla, 1969.
Burkert W., *Antichi culti misterici*, Roma, Laterza, 1991,
Bussagli M., *Storia degli angeli,* Milano, Rusconi, 1999.
Baima Bollone P. L., *La scienza nel mondo degli spiriti*, Torino, SEI, 1995.
Cacciari M., *L'angelo necessario*, Milano, Adelphi, 1986.
Cagliostro e l'arte di sanare nel '700. Mostra nel bicentenario della morte di Giuseppe Balsamo (1795-1995), Città di San Leo, Forte di San Leo, 3 giugno 1995-31 gennaio 1996, a cura di A. Bortoletti, Milano, Mediamix, 1995.
Capuana L., *Mondo occulto*, Roma, Edizioni del Prisma, 1995.
Cardini F., *La nascita dei templari. San Bernardo di Chiaravalle e la cavalleria mistica*, Rimini, Il Cerchio Iniziative Editoriali, 1999.
Calvesi M., *La pugna d'amore in sogno di Francesco Colonna*, Roma, Lithos, 1996.
Id., *Le realtà del Caravaggio*, Torino, Einaudi, 1990.
Carandini A., *La nascita di Roma. Déi, lari, eroi e uomini all'alba di una civiltà*, Torino, Einaudi, 1997.
Chacornac P., *Le Comte de Saint-Germain*, Paris, Editions Traditionnelles, 1989.
Cigliana S., *Futurismo esoterico. Contributi per una storia dell'irrazionalismo italiano fra Otto e Novecento*, Roma, La Fenice, 1996.
Ciliberto M., *La Ruota del tempo*, Roma, Editori Riuniti, 1994.
Id., *Umbra profonda: studi su Giordano Bruno*, Roma, Edizioni di Storia e Letteratura, 1999.

Cloulas I., *I Borgia*, Roma, Salerno, 1988.
Corbin H., *Il paradosso del monoteismo*, Casale Monferrato, Marietti, 1986.
Cosmacini G., *Il medico ciarlatano. Vita inimitabile di un europeo del Seicento*, Roma-Bari, Laterza, 1998.
Couliano I. P., *Esperienze dell'estasi dall'Ellenismo al Medioevo*, Roma-Bari, Laterza, 1989.
Cristina di Svezia. Scienze e Alchimia nella Roma barocca, Bari, Dedalo, 1990.
Curletto S., *La norma e il suo rovescio. Coppie di opposti nel mondo religioso antico*, Genova, ECIG, 1990.
Danielou J., *Gli angeli e la loro missione*, Milano, Gribaudi, 1998.
Dante e la città dell'esilio. Atti del convegno internazionale di studi, Ravenna, Longo, 1989.
Dante e Roma. Atti del convegno di studi, Firenze, Le Monnier, 1965.
Davy M. M., *Il simbolismo medievale*, Roma, Mediterranee, 1988.
Del Ponte R., *Dei e miti italici. Archetipi e forme della sacralità romano-italica*, Genova, ECIG, 1988.
De Rachewiltz B., *Roma egizia. Culti, templi e divinità egizie nella Roma Imperiale*, Roma, Mediterranee, 1999.
Dodds E. R., *I Greci e l'irrazionale*, Firenze, La Nuova Italia, 1978.
Id., *Pagani e cristiani in un'epoca di angoscia. Aspetti dell'esperienza religiosa da Marco Aurelio a Costantino*, Firenze, La Nuova Italia, 1988.
Id., *Parapsicologia nel mondo antico*, Roma, Laterza, 1991.
Dumezil G., *La religione romana arcaica*, Milano, Rizzoli,1977.
Egli H., *Il simbolo del serpente*, Genova, ECIG, 1993.
Eliade M., *Mefistofele e l'androgine*, Roma, Mediterranee, 1983.
Id., *Il mito dell'eterno ritorno. Archetipi e ripetizioni*, Roma, Borla, 1989.
Id., *La nascita mistica. Riti e simboli d'iniziazione*, Brescia, Morcelliana, 1988.
Id., *Occultismo, stregoneria e mode culturali. Saggi di religioni comparate*, Firenze, Sansoni, 1990.
Id., *Lo sciamanesimo e le tecniche dell'estasi*, Roma, Mediterranee, 1983.
Id., *Storia delle credenze e delle idee religiose*, Firenze, Sansoni, 1990.
Enciclopedismo in Roma barocca. Athanasius Kircher e il Museo del Collegio Romano tra Wunderkarmmer e Museo Archeologico, a cura di M. Casciato, M. G. Ianniello e M. Vitale, Venezia, Marsilio, 1986.

Ermete Trismegisto, *Poimandres*, a cura di P. Scarpi, Venezia, Marsilio, 1987.

Fanelli M. C., *Labirinti. Storia, geografia e interpretazione di un simbolo millenario*, Ravenna, Il Cerchio Iniziative Editoriali, 1997.

Ferrone V., *I profeti dell'Illuminismo. Metamorfosi della ragione nel tardo Settecento*, Roma, Laterza, 1989.

Filoramo G., *L'attesa della fine. Storia della gnosi*, Roma, Laterza, 1993.

Id., *Il risveglio della gnosi ovvero diventare Dio*, Roma, Laterza, 1990.

Formichetti G., *Tommaso Campanella. Eretico e mago alla corte dei papi*, Casale Monferrato, Piemme, 1999.

Fulcanelli, *Le dimore filosofali e il simbolismo ermetico nei suoi rapporti con l'arte sacra e l'esoterismo della Grande Opera*, voll. 2, Roma, Mediterranee, 1991.

Id., *Il mistero delle cattedrali*, Roma, Mediterranee, 1988.

Gabriele M., *Alchimia e iconologia*, Udine, Forum, 1997.

Id., *Il giardino di Hermes*, Roma, Ianua, 1986.

Gallini C., *La sonnambula meravigliosa. Magnetismo e ipnotismo nell'Ottocento italiano*, Milano, Feltrinelli, 1983.

Giordano Bruno 1548-1600. Mostra storico documentaria, Roma, Biblioteca Casanatense, 7 giugno - 30 settembre 2000, Firenze, Olschki, 2000.

Guardini R., *L'angelo: cinque meditazioni*, Brescia, Morcelliana, 1994.

Id., *Ritorno degli angeli?*, Vicenza, La locusta, 1988.

Guenon R., *L'esoterismo cristiano e San Bernardo*, Carmagnola, Arktos, 1997.

Id., *L'esoterismo di Dante*, Roma, Editrice Atanòr, 1976.

Id., *Simboli della Scienza sacra*, Milano, Adelphi, 1994.

Gallavotti Cavallero D., *S. Maria in Aventino*, Roma, Istituto Nazionale di Studi Romani-Fratelli Palombi, 1994.

Haakman A., *Il mondo sotterraneo di Athanasius Kircher*, Milano, Garzanti, 1995.

Hani J., *Il simbolismo del tempio cristiano*, Roma, Arkeios, 1996.

Hart G., *Miti egizi*, Milano, Mondadori, 1994.

Haven M., *Le maitre inconnu. Cagliostro, étude historique et critique sur la haute magie*, Paris, Dervy, 1995.

Hutin S., *La vita quotidiana degli alchimisti nel Medioevo*, Milano, Rizzoli, 1998.

Introvigne M., *Il cappello del mago. I nuovi movimenti magici dallo spiritismo al satanismo*, Roma, Sugarco, 1995.

I Rosa+Croce. *Dal silenzio, la luce*, a cura di A. Cerinotti, Colognola ai Colli, Demetra, 1998.

John R., *Dante templare*, Milano, Hoepli, 1987.

Jonas H., *Lo gnosticismo*, Torino, SEI, 1991.

Jung G., *Psicologia e alchimia*. Torino, Bollati Boringhieri, 1995.

Kerenyi K., *Dioniso. Archetipo della vita indistruttibile*, Milano, Adelphi, 1982.

Kern H., *Labirinti. Forme, interpretazioni, 5000 anni di presenza di un archetipo*, Milano, Feltrinelli, 1981.

Il blasone dei colori. Il simbolismo del colore nella cavalleria medievale, a cura di M. D. Papi, Rimini, Iniziative Editoriali, 2000.

Il mago, il cosmo, il teatro degli astri. Saggio sulla letteratura esoterica del rinascimento, a cura di G. Formichetti, Roma, Bulzoni, 1985.

La Bella A., *La Venere Papale*, Valentano, Scipioni, 1995.

La città dei segreti. Magia, astrologia e cultura esoterica a Roma (XV-XVIII), a cura di F. Troncarelli, Milano, F. Angeli, 1985.

La cultura della memoria, a cura di L. Bolzoni e P. Corsi, Bologna, Il Mulino, 1992.

La fabbrica del pensiero. Dall'arte della memoria alle neuroscienze, a cura di L. Bolzoni, Palermo, A. Lombardi, 1992.

La Gerusalemme celeste. La dimora di Dio con gli uomini. Ap. 21,2. Immagini della Gerusalemme celeste dal III al XIV secolo, a cura di M.L. Perer, Milano, Vita e Pensiero, 1983.

Lanzi C., *Ritmi e riti. Orientamenti e percorsi di derivazione pitagorica*, Roma, Simmetria, 1998.

La porta magica. Luoghi e memorie nel giardino di Piazza Vittorio, a cura di N. Cardano, Roma Fratelli Palombi 1990.

Le cattedrali del mistero. Sul Medioevo della storia e sulla storia dell'occulto, a cura di A. Cerinotti, Colognola ai Colli, Demetra, 1997.

Lurker M., *Dizionario delle immagini e dei simboli biblici*, a cura di G. Ravasi, Milano, Mondadori, 1994.

Lensi Orlandi G., *Il bafometto dei templari a Firenze,* Carmagnola, Arktos, 1988.

Macchia G., *Pirandello o la stanza della tortura*, Milano, Mondadori, 1988.

Manuale di storia delle religioni, Roma, Laterza, 1998.

Maspero F., *Bestiario antico: gli animali simbolo e il loro significato nell'immaginario dei popoli antichi*, Casale Monferrato, Piemme, 1997.

Massoneria e architettura. Convegno di Firenze 1988, a cura di C. Cresti, Foggia, Bastoni, 1989.

Memoria e memorie. Convegno internazionale di studi, Roma, 1-19 maggio 1995, Accademia Nazionale dei Lincei, a cura di L. Bolzoni, V. Erlindo e M. Morelli, Firenze, Olschki, 1998.

Ouspensky P. D., *Tarocchi. Simbolismo e divinazione*, Genova, ECIG, 1993.

Palacios M. A., *Dante e l'Islam*, Parma, Pratiche, 1994.

Palombara M., *La bugia: rime ermetiche e altri scritti (dal codice Reginense del sec. XVII)*, a cura di A.M. Partini, Roma, Mediterranee, 1983.

Panzera A.M., *Caravaggio e Giordano Bruno fra nuova arte e nuova scienza*, Roma, Palombi, 1994.

Pareti G., *La tentazione dell'occulto. Scienza ed esoterismo nell'età vittoriana*, Torino, Boringhieri, 1990.

Partini A.M., *La Porta Ermetica di Rivodutri*, Roma, Simmetria, 1999.

Partner P., *I Templari*, Torino, Einaudi, 1997.

Pastine D., *La nascita dell'idolatria. L'Oriente religioso di A. Kircher*, Firenze, La Nuova Italia, 1987.

Pelosini G., *Magia e scienza della spirale*, Padova, MEB, 1994.

Petrocchi G., *Vita di Dante*, Roma-Bari, Laterza, 1983.

Piranesi e la cultura antiquaria. Gli antecedenti e il contesto. Atti del convegno 14-17 novembre 1979, Roma, Multigrafica, 1979.

Piranesi e l'Aventino, a cura di B. Jatta, Milano, Electa, 1998 (catalogo della Mostra tenuta a Roma nel 1998).

Pittoni L., *Francesco Borromini. L'Iniziato*, Roma, De Luca, 1995.

Prieur J., *Gli animali sacri nell'antichità: arte e religione nel mondo mediterraneo*, Genova, ECIG, 1991.

Rappresentare l'invisibile. Avanguardia e occultismo, 1890-1915, dispense del corso di Storia dell'arte contemporanea, a cura di A. Pinellis, voll. 2, Pisa, Tipografia Editrice Pisana, 1996.

Rausky F., *Mesmer e la rivoluzione terapeutica*, Milano, Feltrinelli, 1980.

Repertori di parole e immagini. Esperienze cinquecentesche e moderni data bases, a cura di P. Barocchi e L. Bolzoni, Pisa, Scuola Normale Superiore, 1997.

Rivosecchi V., *Esoterismo nella Roma barocca. Studi sul padre Kircher*, Roma, Bulzoni, 1982.

Roma. Romolo, Remo e la fondazione della città, a cura di A. Carandini e R. Cappelli, Milano, Electa, 2000.

Rossi P., *Clavis universalis. Arti della memoria e logica combinatoria da Lullo a Leibniz*, Bologna, Il Mulino, 1988.
Sabbatucci D., *La religione di Roma antica*, Milano, Il Saggiatore, 1988.
Saxl F., *La fede negli astri dall'antichità al Rinascimento*, Milano, Bollati Boringhieri, 1985.
Scholem G., *Alchimia e kabbala*, Torino, Einaudi, 1995.
Id., *Le grandi correnti della mistica ebraica*, Genova, Il Melangolo, 1990.
Seneca L. A., *Lettere a Lucilio*, 2 voll., Milano, Rizzoli, 1974.
Somenzi V., *La filosofia degli automi. Origini dell'intelligenza artificiale*, Milano, Bollati Boringhieri, 1994.
Spadaro G. A., *Il caso Borromini ricostruito per identificazione*, Roma, Mediterranee, 1992.
Spruit L., *Il problema della conoscenza in Giordano Bruno*, Napoli, Bibliopolis, 1988.
Stegemann H., *Gli esseni, Qumram, Giovanni Battista e Gesù. Una monografia*, Bologna, EDB, 1995.
Steiner R., *La saggezza dei Rosacroce*, Milano, Editrice Antroposofica, 1959.
Studi borrominiani, Atti del convegno, (Roma 1967), 2 voll., Roma, Tipografia Istituto Grafico Tiberino, 1970-1972.
Valli L., *Il linguaggio segreto di Dante e dei fedeli d'amore*, Milano, Luni, 1994.
Id., *Il segreto della Croce e dell'Aquila nella Divina Commedia*, Milano, Luni, 1996.
Wind E., *Misteri pagani del Rinascimento*, Milano, Adelphi, 1985.
Wirth O., *Il simbolismo ermetico*, Roma, Mediterranee, 1978.
Yates F., *L'arte della memoria*, Torino, Einaudi, 1993.
Id., *Astrea. L'idea di Impero nel Cinquecento*, Torino, Einaudi, 1990.
Id., *Giordano Bruno e la cultura europea del Rinascimento*, Roma-Bari, Laterza, 1988.
Zambelli P., *L'ambigua natura della magia. Filosofi, streghe, riti nel Rinascimento*, Venezia, Marsilio,1996.
Id., *L'apprendista stregone. Astrologia, cabala e arte lulliana in Pico della Mirandola*, Venezia, Marsilio, 1995.
Zingari G., *Il pensiero in fumo. Giordano Bruno e Pasolini: gli eretici totali*, Roma, Costa & Nolan, 1998.
Zolla E., *L'androgino. L'umana nostalgia dell'interezza*, Como, Red, 1989.

Id., *Che cos'è la tradizione*, Milano, Adelphi,1998.
Id., *La filosofia perenne. L'incontro fra le tradizioni d'Oriente e d'Occidente*, Milano, Mondadori, 2000.
Id., *Le meraviglie della natura. Introduzione all'alchimia*, Milano, Bompiani, 1975.
Id., *I mistici dell'Occidente*, 2 voll., Milano, Adelphi, 1997.
Id., *La nube del telaio. Ragione e irrazionalità tra Oriente e Occidente*, Milano, Mondadori, 1998.
Id., *Uscite dal mondo*, Milano, Adelphi, 1992.